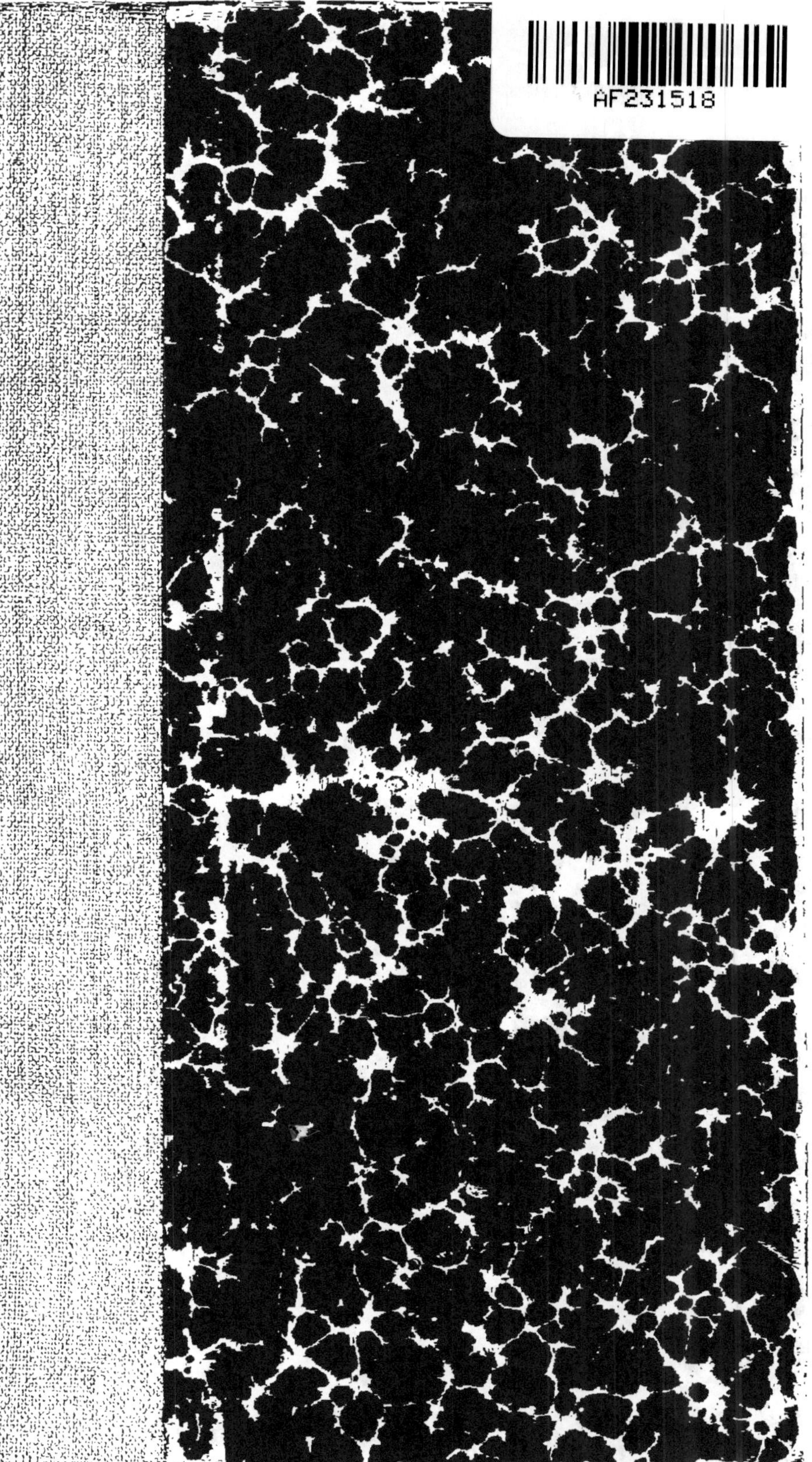

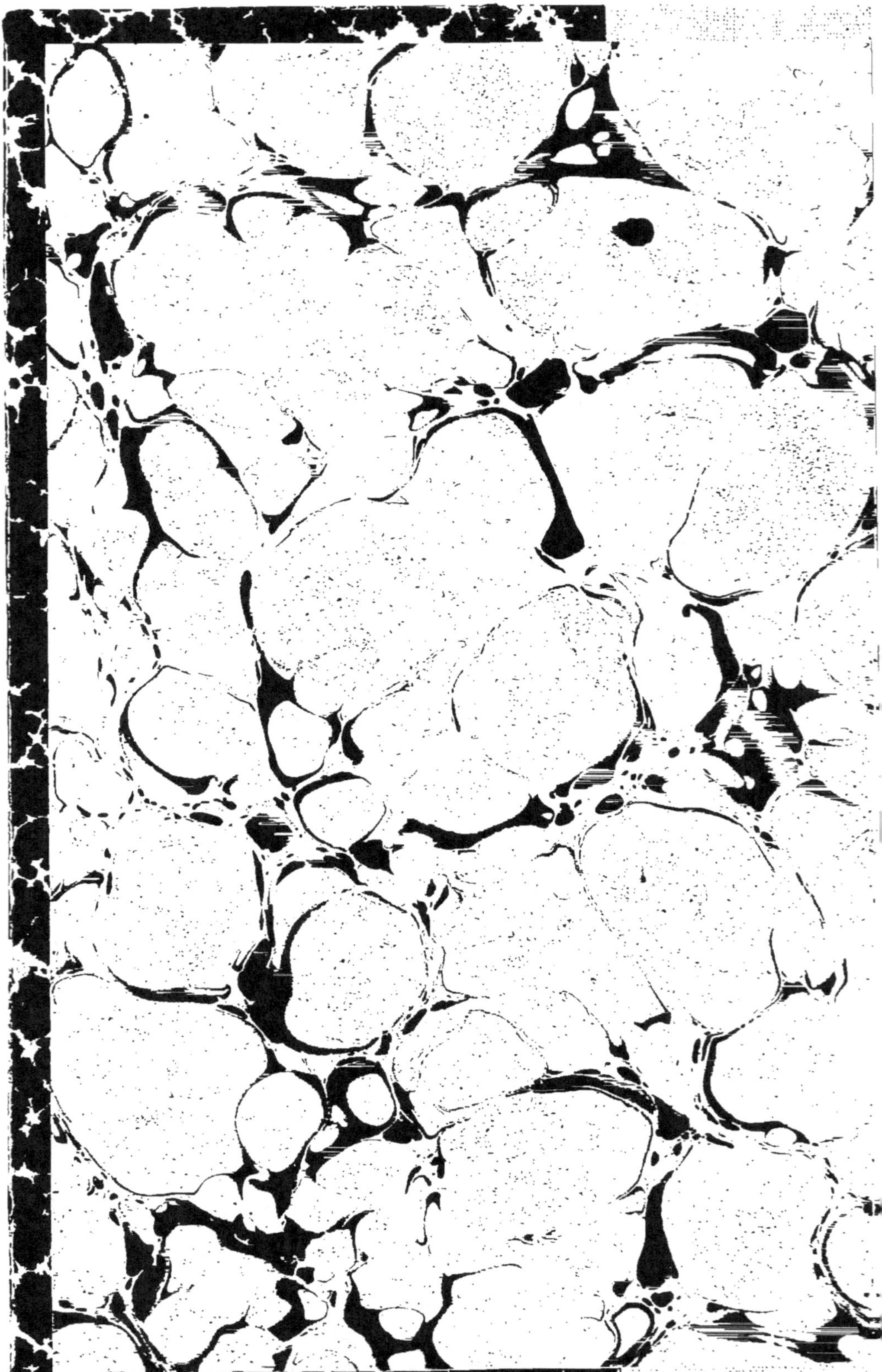

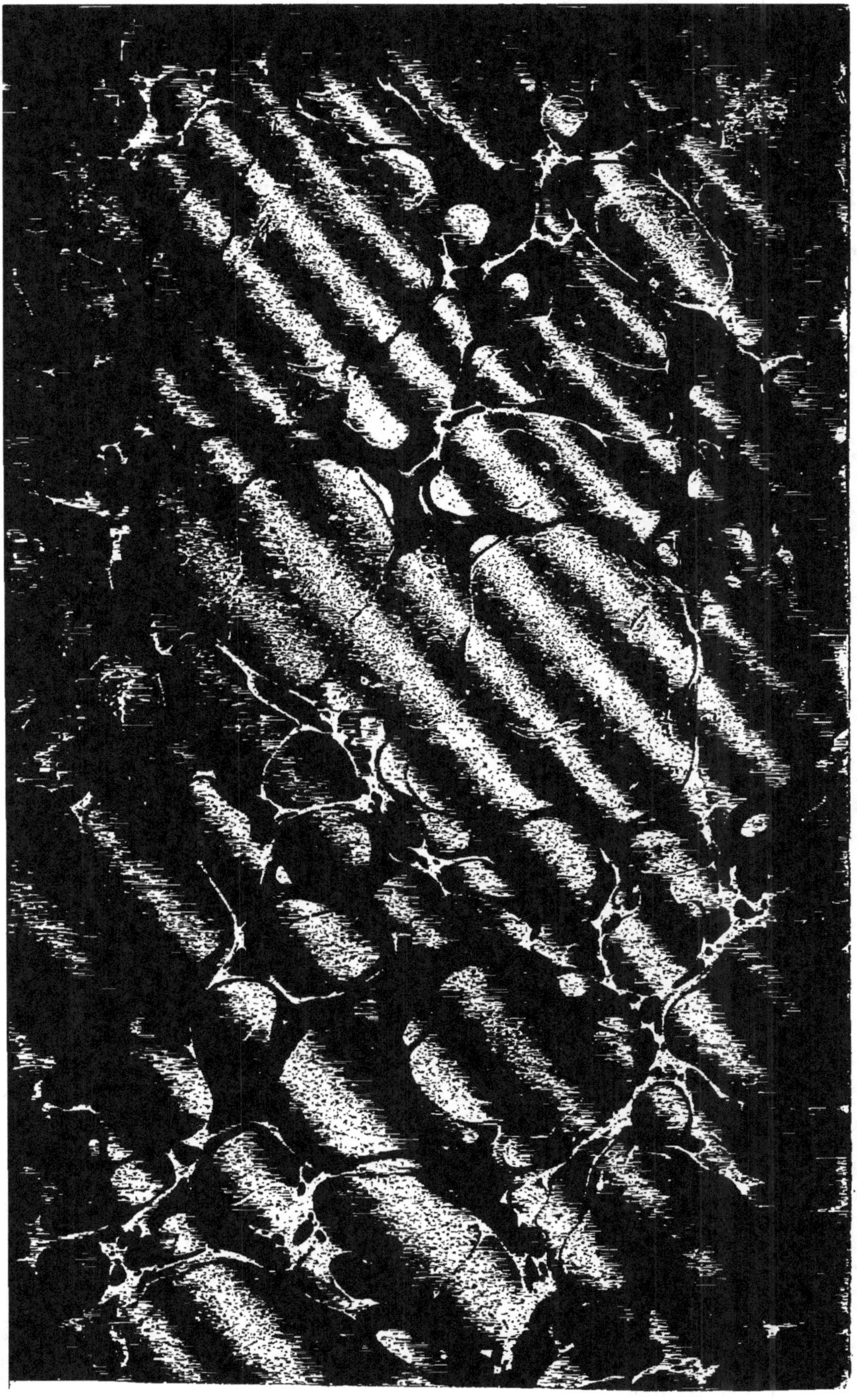

VIE

DE

LA RÉVÉRENDE MÈRE THÉRÈSE-CAMILLE

DE SOYECOURT

CARMÉLITE

PRÉCÉDÉE D'UNE NOTICE SUR LE MONASTÈRE DIT DE GRENELLE, ET DE PRÉCIEUX SOUVENIRS CONTEMPORAINS

FONDATION ROYALE DE MARIE-THÉRÈSE (1664)

Par l'auteur du Mois du Sacré-Cœur.

DEUXIÈME ÉDITION

PARIS
JULES VIC, LIBRAIRE
11, RUE CASSETTE, 11

1878

VIE

DE

LA RÉVÉRENDE MÈRE THÉRÈSE-CAMILLE

DE SOYECOURT

Toulouse. — Imp. A. Chauvin et Fils, rue des Salenques, 28.

VIE

DE

LA RÉVÉRENDE MÈRE THÉRÈSE-CAMILLE

DE SOYECOURT

CARMÉLITE

PRÉCÉDÉE D'UNE NOTICE SUR LE MONASTÈRE DIT DE GRENELLE, ET DE PRÉCIEUX SOUVENIRS CONTEMPORAINS

FONDATION ROYALE DE MARIE-THÉRÈSE (1664)

Par l'auteur du Mois du Sacré-Cœur.

[Mère Saint-Jérôme]

DEUXIÈME ÉDITION.

PARIS
JULES VIC, LIBRAIRE
11, RUE CASSETTE, 11

1878

PRÉFACE

La vie de Mme de Soyecourt, traversée par des épreuves si amères, par des révolutions si étranges, ornée de vertus et d'œuvres qui ont eu tant de retentissement dans le monde, édifiera, intéressera par les faits mêmes, indépendamment de la manière dont elle pourra être présentée. C'est cette considération qui nous a engagé à solliciter de ses filles la permission de rendre publique cette Vie, qu'elles n'avaient d'abord destinée qu'aux maisons de leur Ordre et à un certain nombre d'amis à qui la mémoire de cette sainte Carmélite était chère.

Nous avons eu peu de changements à faire au récit si attachant de l'humble fille de Sainte-Thérèse qui nous a révélé l'âme de sa sainte Prieure et raconté les événements de sa longue carrière. Le lecteur aurait perdu à un remaniement complet de cette œuvre, et s'il pénètre dans les secrets de cette vie tout abîmée en Dieu, qu'il est donné à quelques âmes privilégiées de mener sur la terre ; s'il admire en même temps l'esprit large, l'aimable et spirituelle gaieté de Mme de Soyecourt, son âme droite, généreuse et ferme, c'est à la modeste Carmélite qui nous a défendu de la nommer qu'il le devra. Pour peindre avec tant de délicatesse les plus intimes sentiments du cœur, il faut avoir l'expérience de ce qu'on sait si bien deviner chez les autres, et nous n'aurions rien pu dire qui remplaçât dignement le récit de la Mère ***.

Parmi les précieux matériaux que nous avons eus entre les mains se trouvait l'histoire de la fondation du couvent de la rue de Grenelle. Elle nous a paru si curieuse et si intéressante que nous avons pensé qu'elle précéderait tout naturellement, comme introduction, la Vie de celle qui releva ce monastère de ses ruines avec tant de zèle et de succès. Cette foi robuste, ces admirables dévouements, ces exemples d'abnégation tout évangélique, partis des plus hauts rangs de la société, sont des enseignements déjà bien loin de nous. On aimera à les rapprocher de la vie de Mme de Soyecourt qui elle-même préféra aussi la dernière place dans la maison du Seigneur, aux espérances si brillantes qui s'offrirent à sa jeunesse.

Ici encore, nous n'avons eu qu'à suivre le travail d'une Carmélite, et cette fois, il nous sera permis de la nommer, car celle-ci n'a plus à se dérober aux éloges; Mlle de Laporte-Vesins, dite en religion

Sœur Marie-Thérèse, avait été élevée dans la maison royale de Saint-Cyr. L'éducation distinguée qu'elle reçut dans cet asile de vertu était venue seconder les heureuses dispositions dont la nature l'avait douée : esprit vif et pénétrant, âme noble et élevée, caractère tout à la fois ferme et doux, inclination comme naturelle au bien. Le monde lui parut de bonne heure trop vide pour remplir son cœur généreux, et elle tourna les yeux vers ces retraites sacrées où des âmes choisies jouissent du bonheur si peu compris de mener une vie d'immolation. Ce fut en fugitive qu'elle quitta secrètement la maison paternelle où elle était chérie, pour venir s'enfermer aux Carmélites de la rue de Grenelle. Les douceurs de la piété qui avaient aidé son courage au moment d'accomplir un si généreux sacrifice, semblèrent abandonner son âme dès qu'elle eut touché le seuil du Carmel. Trop éclairée dans sa foi pour prendre le change, elle se revêtit des livrées de la religion, et poursuivit son noviciat au milieu de ces épreuves avec un courage si ferme, que cette gaieté qui distingue les Carmélites, et qui était dans le caractère de Mlle de la Porte, ne se démentit pas un seul jour. Enfin reparut, avec l'abondance de ses grâces, le Dieu qui se dérobait aux poursuites de cette âme fidèle. Un jour de la Purification, qu'elle adorait le Saint-Sacrement exposé, le divin Epoux des âmes parla si efficacement au cœur de la Sœur Marie-Thérèse que toutes autour d'elle comprirent, par les effets, l'admirable changement qui s'était opéré dans tout son être. Cette âme toute transformée ne parut plus vivre qu'en Dieu. Une ferveur brûlante, une estime sentie de son état et de ses devoirs, une reconnaissance envers Dieu qu'elle ne pouvait contenir, un attrait pour l'oraison qui ne cessait d'emflammer toutes ces saintes dispositions, en avaient fait une nouvelle créature. Il serait difficile d'exprimer sa dévotion envers le sacrement de nos autels ; elle se manifestait souvent dans tout son extérieur de manière à produire une impression profonde sur les personnes qui l'observaient. Ses désirs de la communion étaient insatiables : elle passait les nuits dans l'attente de ce bonheur, et les jours dans la joie d'avoir participé au sacré banquet. Elle s'était imposé la loi d'aller d'heure en heure rendre ses hommages au Dieu caché sous les voiles du sacrement. Ce fut au milieu de ces faveurs célestes qu'elle s'unit et s'immola tout ensemble à son Dieu par les vœux de la religion.

Ces admirables dispositions allèrent toujours croissant jusqu'à sa mort, qui arriva en 1784, à l'âge de soixante et treize ans. Elle eut à présenter à son Dieu cinquante années d'une pareille vie, éprouvée encore par de cruelles souffrances que lui avait values l'excès de ses austérités ; et par les épreuves les plus sensibles à une âme comme la sienne, épreuves qu'elle avait appelées par un continuel désir des plus profondes humiliations et par cette héroïque prière qui lui était habituelle et que Dieu se plut à exaucer : *Détruisez-moi tout entière, ô mon Dieu, et que ce soit sur mon propre anéantissement que s'établisse votre règne !*

A son ardente dévotion, la Mère Marie-Thérèse joignait une activité infatigable, et malgré les fonctions dont elle fut chargée dans la maison, elle trouva encore le temps de réunir et de rédiger les annales de toutes les maisons de son Ordre en France. Travail immense et dans lequel des hommes éclairés ont trouvé tant de lumière, de piété et de sagacité qu'ils ont pensé qu'il resterait peu de chose à faire pour en former un corps d'histoire aussi intéressant qu'utile au bien des âmes. Le savant Père Berthier en portait le même jugement ; il s'était presque déterminé à remplir cette tâche lorsque de tristes révolutions l'en détournèrent (1).

(1) On a entrepris à Troyes de réunir ces précieux matériaux, et les deux premiers volumes des *Chroniques du*

C'est du travail de la Mère Marie-Thérèse, et souvent en conservant jusqu'à ses expressions, que nous extrayons l'histoire de la fondation du monastère de Grenelle, relevé par Mme de Soyecourt. La vie de cette sainte Carmélite peut être considérée comme la suite de cet intéressant récit, et conduit ainsi jusqu'à nos jours les faits les plus remarquables de la maison de Grenelle, transférée depuis rue de Vaugirard et enfin avenue de Saxe.

En attendant que le monastère de l'avenue de Saxe fût prêt à les recevoir, les Carmélites acceptèrent l'hospitalité que leur offrirent dans leur habitation d'Issy les religieuses de la congrégation de Notre-Dame (couvent des Oiseaux). Pendant près de deux ans, ces saintes hôtesses sanctifièrent par leur présence, leurs vertus, leurs pieux exercices, les bâtiments que l'on avait accommodés selon la règle de

Carmel font vivement désirer la continuation d'un ouvrage si intéressant et si édifiant.

Sainte-Thérèse pour leur servir de tente, et ce séjour béni resserra entre les deux monastères les liens de charité qui les unissaient déjà en Notre-Seigneur.

Si nos faibles efforts ont pu contribuer à procurer quelque gloire à Celui qui est admirable dans ses saints et saint dans ses œuvres ; s'ils ont pu augmenter la vénération due à l'un des plus célèbres Ordres religieux dont se glorifie l'Eglise, nous demandons, pour unique grâce, une bénédiction de cette grande sainte Thérèse que nous avons toujours aimée et invoquée, et un souvenir de ses filles à l'autel de Marie, la reine du Carmel, et aux pieds de notre commun Maître et Sauveur Jésus.

INTRODUCTION

NOTICE

SUR LE

MONASTÈRE DIT DE GRENELLE

FONDATION ROYALE DE MARIE-THÉRÈSE (1664)

A l'époque de ces terribles guerres de religion qui désolèrent l'Europe au seizième siècle, Dieu avait prédestiné deux Ordres célèbres pour être, l'un comme l'épée, l'autre comme le bouclier de la foi : nés tous les deux en Espagne, ils furent inspirés en quelque sorte l'un et l'autre par le zèle ardent qui consumait deux grandes âmes, à la vue des progrès de l'hérésie ; et ce fut en France, sur le tombeau de nos apôtres martyrs, que Dieu fonda l'un, et qu'il amena l'autre pour lui faire produire ses plus merveilleux fruits. L'apostolat du zèle, de la prédication, de l'instruction, fut le lot d'Ignace de Loyola et de ses enfants; l'apostolat de l'exemple, de la pénitence et de la prière, celui de sainte Thérèse et de ses filles.

Il n'entre point dans notre plan de retracer ici par quelles voies admirables Dieu conduisit en France pour y établir sa Réforme les premières et les plus ferventes filles de sainte Thérèse. Cependant, le monastère de la rue de Grenelle, dont nous avons à raconter l'histoire, touche de près à la fondation du Carmel en France, puisqu'il fut, en quelque sorte, enté sur celui de la rue Saint-Jacques, le premier établi par les Carmélites espagnoles avec l'aide de MM. de Brétigny et de Bérulle.

Pendant les troubles de la Fronde, les Religieuses de ce premier monastère, dit de l'Incarnation, achetèrent, rue du Bouloy, une maison destinée, sous le nom d'hospice, à leur servir de refuge en cas de besoin. Quelques-unes d'entre elles y furent établies avec une sous-prieure qui devait rester sous l'entière dépendance de la prieure de la rue de Grenelle.

La Providence permit que l'année du mariage de Louis XIV avec Marie-Thérèse, 1660, on nommât pour sous-prieure la Mère Françoise de la Croix, qui possédait parfaitement la langue espagnole. La jeune reine, apprenant que près du Louvre se trouvait un couvent de Carmélites dont la sous-prieure entendait sa langue, alla la visiter et fut si ravie de son entretien et si édifiée de ce qu'elle vit dans ce saint désert, qu'elle conçut pour ce couvent autant d'affection que d'estime.

Anne d'Autriche voulut y accompagner Marie-Thérèse et partagea bientôt ses sentiments à l'égard de cette humble maison.

La reine-mère qui avait éprouvé pour elle-même l'efficacité des prières du saint Frère Fiacre (1), Augustin Déchaussé, le chargea, cette même année 1660, de commencer une neuvaine à la très-sainte Vierge, pour l'heureuse fécondité de la jeune reine. Il y avait près de neuf mois qu'elle était unie à Louis XIV, et l'on commençait à craindre d'être longtemps privé des fruits de cette heureuse alliance. Les deux princesses étant un jour chez les Carmélites, et confiant à la religieuse dont nous avons parlé la peine qu'elles éprouvaient à ce sujet, Anne d'Autriche s'adressa à la Mère Thérèse, et lui dit, en lui montrant la la reine, que cette princesse ne voulait tenir que de Dieu seul le Dauphin qu'elle demandait. *Je fais faire*, ajouta-t-elle, *une seconde neuvaine par le Frère Fiacre, et c'est ici qu'il doit m'en rendre compte.*

En effet, ce saint Religieux se rendit à l'hospice au mois de février 1661, et les deux reines commandèrent aux Religieuses de rester dans le lieu

(1) On sait que la naissance de Louis XIV fut accordée à la reine Anne d'Autriche, après vingt-deux ans de stérilité, par les prières du Frère Fiacre.

où se tenait la conférence. Il est plus facile d'imaginer que d'exprimer quelle fut la joie des Carmélites, lorsqu'elle entendirent ce saint organe des miséricordes divines sur la France apprendre à Leurs Majestés qu'après plusieurs jours de prières, la sainte Vierge lui était apparue et lui avait dit entre autres choses : *Ce que vous me demandez, ma fille Thérèse l'a obtenu;* lui montrant en même temps la sainte qui tenait un enfant entre ses bras. La jeune reine, entendant ce discours, demeura tout interdite, et avoua à la reine-mère qu'en effet elle se croyait grosse, mais qu'elle n'avait encore osé le déclarer, ajoutant qu'elle avait même fait vœu, si elle obtenait cette grâce, de faire bâtir une église sous l'invocation de sainte Thérèse.

On sera sans doute satisfait de trouver ici le récit de cette apparition, tel que l'écrivit le bon Frère; la simplicité de son style ayant un parfum de piété et de sincérité qui entraîne naturellement la conviction.

« Le 8 décembre 1660, je commençai la neuvaine avec une grande ferveur et dévotion, selon les intentions de la reine, qui m'avait prié de demander à Dieu des enfants par les mérites de la sainte Vierge. La nuit donc du 6 au 7 de notre neuvaine, le bon Dieu me voulut consoler d'une belle vision. — O belle vision, d'où venez-vous? Venez-vous de la part de Dieu, ou de la part du démon? — Et alors je connus qu'elle venait de la part de Dieu. Je me réveillai, et l'on me dit : *Veillez et priez, il est temps, et la Mère de Dieu veut vous parler*. Alors je répondis à cette voix : — Que vous plaît-il, mon Dieu ? — Je priai de tout mon cœur pendant un quart d'heure et me rendormis. Quelque temps après, j'entendis encore cette voix qui me dit : — *Il est temps de prier*. — A l'heure même, je me réveillai à demi sommeillant, et alors la Mère de Dieu s'apparut à moi tenant un enfant entre ses bras, accompagnée de sainte Thérèse, et me dit en souriant : *L'on s'est adressé à mon petit serviteur pour demander encore des enfants à la France. Tenez, en voilà un que je remets à sainte Thérèse pour vous le donner. O France heureuse! puisque la Mère de Dieu va te donner des enfants ! O bonne reine, que ta dévotion est agréable à Dieu, puisqu'en si peu de temps tu as fléchi son cœur ! Heureuse reine, prenez garde de ne pas relâcher de votre dévotion.* »

La première neuvaine avait été commencée le 21 novembre 1660. Au mois de janvier 1661, le Frère Fiacre fit vœu, qu'au cas où la reine aurait un fils dans l'intervalle qui s'écoulerait jusqu'au 21 novembre de la même année, elle ferait faire, avec Anne d'Autriche, une statue de sainte Thérèse tenant entre ses bras le Dauphin qu'elle présenterait à la sainte Vierge, vœu qui fut exécuté en 1664. La statue en vermeil fut portée en grande pompe à cette église de Notre-Dame-des-Victoires, où, par un rapprochement admirable qui réjouit les cœurs chrétiens et français, Marie, après avoir deux fois ravivé la race de nos rois près de s'éteindre, se plaît aujourd'hui à multiplier les prodiges de salut pour ce beau pays de France qu'elle a toujours aimé (1).

Enfin arriva le jour heureux qui devait combler de joie toute la France. La reine mit au monde, le 21 novembre 1661, le Dauphin, si désiré à l'époque même prédite par le bon Frère Fiacre. Si tous les Français rendirent à Dieu des actions de grâces proportionnées à leur allégresse et à la grandeur du bienfait, quelles ne furent pas la consolation et la reconnaissance des Carmélites, qui ne pouvaient ignorer, d'après ce qui s'était passé à l'hospice, que c'était à la puissante intercession de leur illustre Mère sainte Thérèse, que Dieu s'était plu à gratifier la France de cette nouvelle faveur !

Pour témoigner sa reconnaissance à sainte Thérèse, la reine désira ériger en monastère la petite maison de la rue du Bouloy, et obtint du roi à cet effet des lettres patentes qui furent expédiées à la date du 6 décembre 1663. Ces lettres autorisaient l'hospice de la rue du Bouloy à être transformé en monastère de religieuses et lui accordait tous les droits, priviléges et immunités dont jouissaient les autres maisons religieuses de fondation royale. Les reines qui cherchaient tous les moyens de

(1) Tout l'univers sait l'admirable extension de l'archiconfrérie du saint Cœur de Marie érigée à Notre-Dame-des-Victoires par M. Desgenettes en 1836, et les prodiges de grâce qui s'y renouvellent chaque jour pour la conversion des pécheurs.

rendre leur fondation plus auguste, persuadées que Dieu répandrait d'autant plus abondamment ses bénédictions sur cette œuvre qu'elle serait approuvée et établie par le Saint-Siége, obtinrent d'Alexandre VII une bulle dans laquelle la maison de la rue du Bouloy était de nouveau érigée en monastère par l'autorité apostolique.

La réputation de sainteté que s'était acquise cette maison naissante y attira bientôt d'excellents sujets. Une des premières personnes qui se présentèrent fut Mme la marquise de Boury. La cérémonie de sa vêture toucha extrêmement la reine-mère. Elle avoua être confuse de voir une personne de cet âge (quarante-neuf ans) embrasser un pareil genre de vie; ajoutant qu'elle se reprochait la lâcheté qui l'empêchait de suivre son exemple. Cette sainte veuve ayant été obligée d'attendre huit années entières que les affaires de ses enfants fussent réglées, ne put faire profession qu'au lit de la mort. Aussi son petit-fils lui disant un jour avec l'ingénuité de l'enfance : *Maman, pourquoi donc avez-vous toujours le voile blanc?* La vénérable novice répondit en souriant : — *Mon fils, c'est que votre papa ne veut pas m'en donner un noir...* Si Mme de Boury ne consacra pas à Dieu les belles années de sa jeunesse, elle sut regagner par sa ferveur le temps qu'elle avait passé dans le monde. — Elle édifia toute la communauté par sa charité et son esprit de pénitence. Non contente de se livrer tout entière à des travaux d'autant plus pénibles qu'elle y était moins accoutumée, elle y ajoutait encore de nouvelles rigueurs par ses austérités.

Mais rien n'édifia plus la cour, et la reine Marie-Thérèse que, l'entrée de deux de ses filles d'honneur dans la fervente maison de la rue du Bouloy. La première fut Mlle d'Ardenne, descendante des rois d'Aragon. Elle avait quitté le monde au moment où tout semblait l'y attacher davantage : les alliances les plus illustres lui étaient offertes, les reines l'honoraient de leur amitié, et la cour brillante du grand Roi étalait à ses yeux toutes ses séductions. *Vraiment*, disait la reine mère aux Carmélites, *je ne puis m'expliquer comment Mlle d'Ardenne a choisi une si humble maison; je suis pourtant de son goût, préférant votre Carmel aux plus riches abbayes.* Louis XIV ayant visité ce monastère peu de temps après la détermination de la Sœur Louise-Elisabeth, parut surpris de la joie empreinte sur le visage de cette novice qui avait fait autrefois les charmes de sa cour, et ne pouvant s'expliquer tant de satisfaction dans un genre de vie si opposé à celui qu'elle venait de quitter, il demanda à Mlle d'Ardenne si ce contentement n'avait pas encore eu d'alternative. — *Non*, *Sire*, répondit la Sœur Louise, *ma joie a été constante depuis mon entrée, tant Dieu me fait éprouver le bonheur de lui appartenir! — Oh!* s'écria le Roi, *il n'y a que la grâce qui puisse causer des effets si surprenants.*

La seconde fille d'honneur qui suivit de près Mlle d'Ardenne fut Mlle de Saint-Gelais, dont la générosité et la ferveur méritèrent une prompte récompense, car elle mourut à vingt-deux ans en 1670. Sa fidélité en toutes choses était portée au même degré de perfection. Son obéissance surtout rappelait celle des anciens anachorètes et l'on en a conservé le trait suivant : Dans un froid excessif, la Mère Prieure lui ordonna de faire du feu pour se chauffer. Lorsqu'il fut allumé, l'oraison sonna ; la novice s'y rendit aussitôt, charmée de n'avoir eu que le temps et la peine de préparer ce feu et d'avoir obéi.

Leurs Majestés se faisaient un plaisir de conduire le Dauphin encore enfant dans un séjour où Dieu était servi d'une manière si digne de sa grandeur, ne doutant point que ces âmes choisies n'attirassent toutes sortes de bénédictions sur ce prince, l'espoir de la France, et à la naissance duquel les prières de ces saintes Religieuses avaient si puissamment contribué. — Les Carmélites de ce monastère conservent comme un précieux autographe un petit mémoire signé de la main de l'auguste fils de France. Il y confesse avec l'ingénuité de son âge tous les dégâts dont il s'est rendu coupable chez ses hôtes. Nous pensons que cette pièce intéressera nos lecteurs et nous la transcrivons ici, en conservant l'orthographe du temps.

Mémoire de ce que moy, fils unique du roy, ay cassé aux petites Carmélites cette année 1665.

« Premièrement un petit cabinet de jayet au

mois de septembre, que pour mon plaisir j'ai cassé en mille morceaux.

» Plus le marmouzet du bateau de la petite fontaine, auquel j'ai cassé le nez et rompu les rubans qui tenaient le batteau ; je jettay tout et le batteau que je mis en mille pièces dans la fontaine.

» Plus j'ay cassé trois porcelaines contrefaites et cinq ou six bouteilles.

» Plus j'ay cassé un âne (à la crèche) pour mon plaisir, auquel j'y arraché les oreilles ; et puis la pauvre bête, je l'ay pris des deux mains par-dessus ma tête pour la mieux mettre à mon plaisir en mille morceaux.

» Plus une fiole de cristal de roche.

» Plus un petit arroseoir de fer-blanc.

» Plus un autre petit batteau de papier marbré.

» Plus j'ai versé la cassolette de Sœur Dade (d'Ardenne) Sœur Louise-Elisabeth.

» Plus j'ay arraché un carré de pourpier à Sœur Louise.

» Plus j'ay rompu le grand et le petit mannequin.

» Plus les deux petites coquilles de Sœur Pieure (la Mère Prieure).

» Plus j'ay rompu les cornes au bœuf (de la crèche) pour mon plaisir.

» J'ai renversé les deux cassolettes de Sœur Thérèse.

» Plus j'ay jetté au feu tous les cotrais que j'ay pu trouver.

» J'ay aussi rompu le grand arroseoir.

» Plus j'ay rompu un couteau.

» J'ai rompu le cordon de ma chaise en la désabillant.

» Plus j'ay rompu un beau petit écran de paille.

» J'en ai brisé deux ou trois autres. »

MOY DAUPHIN FILS UNIQUE.

(C'est la première signature du jeune Dauphin.)

Il se rendit coupable d'un méfait d'une autre espèce à peu près vers le même temps.

Mgr l'évêque d'Amiens prêchait dans l'église des Carmélites. Le jeune prince, âgé de quatre ans à peine, trouva le sermon plus long que sa vivacité ne le désirait ; il quitte la Mère fondatrice sur les genoux de laquelle il était assis, et va droit à la grille ; passe sa petite tête par le guichet, et employant toute la capacité de sa voix, dit avec grâce : *Adieu, Monsieur d'Amiens, vous avez assez pessé.* Le prélat donne aussitôt la bénédiction, répondant au jeune prince : *Monseigneur, c'est un ordre.* La reine régnante, qui aimait le prédicateur et qui l'entendait avec plaisir, fut contrariée de cet incident, et sut en profiter pour faire une forte leçon au jeune prince sur le respect dû à la parole de Dieu et à la majesté de son temple.

Tout semblait concourir à rendre cet établissement de la rue du Bouloy stable et prospère, lorsque Dieu appela à lui l'auguste reine qui en était le soutien et la fondatrice (1683).

L'âme si tendre et si élevée de sainte Thérèse a

fait à ses filles un devoir sacré de la reconnaissance, et rien ne nous a plus touché en lisant les naïves chroniques de leur Ordre, que la fidélité avec laquelle elles ont suivi en tout temps cette prescription de leur séraphique mère.

Après la mort de Marie-Thérèse, elles s'empressèrent d'acquitter la dette contractée envers une si généreuse fondatrice par des prières et des aumônes. L'église resta tendue de noir toute l'année, et chaque jour, à l'issue des vêpres, la cloche renouvelant le souvenir de cette perte irréparable, annonçait les prières publiques qui se faisaient pour cette illustre défunte.

Afin de perpétuer la mémoire de cette princesse parmi celles qui devaient leur succéder, les Carmélites, qui l'avaient vue de si près, conservèrent par écrit les détails édifiants de sa vie, et nous ne doutons pas que ce récit n'offre d'autant plus d'intérêt, qu'on s'est accoutumé à juger cette princesse d'après quelques phrases consignées dans les mémoires de juges légers, passionnés, ou peu capables par leur caractère d'apprécier cette reine sage et modeste : Mlle de Montpensier, Mme de Caylus et Saint-Simon. Ce dernier lui rend la justice de la reconnaître *épouse vertueuse, amoureuse du roi, infatigablement patiente, véritablement française.* — Mais il ajoute : *d'ailleurs absolument incapable.* Il se trompait ici, nous le croyons, comme dans mille autres appréciations aussi hasardées. Le mot de Louis XIV à la nouvelle de la mort de Marie-Thérèse : — *Voilà le premier chagrin qu'elle m'ait causé*, mot un peu froid sans doute, est cependant un éloge qui a son prix ; et devant Dieu, on le sait, la vertu, pour être héroïque, n'a pas besoin d'être éclatante. — Ce qu'on a pu reprocher peut-être à la reine avec quelque fondement, c'est de ne pas s'être mêlée davantage aux divertissements de la cour. Plus d'une fois cependant elle sut faire des concessions qui prouvent qu'elle était assez éclairée pour sacrifier au devoir jusqu'aux plus douces inclinations de sa piété. Il est certain que sa gravité naturelle l'eût difficilement mise à même de prendre sur Louis XIV l'ascendant nécessaire pour fixer son cœur. Ce fut là le défaut de son caractère, de son éducation peut-être, mais non celui de son intelligence que les faits nous montrent aussi élevée qu'on pouvait l'attendre d'une grande reine.

Voici les faits recueillis par les Religieuses de la rue du Bouloy sur la reine : nous les rapporterons tels qu'ils nous ont été laissés par des témoins si dignes de foi.

« La protection dont Sa Majesté nous honora comme Carmélites, » dit la Mère Marie-Thérèse (de la Porte-Vesins), « fut sans doute un effet de sa piété et de sa gratitude envers notre sainte Mère, à qui elle reconnaissait devoir la naissance et la vie.

» Le roi d'Espagne, Philippe IV, et la reine Isabelle de France, fille de Henri IV, après avoir perdu six princesses qui leur furent enlevées dans l'âge le plus tendre, se voyaient presque sans espérance d'assurer la couronne à leur postérité, lorsque la reine Isabelle, s'adressant au Ciel dans sa douleur, choisit sainte Thérèse pour sa protectrice et fit vœu de donner son nom à l'enfant qui serait accordé à ses larmes. Notre illustre infante fut le fruit de cette promesse. Elle naquit le 20 septembre 1638 et reçut au baptême le nom de Marie-Thérèse. »

Le jour de sa naissance fut non-seulement pour la famille royale, mais pour toute l'Espagne, un jour d'action de grâces et d'allégresse. L'amour universel, porté en quelque sorte jusqu'à l'idolâtrie, aurait pu devenir funeste au succès de l'éducation de la jeune infante. La comtesse de Paradès, sa gouvernante, lui ayant fait un jour une réprimande sévère pour une faute d'ailleurs assez grave, vit aussitôt tous les grands d'Espagne, soulevés contre elle, solliciter et obtenir sa disgrâce de la faiblesse du roi. La comtesse fut remerciée ; sur-le-champ elle choisit pour retraite un monastère où elle finit ses jours. Tout autre caractère que celui de l'infante n'eût pu résister à l'adulation dont elle fut entourée dès l'enfance. Mais Dieu l'avait si heureusement douée, qu'elle sortit victorieuse de cette épreuve qui a corrompu tant de princes. Dès l'âge le plus tendre, on vit briller en elle une sagesse prématurée, une élévation et une générosité d'âme qui l'eussent fait distinguer dans toute autre position. La solidité de son esprit, rehaussée par une singulière modestie, ajoutait à sa beauté un air de candeur et de dignité qui lui attirait le respect et l'amour de tous ceux qui l'entouraient. La religion vint mettre de bonne heure son sceau à de si heureuses dispositions et prendre un empire absolu sur cette âme vraiment royale. Les saints forment les saints : la direction spirituelle de la jeune infante fut confiée au Père André Guadaloupe, religieux de Saint-François, que la voix du peuple avait canonisé de son vivant. Cet homme de Dieu sut bientôt découvrir les dons excellents dont la jeune princesse était prévenue ; il la trouva digne de marcher dans la voie des parfaits et l'initia aux secrets de la vie spirituelle ; il lui apprit à faire oraison dans un âge où les personnes de ce rang ignorent jusqu'au nom de cet exercice salutaire. Notre jeune infante y prît tant de goût, que dès-lors elle y consacra deux heures chaque jour, pratique qu'elle observa toute sa vie, au milieu même de la servitude des cours, Elle savait si bien prévoir et ordonner toutes choses que nul événement, nul soin ne prenait au dépourvu et ne mettait en défaut son exactitude à ses devoirs religieux.

Après la mort de la reine Isabelle de France, le roi d'Espagne épousa Marie-Anne d'Autriche, fille de l'empereur Ferdinand. De ce mariage naquit, en 1657, l'infant Philippe-Prosper. Quelle que fût la piété de Marie-Thérèse, cette princesse, longtemps héritière présomptive de la couronne d'Espagne, sentit vivement le changement qu'apportait cette naissance dans sa position. L'ambition, ce penchant naturel aux âmes ardentes, qui inspire les grands vices, souvent aussi les grandes vertus, livra un violent combat à notre jeune infante. Elle-même avoua aux Carmélites que son âme fut en proie en cette occasion à de si rudes assauts, qu'ayant voulu faire effort pour manger seulement un œuf, elle faillit étouffer, le bouleversement de tout son être lui ayant enlevé jusqu'à la faculté d'avaler.

Cependant cette âme énergiquement chrétienne sut trouver en Dieu seul la force du sacrifice. Elle accepta devant lui cette épreuve, lui offrant en holocauste, et cette couronne perdue, et jusqu'au sentiment du regret ; aussitôt elle retrouva avec la paix, la force de prendre part non-seulement en apparence, mais très-réellement à l'allégresse publique, à la joie du roi et de la reine. Aussi parut-elle avec tant de naturel et de bonne grâce aux divertissements de la cour que nul ne put soupçonner la tempête qu'il lui avait fallu essuyer pour jouir de ce calme.

Le sacrifice avait été vivement senti, il fut complet et sans retour : aussi la grâce descendant dans cette âme généreuse sut-elle la récompenser non-seulement par son onction mille fois plus douce que toutes les douceurs de la terre, mais par le sentiment profond qu'il lui imprima du néant des fortunes périssables. Élevée désormais par un généreux mépris au-dessus de toutes les grandeurs de la terre, elle ne cessa plus d'aspirer vers Dieu, seul objet qui lui parût désormais digne de son ambition.

La volonté divine était pour l'infante l'unique règle de ses déterminations ; elle s'y abandonnait sans choix, sans réserve, lui laissant le soin de sa destinée. Plusieurs mariages ayant été sur le point de se conclure, Philippe IV eut à opter entre le duc de Savoie et l'Empereur. La disproportion de ces deux couronnes ne pouvait désormais toucher l'infante, et la cour, qui ignorait les secrets de son âme, cherchait vainement à s'expliquer comment, dans une alternative aussi intéressante pour sa gloire, la jeune infante ne témoignait ni inquiétude ni désir d'apprendre sa destinée. Dieu prit soin de la placer lui-même sur le plus grand trône de l'univers, dans le moment où cette alliance semblait le plus improbable. Philippe IV, assuré de l'obéissance de l'infante, qui lui avait donné de si admirables preuves de sa haute vertu, traita cette grande affaire sans la consulter, et lui en fit part le jour de la Saint-Louis 1659, en se rendant à la messe; il lui dit sans autre préambule : — *Ma fille, le bien de la chrétienté et celui de mes Etats m'oblige à vous donner au roi de France, mon neveu;* puis il entra à la chapelle sans attendre sa réponse. Quelque temps après, Sa Majesté conduisit la princesse à l'île de la Conférence, et pendant toute la route qu'elle fit seule avec lui dans son carrosse, il ne lui dit pas un mot de l'objet du voyage.

On arriva à Saint-Sébastien; les débats furent longs, l'infante vit plusieurs fois la paix et son mariage au moment de se rompre, mais ce fut toujours avec la même égalité d'âme; et comme elle ne demandait et ne désirait que la plus grande gloire de Dieu et le salut de son âme, les intérêts d'une fortune périssable touchèrent faiblement son cœur. Cependant l'affaire fut heureusement terminée le 9 juin 1659; elle fut épousée au nom du roi par don Louis Haro de Gusman. Le 11, elle passa en France. Le moment qui l'unit au plus grand roi de la terre fut l'époque de l'attachement inviolable qu'elle lui voua. Sa piété lui apprenait à sanctifier tous ses devoirs, et elle savait accorder ce qu'elle devait à Dieu, au roi et à l'Etat. Louis XIV lui parut digne de son cœur, mais l'affection qu'elle éprouvait pour sa personne n'ôtait rien au respect et à l'obéissance dont elle s'était fait une loi envers lui par des vues plus élevées. La cour put bien se méprendre sur le mobile de la conduite si exemplaire de la reine, mais ce qui a précédé prouve assez que la résignation aux épreuves que lui ménagea la Providence dans cette haute élévation n'était chez elle ni apathie, ni insensibilité, mais vertu et vertu courageuse.

A l'époque de la rupture de la paix avec l'Espagne, Louis XIV, touché de la tendre affection que lui avait toujours témoignée Marie-Thérèse, craignait de l'affliger, et n'osait à peine lui apprendre la vérité. Aussitôt qu'il l'en eut instruite, la reine lui répondit sans s'ébranler : *Jamais je n'ai oublié ce que m'a dit le roi mon père à l'époque de mon mariage. — Si la guerre vient à se déclarer entre les deux couronnes, vous devez oublier que vous avez été infante, pour vous souvenir seulement que vous êtes reine de France.* Cette maxime fut la règle de sa conduite dans ces temps difficiles; et les privilèges dont la confiance de Louis XIV la laissa jouir alors prouvent qu'il était sûr de la sagesse et de la vertu de la reine (1).

Avec le roi, l'objet des plus tendres affections de Marie-Thérèse, c'étaient ses enfants. Jamais mère ne se montra plus tendre ni plus dévouée. Loin de se décharger sur les dames qui l'entouraient des soins de leur première éducation, elle y consacrait la meilleure partie de sa vie, et ne trouvait pas d'occupation plus douce ni de moments mieux employés que ceux qu'elle consacrait à remplir auprès d'eux ses devoirs de mère. Aussi eût-elle volontiers donné sa vie pour conserver la leur.

Dieu, à qui la perfection de cette âme était chère, l'éprouva par cet endroit si sensible de son cœur, et toujours il la trouva résignée et fidèle. A l'époque de la dangereuse maladie qui faillit enlever le Dauphin, Marie-Thérèse ne chercha de consolation qu'au pied des autels, soumise à la volonté de Dieu, et humblement anéantie sous la main qui la frappait, elle se contentait de demander l'accomplissement des desseins du Ciel, disant aux Carmélites, confidentes des secrets de sa piété : *Que la volonté de Dieu soit faite, j'ai bien mérité*

(1) Le roi, juste appréciateur de ses talents, n'hésita pas à lui confier la régence du royaume (1672) pendant la campagne de Hollande; et cette régence, dans son peu de durée, dit Fléchier, ne laissa pas de faire voir les lumières qu'elle recevait de Dieu et la confiance que le roi son époux avait en elle.

par mes péchés les peines que j'endure ; aussi quand je prie, j'ai honte de parler à Dieu de mes intérêts.

Lorsque sa première fille lui fut enlevée, sa douleur fut extrême, mais la vivacité de sa foi sut en modérer l'excès. Mme de Brienne lui ayant dit à cette occasion qu'elle perdait une reine d'Espagne, cette princesse éclairée lui répliqua : *Ah! c'est un ange, Dieu sait bien ce qu'il fait; et j'aimerais mieux perdre tous mes enfants que d'en voir un seul en péril de son salut.*

La naissance de Mgr le duc d'Anjou avait rempli de joie la cour et la France, l'heureux naturel de cet aimable prince faisait la consolation et l'espoir de la famille royale. Dieu demanda encore à la reine ce sacrifice. L'enfant lui fut enlevé, et sa mort imputée à la négligence ou au défaut d'habileté des médecins. La reine était persuadée que des soins plus actifs et plus intelligents eussent sauvé le jeune prince ; mais la délicatesse de sa conscience et la crainte de faire du tort aux coupables ne lui permit jamais d'avouer à d'autres qu'aux Carmélites ce qu'elle en pensait.

Elle apprit la mort du troisième prince son fils, en revenant d'un voyage. Au moment même, elle se confessa et communia pour unir son holocauste à celui de l'agneau sans tache, et pour joindre sur le même autel l'offrande d'un cœur humble et soumis. La perfection du détachement de cette grande reine l'avait familiarisée avec tous les genres de sacrifices : à la naissance de la troisième princesse, les jours de Marie-Thérèse furent en si grand danger, que la consternation paraissait sur tous les visages autour de son lit. Elle seule demeura tranquille, et munie du sacré Viatique, elle attendait la mort sans trouble, lorsque Dieu la rendit à la France.

La charité régnait si admirablement dans son âme, qu'elle fuyait jusqu'à la plus légère médisance. Jamais personne ne fut plus mesurée dans ses propos; elle croyait à bon droit que les princes, surtout, doivent s'interdire toute raillerie; et quelques traits de plaisanterie qui lui étaient échappés par mégarde dans le cours de sa vie lui fournirent de continuels regrets. Le modeste sanctuaire des Carmélites était le lieu de ses délices. Cette pieuse reine respectant la solitude des filles de Sainte-Thérèse, réduisit sa suite à trois personnes seulement, depuis la mort d'Anne d'Autriche. A peine s'apercevait-on de sa présence au Carmel. Elle y faisait souvent ses dévotions et passait devant le Saint-Sacrement un temps considérable, dans un recueillement angélique, à genoux sans appui, sans carreau, écartant elle-même tout ce qui pouvait rappeler son rang, et voulant être traitée là comme la dernière des Religieuses.

Ses communions étaient fréquentes; on lui conseilla cependant de retrancher celle du dimanche, afin que sa présence au *Medianoche* (1) contînt tout le monde dans la retenue. Elle s'y prêta volontiers, car elle fit toujours passer le devoir avant

(1) Divertissement suivi d'un souper gras après minuit.

ses exercices religieux eux-mêmes, lorsque ceux-ci n'étaient pas d'obligation. Mais s'apercevant bientôt que le généreux sacrifice qu'elle avait fait n'amenait aucun résultat, elle reprit la sainte coutume de sanctifier le jour du Seigneur en s'approchant de la sainte table; car elle trouvait dans ce sacrement auguste la force et la consolation de sa vie.

A l'époque du jubilé, voulant se dérober quelques moments aux embarras du trône, Marie-Thérèse vint se préparer au Carmel à une confession générale; elle chargea la Mère Françoise de la Croix de lui faire son examen de la manière la plus étendue. Cette sainte Religieuse, en parcourant les circonstances différentes où la reine, encore infante d'Espagne, s'était trouvée, lui dit d'examiner si dans sa jeunesse elle n'avait pas cherché ou désiré de plaire à personne. Le premier mouvement et la réponse de Marie-Thérèse furent dignes d'une grande reine : *Comment*, lui dit-elle d'un ton élevé, *l'aurais-je fait? il n'y avait point de rois à la cour de mon père.*

Son profond respect pour les lois de l'Eglise lui rendait très-pénible la nécessité où la mettaient ses grossesses de faire gras en carême. Elle confia ses inquiétude à la Mère Françoise, son casuiste ordinaire. Celle-ci, pour consoler sa piété, lui proposa de suppléer à ce qu'elle ne pouvait faire, par des aumônes plus abondantes et par d'autres œuvres de miséricorde, comme de servir les pauvres à l'hôpital. La reine fut heureuse de trouver cet expédient et fidèle à le mettre en pratique. Il suffisait de lui proposer le bien pour qu'elle se mît à l'œuvre, toutes les fois que les conseils de la piété pouvaient s'accorder avec ses devoirs. Fidèle aux inspirations de la grâce, docile aux avis des personnes vertueuses que sa religion éclairée lui faisait considérer comme ses meilleures amies, elle embrassait généreusement tout ce qui pouvait l'élever à la plus haute perfection. Mais sa vertu vraiment solide ne fut à charge à personne; elle pratiqua sur le trône les conseils évangéliques, sut aplanir les obstacles qui s'opposaient à son salut, et se faire respecter de ceux-là mêmes qui étaient loin de soupçonner les hautes vues de foi qui inspiraient et réglaient sa vie. La bonté de son âme était peinte dans son extérieur et ajoutait à l'éclat de sa majesté naturelle un air de douceur et de paix qui semblait révéler le règne de Dieu dans son cœur.

Pendant son dernier voyage, qui fut de deux mois, son assiduité à la prière parut redoubler; à peine était-elle descendue de voiture, qu'oubliant ses fatigues et l'excessive chaleur de la saison, elle se rendait à l'église et y demeurait des heures entières anéantie devant Dieu. Le tabernacle où Jésus vit caché pour converser plus familièrement avec nous était le lieu de son repos; elle n'en cherchait point d'autre. Pour accorder l'amour divin qui l'embrasait avec l'accomplissement de ses devoirs, elle se levait à six heures du matin, et dérobait à son sommeil le temps de communier et de satisfaire sa ferveur. De cette sorte, elle était toujours rendue exactement au moment indiqué par le roi pour son départ.

Il paraîtrait que Dieu, qui veillait sur cette âme d'élite, lui avait donné des pressentiments secrets de sa mort prochaine. Elle s'en servit pour redoubler ses aumônes, ses bonnes œuvres, et pour offrir au Seigneur le dernier des sacrifices, celui de sa vie. Bien qu'alors la santé dont elle jouissait ne pût lui annoncer ce moment si redoutable, même aux plus justes, elle craignait ce terrible passage, mais son abandon aux volontés divines, le caractère dominant de sa piété, fit alors comme toujours sa sûreté et sa paix. Huit jours après son retour de Versaille, la princesse ressentit un léger mal de côté et quelques accès de fièvre qui l'obligèrent de se mettre au lit; les progrès de ce mal, qui cependant ne paraissait point dangereux, la déterminèrent à recevoir les sacrements plutôt par précaution que par nécessité. Elle se soumit à toutes les ordonnances de la Faculté, mais lorsque tout semblait promettre un prompt rétablissement, il se forma un abcès qui changea le cours de la maladie. Le moment était venu où Dieu allait récompenser d'une couronne immortelle des vertus dont le monde n'avait pas soupçonné l'héroïsme. Cette grande princesse, à qui le Seigneur voulait sans doute épargner les horreurs de la mort, expira sans agonie dans la paix du Seigneur, le 30 juillet 1683, âgée de quarante-cinq ans.

Marie-Thérèse non contente des bienfaits dont elle avait comblé le Carmel pendant sa vie, voulut encore y ajouter après elle le don précieux de son cœur, et pour assurer autant que possible l'accomplissement de son dernier désir, elle écrivit de sa main en espagnol : « *Quand il plaira à Dieu de me retirer ce ce monde, je veux que mon cœur soit apporté ici à raison de la dévotion que je porte à sainte Thérèse. Signé :* MARIE-THÉRÈSE. »

Les Carmélites ont été frustrées d'un dépôt si cher à leurs reconnaissance ; mais la mémoite de cette reine, qu'elles seules peut-être surent apprécier comme elle le méritait, s'est perpétuée jusqu'à nos jours dans le monastère qui lui doit sa fondation, et qu'a relevé Mme de Soyecourt.

Elles conservent aussi, comme la plus précieuse de leurs reliques, un tableau miraculeux de la sainte Face dont la reine leur avait fait don. Cette sainte image avait été autrefois enlevée aux chrétiens par les Maures. Ceux-ci, en haine de notre sainte religion, voulurent la mettre en pièces à coups de couteau, et comme il en sortit du sang avec abondance, surpris de ce prodige, ils espérèrent se défaire de ce tableau en le jetant au feu ; la sainte Face résista à cette nouvelle épreuve ; les flammes la respectèrent. L'on voit encore sur cette image miraculeuse, le sang et les marques des coups de couteau. Isabelle de France, reine d'Espagne, visitant le trésor de l'église de Tolède, avait obtenu ce tableau du cardinal-infant, archevêque de cette ville. La pieuse reine d'Espagne conserva cette sainte image avec une telle vénération, que jamais elle ne souffrit qu'elle fût détachée du chevet de son lit ; et à sa mort, elle laissa ce précieux dépôt à sa fille, Marie-Thérèse, la priant de le garder comme une marque de sa tendresse et comme ce qu'elle pouvait lui léguer de plus cher.

Les Carmélites de ce couvent possèdent aussi un crucifix miraculeux qui leur fut donné vers 1675 par Louis XIV, à la prière de Marie-Thérèse. Sa Majesté l'avait rapporté de Franche-Comté l'année prédente, après avoir reconnu lui-même, à la tête de son armée, le prodige arrivé au siége de Besançon. Une décharge d'artillerie ayant été faite du côté de la ville où se trouvait, dans un ermitage, ce saint crucifix, il fut trouvé intact et debout sur un monceau de cendres avec les statues de la sainte Vierge et de saint Jean, sans que le feu les eût endommagés. Merveille d'autant plus frappante que ces saintes figures n'étaient que d'un bois sec qui devait naturellement être consumé à la seule approche du feu.

Le roi, désirant faire honorer ce saint crucifix comme il était convenable, en demanda le moyen à la reine. Sa Majesté répondit qu'il ne pouvait être plus dignement placé que chez ses Carmélites, et ce précieux objet leur fut offert. Elles avaient aussi reçu les statues qui l'accompagnaient, mais M. de Beaufort, abbé de Sept-Fonds, les leur demanda avec tant d'instances pour son abbaye qu'elles ne purent les lui refuser.

Des grâces signalées et des secours miraculeux

reçus par les religieuses et par les personnes séculières qui eurent recours à ce crucifix sont encore venus accréditer la dévotion que justifiait déjà assez le fait extraordinaire qui l'avait rendu célèbre.

La piété de Marie-Thérèse et son affection pour le monastère de la rue du Bouloy l'eussent très-certainement portée à en assurer la fondation si elle n'eût pas été surprise par la mort dans un âge si peu avancé. Tant qu'elle avait vécu, son cher couvent avait pu se reposer entièrement sur elle ; cette grande reine pourvoyait à tout avec une munificence royale. Mais après sa mort, des circonstances imprévues et des embarras d'affaires réduisirent les Carmélites à une extrême pauvreté.

Le couvent de la rue du Bouloy était petit, malsain, et de plus privé d'air, inconvénient grave pour une communauté cloîtrée ; la Mère Françoise de la Croix se résolut donc à chercher un autre emplacement ; elle exposa ses projets au roi, désirant obtenir son assentiment. Louis XIV les approuva avec bienveillance et s'empressa de lui faire expédier à cet effet des lettres patentes revêtues des priviléges de fondation royale.

La maison dont la Mère Françoise de la Croix avait fait choix était située rue de Grenelle. Un jardin planté d'arbres fruitiers offrait aux saintes habitantes de ce lieu assez d'espace pour laisser jouir du grand air et pour se faire quelque illusion sur l'isolement de ce nouveau désert. Afin d'en acquitter le paiement, les religieuses avaient compté sur la vente des bâtiments de la rue du Bouloy; mais des embarras inattendus étant survenus dans cette affaire, elles se trouvèrent bientôt accablées de dettes.

Cette épreuve fut acceptée avec autant et plus de joie par les saintes religieuses, qu'elles n'avaient accueilli autrefois les libéralités des reines. Leurs livres de compte font foi qu'il y eut telles années où cinq mille francs avaient été toute leur ressource; et il est aisé de penser qu'une pareille somme, dans Paris, n'aurait pu suffire à nourrir une communauté de trente-cinq personnes, fournir à l'entretien, payer les domestiques, acquitter les fondations de messes, saluts, etc., si, par une providence marquée, ces dames n'eussent reçu des secours en quelque sorte miraculeux. La foi vive et l'admirable soumission avec laquelle les Carmélites baisaient la main qui les frappait inclinait sans doute la divine bonté vers elles avec une plus tendre compassion. Un trait conservé de cette pieuse résignation montrera qu'elle était portée jusqu'à la reconnaissance.

Un jour la communauté se rend au réfectoire à l'heure ordinaire; c'était en carême. Après le *Benedicite*, celle qui présidait ayant déclaré à ses sœurs que Dieu n'avait pas permis qu'on pût rien se procurer pour le repas et le temps destiné à cet exercice devant être occupé, elle les engage à se ranger à leur place pour écouter la lecture. Heureuses d'éprouver à la lettre la vérité de ces paroles sacrées : *L'homme ne vit pas seulement de pain, mais de toute parole qui sort de la bouche de Dieu*, elles passent dans ce saint exercice le temps que la présidente juge convenable, puis on donne le signal pour les *Grâces*. Les prières achevées, quelle ne fut pas la consolation de la Prieure lorsque plusieurs Religieuses s'approchant, lui demandent avec instances de répéter une seconde fois la prière d'action de grâces, en reconnaissance de la faveur qui leur avait été accordée de pratiquer ce jour-là le vœu de pauvreté dans toute sa perfection.

Mais si notre Seigneur se plut quelquefois à éprouver la constance de ses fidèles épouses, en combien de manières son immense charité ne les secourut-elle pas par des voies incompréhensibles ! A peine avaient-elles formé un désir qu'il était accompli ; plusieurs fois, se trouvant sans bois et dans l'impossibilité d'en acheter, elles en voyaient arriver à point nommé des voitures entières, sans qu'on pût savoir qui les envoyait. Souvent on trouvait tout aussi à propos dans le tour, précisément l'argent nécessaire pour le dîner, et il semblait que Dieu, jaloux de la confiance de ses chères épouses, ne permettait pas qu'elles eussent jamais rien d'assuré pour le lendemain.

On a remarqué avec surprises que des poules qui étaient à peines nourries fournissaient journellement des œufs dans les temps mêmes où elles en sont moins libérales, et justement le nombre voulu. On a vu aussi un prunier servir à la subsistance de toute la maison, et paraître inépuisable lorsqu'il eût été comme impossible de se procurer autre chose.

Une malade, qui depuis longtemps éprouvait un dégoût si universel, qu'on appréhendait pour sa vie, eut une fois, en se rendant au réfectoire, la pensée singulière qu'une perdrix seule pourrait lui rendre quelque appétit ; elle n'eût osé communiquer son idée, un mets pareil ne se trouve pas communément sur une table de Carmélites; mais Dieu, qui se plaît à satisfaire les désirs du pauvre, inspira dans ce moment à une dame charitable d'envoyer une perdrix tout apprêtée, que la Mère Prieure fit donner à la pauvre infirme. Celle-ci n'avait confié son secret à personne, mais le fait lui parut une attention si délicate de la Providence, qu'elle ne put se défendre de le communiquer à ses sœurs.

Ces saintes victimes de la pauvreté, tout en se confiant aux soins de l'amoureuse providence de leur Dieu, mettaient cependant tout en usage pour se réduire au plus strict nécessaire. Quelques traits en font foi, et attestent aussi l'aimable et sainte gaieté avec laquelle les Carmélites supportaient les conséquences de l'état de gêne où tant de circonstances fâcheuses les avaient réduites. La Mère dépositaire imagina un beau jour d'ordonner, faute de mieux, aux Sœurs du voile blanc, de faire frire pour le dîner des feuilles de vigne. Les bonnes Sœurs obéirent aveuglément. La maîtresse des novices, qui avait l'œil moins bon que l'appétit, prit ce nouvel aliment pour des soles. — Comment, se disaient-elles, nos Mères ont-elles pu acheter un pareil poisson, que nous ne verrions pas dans un temps d'abondance ! Elle loue Dieu néanmoins et se met en devoir d'expédier cette nouvelle sole ; mais la voyant du premier coup réduite en poussière, elle revient bientôt de son erreur.

Une autre, effrayée un jour de la modicité de sa portion, et apportant à table une faim que l'excès du travail avait aiguisée, s'avisa de mettre des lunettes pour satisfaire au moins son imagination en lui grossissant les objets.

Une pauvreté si joyeuse devait plaire à celui qui aime qu'on lui donne avec allégresse; aussi, le Seigneur vint-il bientôt en aide à ces âmes fidèles qui avaient placé en lui toute leur espérance Mgr l'Archevêque de Paris et Mme de Maintenon, sachant combien le roi était touché du silence des Carmélites dans leur indigence, saisirent cette occasion de lui rappeler le vœu de Marie-Thérèse. Son Eminence se permit même de faire observer au monarque qu'il était en quelque sorte obligé de remplir cet engagement, puisque la grâce demandée avait été obtenue par la naissance de Mgr le Dauphin. Dès ce moment Louis XIV ordonna que la somme de six mille francs fût exactement délivrée chaque année pour la subsistance du couvent de la rue de Grenelle (1696).

Un fait aussi admirable que la manière dont la divine bonté retira les Carmélites de la misère, c'est le soin qu'elle prit de leur envoyer, précisément dans ces temps d'épreuves, des sujets d'élite, des âmes ornées de toutes les qualités qui font le soutien et l'honneur de la religion, et douées de toutes les vertus qui font les saints. Dieu daigna lui-même faire connaître d'une manière surnaturelle combien il se plaisait au milieu de cette communauté, à l'une des Religieuses encore novice et qui était combattue de violentes perplexités au sujet de sa vocation.

Un jour que le très-saint Sacrement était exposé, et que la communauté prosternée honorait, suivant l'usage, le moment précieux de la mort de notre Seigneur (1), la Sœur Cazilde reçut une impresion extraordinaire de la sainteté de toutes les âmes de ce monastère. Elles lui parurent en cet instant comme des cristaux transparents dans lesquels la très-adorable Trinité prenait ses délices, vue qui la pénétra, non-seulement de respect pour toutes les personnes de la communauté, mais qui fixa encore ses incertitudes et lui inspira un désir aussi ardent d'être associée à ces âmes pures et ferventes qu'elle en avait eu de crainte jusqu'alors.

(1) Tous les jours, à trois heures de l'après-dînée, les Carmélites honorent, les genoux en terre, la mort de notre Seigneur : coutume qu'elles tiennent de la Sœur Jeanne de Saint-Elie (Le Tourneur) religieuse du couvent de Pontoise, morte en 1651. Elles redisent les sept paroles de Notre Seigneur en Croix, et ajoutent à cette courte méditation la prière suivante : *Mon Dieu, miséricorde, mon Dieu, miséricorde au nom de votre cher Fils Jésus, par les mérites de sa sainte Passion. Daignez convertir les pauvres pécheurs, délivrez les âmes du Purgatoire, remédiez aux besoins de la sainte Eglise, à ceux de ce royaume, à ceux de notre saint Ordre, de cette communauté, de chacune de nous en particulier afin que nous accomplissions en tout et partout votre sainte et divine volonté. Ainsi soit-il.*

Bientôt Mme de Maintenon s'attacha à la Communauté, et lui donna jusqu'à sa mort les preuves les plus marquées d'une véritable affection. Dans l'une des visites qu'elle leur rendait la chronique rapporte qu'elle voulut une fois partager au réfectoire le dîner des Religieuses. Elle fut singulièrement édifiée de l'ordinaire des Carmélites, un peu différent, en effet, de celui de Versailles; et ayant assisté aux grâces qui se récitent au chœur, elle dit en sortant : *Voilà de longues prières pour un mauvais dîner.*

Cette maison était en si grande réputation de régularité et de sainteté que Madame Louise de France, fuyant le monde et la cour, séjour trop peu digne de sa grande âme, avait d'abord résolu de se fixer dans cet asile de piété, et l'on sait, par les propres écrits de cette princesse, combien elle tenait à s'engager à Dieu dans un couvent où régnât la ferveur primitive. Dans un testament que lui dictait la crainte de mourir dans les chaînes qui la retenaient à la cour, elle supplie le roi d'ordonner « qu'elle soit enterrée au couvent des Carmélites de la rue de Grenelle. » C'était là que Dieu avait pour la première fois parlé à son cœur pendant la prise d'habit de Mme de Rupelmonde à laquelle la reine l'avait conduite. « Ce dévouement généreux, » écrit la princesse, « me fit faire de profondes réflexions sur la nécessité du salut et sur le néant de tout ce qui flatte les sens. *Voilà du courage, me disais-je à moi-même, voilà comme on ravit le ciel.* J'étais alors dans ma seizième année,

Pendant la cérémonie et avant de sortir de l'église, je pris la résolution de demander tous les jours à Dieu qu'il me donnât les moyens de briser les liens qui me retenaient dans le monde. » Lorsque enfin l'auguste fille de nos rois eut obtenu la grâce longtemps désirée d'aller s'ensevelir dans la solitude, elle eût volontiers choisi la maison de la rue de Grenelle ; de hautes vues de perfection l'en détournèrent. Elle connaissait là plusieurs personnes avec lesquelles il lui eût été doux de vivre ; de plus, le séjour de la capitale lui eût attiré des visites qu'elle redoutait comme préjudiciables à l'esprit de retraite. Il lui vint surtout en pensée que comme on tirait le canon toutes les fois que le roi entrait dans Paris, cette bruyante annonce deviendrait pour elle et pour la Communauté un sujet de distraction à chaque visite que lui ferait le monarque. Ces considérations seules purent l'engager à faire le sacrifice d'une maison qu'elle affectionnait et qui était digne de sa préférence. Dieu d'ailleurs l'avait destinée à relever un monastère près de tomber faute de ressources : celui de Saint-Denis.

Quatorze ans après que Madame Louise avait étonné et édifié le monde catholique par sa retraite, le couvent de Grenelle ouvrait ses portes à celle qui devait le faire revivre de ses ruines après avoir traversé avec un courage héroïque les épreuves de la plus affreuse des révolutions : Mlle de Soyecourt y prenait le voile.

VIE

DE

MADAME DE SOYECOURT

CHAPITRE PREMIER

Naissance et première éducation de Mlle de Soyecourt. — A l'âge de huit ans elle est placée au couvent de la Visitation à Paris. — Sa ferveur à l'époque de sa confirmation. — Elle conçoit dès lors le projet de se consacrer à Dieu.

Thérèse-Françoise-Camille de Soyecourt naquit à Paris, le 25 juin 1757, de l'une des plus anciennes et des plus illustres familles du royaume. Son père, Charles-Joachim de Seiglières de Belleforière, était comte de Soyecourt et de Tuppigny, marquis de Guerbigny, baron d'Itre, seigneur des Grandes-Tournelles, de Montdidier, Regnier,

Ecluse, Grand-Manoir de Lihons, Carrépuis, Eaucourt, Séricourt, Ardois, Saint-Germain, Machy, Arry, Vironceaux, Champignolles, Créteil et autres lieux (1). Sa mère, Marie-Sylvine de Bérenger, était fille du comte de Bérenger, chevalier des Ordres du roi et lieutenant général de ses armées (2).

M. de Soyecourt réunissait toutes les qualités qui font l'honnête homme et le militaire distingué; il sut encore y joindre celles qui forment le parfait chrétien. Ayant commencé à servir dans les régiments d'Asfeld et de Thianges, il fut ensuite lieutenant des gardes du corps du roi de Pologne, et bientôt après il rentra dans l'armée avec le brevet de colonel de dragons. Il fit plusieurs campagnes où il se distingua. Pendant la guerre de Sept ans, se trouvant à l'avant-garde de l'armée commandée par le maréchal prince de Soubise, il attaqua, à la tête d'un faible détachement de dragons, un corps de quatre mille hommes commandés

(1) Gilles, sire de Soyecourt, un de ses ancêtres, était grand échanson de France sous Philippe de Valois, et périt à la journée de Crécy, le 26 août 1346.

(2) La maison de Bérenger, Sassenage en Dauphiné, remonte d'après des documents historiques, par une filiation non interrompue, jusqu'à Artaud, comte souverain de Lyon et de Forez en l'an 940.

par le général Kilmanseck, le mit en déroute et ramena trois cents soldats et six officiers prisonniers. Cette action se passa en présence de tous les piquets de l'armée, et le roi lui en fit témoigner sa satisfaction par une lettre de M. le duc de Choiseul, alors ministre de la guerre. Mais là se bornèrent les témoignages de la bienveillance de Louis XV. M. de Soyecourt, mécontent de voir sa bravoure si peu appréciée, quitta le service à trente-six ans, et satisfit désormais dans ses vastes domaines la passion qu'il avait de faire des heureux et de soulager un grand nombre d'infortunes. Sa conduite était admirée de tous ses vassaux qui trouvaient en lui un modèle et un père; sa bonté et sa charité éclataient surtout envers ses domestiques. Maître aussi vigilant que facile à servir, il tenait à ce que tous, dans sa maison, s'acquittassent de leurs devoirs religieux. Nul ne pouvait s'exempter d'assister, fêtes et dimanches, aux offices de la paroisse; il y était lui-même très-assidu, chantant avec un saint enthousiasme les psaumes et les cantiques du Seigneur, dont il aurait souhaité que tous, comme lui, pussent comprendre l'élévation et la beauté. La lecture de l'Ecriture sainte faisait ses délices.

« Les habitants de Tilloloy, comme ceux des autres possessions de la maison de Soyecourt, ont toujours montré pour elle un dévouement et une affection que rien n'a pu affaiblir, et que justifiaient les grands exemples dont ils avaient été témoins, et la paternelle protection dont ils étaient l'objet. Lorsque le comte de Soyecourt fut incarcéré pendant la Terreur, une députation des habitants de ses terres n'hésita pas à venir à Paris solliciter sa liberté. Cette démarche ne pouvait être utile alors, mais elle ne mérite pas moins qu'on en garde le souvenir pour l'honneur de ceux qui la tentèrent et de ceux qui surent l'inspirer. » (*Notice sur la maison de Soyecourt.*)

M. de Soyecourt eut six enfants : quatre filles et deux fils. Un fils et une fille moururent en bas âge. Aussi bon père que bon époux, il apporta les précautions les plus sages pour écarter de ses enfants tout ce qui pouvait porter atteinte à leur innocence. Le soin de leur éducation fut toujours à ses yeux un devoir sacré, et le billet suivant adressé à sa femme atteste de quelle importance étaient à ses yeux les principes religieux dans lesquels il souhaitait que ses enfants fussent élevés. — « Je suis de votre avis, Madame, il faut mettre notre aînée en pension pendant notre absence, avec la condition, toutefois, de la reprendre, si je passe l'hiver prochain à Paris. Il faut choisir un couvent où on lui inspire de bonne heure des sentiments de religion, et il ne faut pas craindre l'excès en ceci : on en perd assez quand on est une fois dans le monde, et le plus grand malheur est de n'en point avoir. Comme les premières impressions sont celles qui restent le plus longtemps, il est essentiel de bien choisir ceux qui sont chargés de les donner. »

Mme de Soyecourt était digne d'être la compagne d'un tel époux : une remarque qui nous paraît valoir de longs éloges est celle que faisait sa fille bien-aimée : « *Ma mère*, disait-elle, *avait en horreur la médisance, et jamais on n'entendit sortir de sa bouche un jugement défavorable au sujet de personne.* » Toujours cette vertueuse dame avait secondé les vues chrétiennes de son mari sur l'éducation de leurs enfants, et elle savait au besoin faire à ceux-ci de ces sages leçons qui ne s'oublient point : « *Souvenez-vous*, disait-elle un jour d'un air sérieux à son fils qui s'amusait de la piété simple de son valet de chambre, *souvenez-vous, mon fils, que celui que vous raillez en ce moment sera peut-être plus haut placé que vous dans le royaume de Dieu.* »

Camille aimait à se rappeler que sa mère, bien qu'elle s'opposât de toute son énergie à ses projets de retraite, se plaisait cependant à satisfaire ses goûts de piété. Souvent elle la conduisait elle-même à l'église, et, après quelques moments : — « *En avez-vous assez, ma fille ?* » lui disait-elle. — *Non, maman, pas encore*, » lui répondait celle-ci. Alors, fermant les yeux, joignant les mains et se rasseyant, Mme de Soyecourt attendait quelque temps et recommençait la question à laquelle la même réponse succédait, certains jours, jusqu'à trois et quatre fois. « Elle avait la complaisance de rester, disait sa fille, jusqu'à ce que moi-même, tourmentée par la crainte de la trop fatiguer si je la retenais davantage, j'eusse fini par lui répondre : « Oui, maman, j'en ai assez. »

Ces quelques lignes, consacrées à la mémoire de deux illustres victimes de la tourmente révolutionnaire, ne sembleront pas un hors-d'œuvre dans la Vie de celle qui, après Dieu, dut à de si vertueux parents les sentiments de foi solide et pratique qui la guidèrent, bien que contre leur gré, vers la voie de la perfection.

La naissance de cette fille qui devait ajouter au nom de Soyecourt une illustration plus glorieuse et plus durable que celle de la noblesse, ne fut cependant pas accueillie avec de grandes démonstrations de joie. Son père, qui avait déjà deux filles, espérait, cette fois au moins, que ses vœux allaient être exaucés, et qu'un fils, héritier de son nom, perpétuerait sa noble race. Grand fut donc le désappointement dans toute la famille, lorsqu'on vit arriver une fille encore. Aussi la Révérende Mère Camille aimait-elle à rappeler, jusque dans son extrême vieillesse, avec sa gaieté habituelle, le singulier accueil qu'elle avait reçu à son berceau. — « *J'ai ouï dire*, répétait-elle en riant, *qu'une de mes tantes, interrogée sur le nom qu'on me donnerait, répondit : Il faut la nommer mademoiselle de Trop.* » Une personne un peu plus compatissante repartit : — « *Pauvre petite! elle sera peut-être l'honneur et la consolation de sa famille;* » pressentiment que vérifia la vie de la jeune Camille.

Dès le lendemain de sa naissance, Mlle de Soyecourt fut présentée au saint baptême, dans l'église de Saint-Sulpice. Les saints ont toujours aimé à conserver un souvenir reconnaissant de cette première grâce qui les a faits enfants de Dieu; grâce plus gratuite en quelque sorte que toutes les autres, et dont si peu de chrétiens songent à remercier le Seigneur. Chaque année, la Mère Camille, même avant d'avoir quitté le monde, célébrait l'anniversaire de ce premier des bienfaits surnaturels, avec cette foi vive et cette tendre reconnaissance qui engage le Seigneur à multiplier ses bienfaits. C'était par le même sentiment de gratitude religieuse qu'elle affectionna aussi toute sa vie, d'une manière spéciale, l'église de Saint-

Sulpice où son âme était née à la grâce ; elle l'aimait comme on aime la maison paternelle et les lieux où s'écoulèrent si pures les premières années de l'enfance. Elle se plaisait à venir y prier, à revoir ces fonts sacrés où l'eau régénératrice avait coulé sur son front. Si dans ce lieu tout parlait à son âme, jusqu'aux pierres du sanctuaire, elle conservait surtout une profonde vénération pour les dignes ministres du Seigneur appelés à diriger cette pieuse paroisse ; et dans les dernières années de sa longue carrière, ce sentiment, loin de s'être affaibli, semblait avoir emprunté une nouvelle force de sa continuité. C'était pour elle une vraie consolation de voir la manière touchante et dévouée dont le pasteur qui dirigeait cette paroisse avec autant de zèle que de sagesse répondait au respectueux et sincère attachement qu'elle lui portait.

A cette époque, une pieuse coutume des siècles précédents avait continué à prévaloir dans les premiers rangs de la société sur la tendresse des parents pour leurs enfants. A peine celles-ci avaient-elles quitté le berceau, qu'elles étaient conduites au couvent pour y être élevées à l'ombre du sanctuaire. Là de prudentes et habiles maîtresses formaient ces jeunes âmes aux vertus chrétiennes et s'appliquaient à leur enseigner aussi les principes des connaissances fort restreintes qu'on attendait alors des femmes. Elles y restaient jusqu'à ce qu'un établissement conforme à leur illustre naissance les obligeât à quitter le pieux asile où s'étaient écoulées leurs premières années.

Le monde qu'elles n'avaient pas assez vu peut-être, pour redouter ses piéges, pouvait bien les séduire tout d'abord, mais toujours restaient gravées au fond de leur cœur les impressions de piété et de foi qui préparaient ces admirables retours à Dieu, l'un des spectacles les plus étonnants qu'ait donnés ce dix-septième siècle où tout était grand, jusqu'aux repentirs, comme on l'a dit avant nous.

Plus privilégiées encore, quelques-unes de ces jeunes personnes, dociles à la voix de la grâce qui leur redisait au fond du cœur : *Quittez tout et vous trouverez tout*, renonçaient aux jouissances du siècle sans les avoir jamais goûtées, « trop heureuses, sans doute, de pouvoir échanger contre les courtes et frivoles jouissances du monde la paix ineffable et les saintes délices que l'âme fidèle goûte dans la solitude et que les mondains achèteraient, s'ils pouvaient les connaître, au prix de tous leurs plaisirs. » L'on peut en croire celle qui laisse échapper cette effusion du cœur, c'est l'humble fille de sainte Thérèse à qui nous avons emprunté les détails édifiants de la vie de sa Mère Prieure.

Dieu, qui destinait Mlle de Soyecourt à de grandes choses, voulut établir l'édifice de sa perfection sur des bases solides. Elle fut élevée chrétiennement, sans doute ; mais elle vit le monde, et y vécut assez de temps pour agir en parfaite connaissance de cause, lorsqu'elle se détermina à lui dire un éternel adieu. Ses parents, loin de la pousser, comme tant d'autres, vers la vie du cloître, firent d'incroyables efforts pour combattre sa vocation, et nul ne parut douter qu'une pareille démarche ne fût chez elle l'effet d'une de ces grâces victorieuses que Dieu répand comme il lui plaît, quand il veut s'assujétir certaines âmes d'élite et donner de grands exemples au monde.

Si Camille avait été froidement accueillie à son entrée dans la vie, elle fut si tendrement aimée lorsqu'on vit se développer ses aimables qualités, que M. de Soyecourt ne put se résoudre à l'éloigner de lui. Déjà vivement contrarié de ne voir ses deux filles aînées qu'à travers les grilles du couvent de la Visitation, où elles étaient entrées fort jeunes, il décida facilement sa femme à garder la jeune Camille dans la maison paternelle, au moins quelques années de plus que ses sœurs. On lui donna des maîtres ; et elle apprit avec tant de facilité les premiers éléments des sciences, qu'elle était plus instruite que la plupart des enfants de son âge, lorsque plus tard elle entra en pension.

Elle eut pour gouvernante une femme de mérite qui, loin de la soutenir dans les petites mutineries pardonnables à l'enfance, la reprenait avec fermeté de ses moindres fautes. Mme de Soyecourt se faisait un devoir de seconder la personne qu'elle s'était associée dans l'éducation de sa fille, et toujours lui donnait gain de cause lorsqu'elle avait quelque plainte à former contre sa jeune élève. Une fois entre autres, l'enfant ayant appris son catéchisme avec négligence, sa mère la menaça, en cas de récidive, de brûler un collier de peu de valeur à la vérité, mais que sa fille trouvait fort joli, et qu'elle portait habituellement à son cou; quelques jours après, même mauvaise volonté de la part de Camille. La peine suivit de près la faute: le collier fut détaché et jeté au feu en présence de l'enfant qui, stupéfaite d'étonnement en voyant consumer un objet si précieux à ses yeux, et craignant que ses autres bijoux n'eussent le même sort, s'appliqua désormais à tous ses devoirs.

Comme il n'est que trop ordinaire aujourd'hui, les parents ne laissaient pas alors leurs enfants arriver jusqu'à dix et onze ans sans opposer à leurs défauts naissants le frein salutaire de la confession. « A l'âge de sept ans, racontait à ses religieuses la Mère Camille, ma gouvernante me disposa au sacrement de Pénitence, et m'ayant fait faire un sérieux examen sur mon orgueil, mon entêtement et ma vanité, elle me conduisit à Saint-Sulpice, dans la chapelle des Cinq plaies, où je me confessai à un Père Capucin. »

Malgré le soin qu'on prenait de diriger vers Dieu les premières pensées de Camille, il était difficile que le charmant naturel de cette enfant, relevé par une physionomie spirituelle et par les grâces naturelles de son âge, ne devînt pour elle un écueil au milieu du grand monde. Sa mère, dont elle était le portrait parlant, recevait avec complaisance les éloges que l'enfant ne pouvait encore apprécier, et il n'était pas de réunion brillante, de spectacle même, où elle ne fût conduite. A peine était-elle âgée de cinq à six ans, que son esprit vif et pénétrant remarqua, non sans une douce satisfaction, le gracieux accueil qui lui était fait dans toutes les assemblées. Entourée des séductions de la grandeur et de l'opulence, elle avouait que son cœur, bien qu'innocent, commençait à se nourrir de l'encens qui lui était prodigué, et que l'amour-propre avec ses retours et ses complaisances s'était déjà emparé de toutes ses pensées.

Lorsque Camille eut atteint sa huitième année, sa mère s'apercevant du goût décidé de cette enfant pour la parure, résolut enfin de lui donner une éducation plus sérieuse. Elle la conduisit donc elle-même, le 2 juillet, au couvent de la Visitation, situé rue du Bac. Après avoir assisté au salut dans la chapelle, elle entra, selon sa coutume, dans l'intérieur du monastère pour voir ses deux filles aînées; puis, s'échappant à la dérobée, elle laissa la pauvre petite Camille qui pleura et cria toute la nuit, soupirant après son père qu'elle ne croyait sans doute pas complice de ce guet-apens. S'il y avait prêté son consentement, au moins n'avait-il pu se résoudre à être témoin de la séparation, et il n'avait été consolé qu'en faisant faire le portrait de sa chère petite fille revêtue des ajustements qu'elle portait au départ de la maison paternelle.

Dès le lendemain matin de son arrivée à la Visitation, la pauvre Camille fut soumise à une épreuve d'un nouveau genre. Il paraît qu'il était d'usage chez ces Dames que les enfants portassent les cheveux courts jusqu'à un certain âge. On s'attendait sans doute à quelque résistance de la part de la nouvelle venue sur cet article, car les Religieuses confièrent à ses deux sœurs la difficile commission de lui couper sa longue chevelure. Lorsque l'enfant connut le but de leur visite, ses sanglots redoublèrent, et, cherchant à garantir sa tête avec ses deux petites mains, elle fit d'incroyables efforts pour empêcher l'opération. En peu d'instants, néanmoins, elle eut à déplorer la perte de ses cheveux, et il lui fallut subir la dure nécessité de laisser placer sur sa tête le bonnet rond des pensionnaires, dont tout le costume, à cette époque, était presque religieux. Si l'immolation de sa vanité fut complète, elle n'était pas encore volontaire. Ce jour-là fut vraiment pour elle celui de l'épreuve, et comme un présage des sacrifices que la divine Providence lui demanderait dans l'avenir et qu'elle devait faire avec tant de générosité.

Quelques heures après, on conduisit Camille dans le cabinet de la Mère Supérieure, Mme de Brancas, pour recevoir de ses mains le petit voile de la Sainte-Vierge et le cordon de Saint-François de Sales. Les paroles que lui adressa la sainte Religieuse à ce sujet firent une si forte impression sur ce jeune cœur, que ses chagrins précédents s'évanouirent, sauf celui de ne pouvoir embrasser son père bien-aimé. Elle ressentit même tout à coup, à la suite de cette petite cérémonie, une joie intime de la grâce qui venait de lui être accordée, sentiment mal défini peut-être dans un si jeune âge, mais qui annonce cependant à quel degré de vertu parviendra l'âme capable de l'éprouver, quand elle pourra comprendre la vanité des biens que le monde recherche et les infinies perfections de Dieu. L'enfant fut ensuite admise parmi les *petites sœurs :* c'est ainsi qu'on appelait les jeunes pensionnaires.

La Religieuse chargée de diriger la classe où on l'avait placée étant souvent malade, ce fut par les soins de Mme de Nolan, maîtresse de la classe suivante, que cette âme si bien née s'ouvrit aux douces influences de la piété. La digne fille de Saint-François de Sales, à laquelle le Seigneur avait accordé un don spécial pour se proportionner à l'intelligence de ses jeunes élèves, et pour leur rendre aimable et facile la pratique des enseignements de la foi, cultiva avec un zèle assidu la nouvelle plante confiée à ses soins. Ce fut sous sa direction que la jeune Camille reçut à onze ans le sacrement de Confirmation des mains de Mgr de Fumel, évêque de Lodève.

Elle y apporta de si heureuses dispositions, que jamais les impressions de la grâce versée dans son âme en ce jour ne s'effacèrent de sa mémoire. Ce fut alors qu'elle commença à connaître que Dieu la voulait tout à lui, et qu'elle lui demanda de pouvoir être fidèle à cet attrait qui ne cessa plus de la pousser vers la vie du cloître.

L'Esprit-Saint répandit ses dons avec tant d'abondance dans un sanctuaire si digne de lui, qu'après la cérémonie l'enfant ne s'aperçut pas du départ de ses jeunes compagnes ; elle ne se croyait plus sur la terre, tant elle était heureuse, et elle eût prolongé indéfiniment son action de grâce, si deux de ces Dames, qui la crurent indisposée, ne fussent venues interrompre son bonheur en l'emportant dans leurs bras.

L'Esprit-Saint qui avait parlé si doucement à son cœur, lui donna bientôt de plus hautes leçons : il lui fit comprendre le prix du détachement. Fidèle à ses inspirations, Camille ne lui refusa aucun des sacrifices qu'il put exiger d'elle dans un si jeune âge. Jusque-là, elle avait conservé avec plaisir ces objets curieux, ces bijoux auxquels une enfant attache d'ordinaire grand prix : un jour donc, elle se reprocha cet esprit de propriété bien excusable, et courant à sa cassette, elle distribua à ses jeunes amies, bien qu'il lui en coûtât, tous ses petits trésors sans restriction aucune, sans faire grâce même à une image qui lui était doublement précieuse comme objet de piété et comme souvenir. L'enfant capable d'un pareil sacrifice n'est pas sans doute une enfant ordinaire, et le Dieu qui considère bien plus le cœur avec lequel on lui donne que le don lui-même, qui demande peu pour donner beaucoup, récompensa en Dieu cet holocauste si faible en apparence. Dès lors, le monde qui avait brillé un instant aux yeux de Camille avec tous ses charmes ne fut plus rien pour elle, et elle doursuivit sans regarder en arrière le but qui lui avait été montré, jusqu'au jour où il lui fut donné d'aller se jeter dans la solitude du cloître.

C'est dire assez que cette enfant de bénédiction fut toujours la joie de ses maîtresses et qu'elle sut se faire aimer de ses compagnes. Parmi ces dernières se trouvaient des élèves dignes de l'apprécier. Outre ses sœurs et ses deux cousines Mlles de Bérenger, elle avait choisi pour amies intimes Mlles de Sesmaisons et de Lamberti, qui l'une et l'autre ne quittèrent les classes que pour entrer au noviciat de la Visitation.

Camille joignait à toutes ces vertus naissantes une des qualités les plus précieuses chez une femme : un grand esprit d'ordre. Ses pieuses maîtresses, attentives à favoriser le développement de cette disposition, employaient de temps en temps leur jeune élève aux fonctions du ménage proportionnées à son âge et à ses forces. Elle conçut une grande affection pour la sœur Elisabeth de Chimay qu'elle avait quelquefois secondée dans le soin de la lingerie des pensionnaires, et sut conserver comme une sorte de relique, malgré ses prisons et son exil, le petit billet suivant que lui écrivit, peu de temps après sa sortie de la Visitation, cette sainte Religieuse. « Je vous remercie, chère enfant, de l'amitié que vous voulez bien me conserver, et que vous me témoignez avec tant d'amabilité dans la lettre que vous m'avez fait le plaisir de m'écrire. Vous regrettez, dites-vous, le temps où vous veniez avec moi comme mon aide; je vous assure que je n'en ai pas retrouvé d'aussi active que vous, et que ma chère d'Ardois (1) nous a souvent manqué. Elle doit savoir que je l'aimais tout de bon, etc... »

Camille répondait parfaitement aux soins qu'on se donnait pour orner son esprit des connaissances convenables à son rang; elle se refusa néanmoins à prendre des leçons de musique, et ne voulut jamais qu'on cultivât sa voix qui était fort belle, dans la crainte qu'on ne la forçât à chanter des romances au sortir du couvent. La faiblesse de ses reins ne lui permit pas non plus, à son grand contentement, d'apprendre la danse. Le maître se contenta de lui donner des leçons de maintien : et elle en profita si bien que sa tenue, jusque dans son grand âge, aurait pu servir de modèle aux plus jeunes personnes.

Le soin que l'on apportait à cultiver son esprit ne pouvait être surpassé que par celui qu'on pre-

(1) Celle des seigneuries de M. de Soyecourt qui portait ce nom avait été affectée à la jeune Camille suivant l'usage de cette époque.

nait de son âme. Elle eut pour confesseur M. de Montis et après lui le Père de l'Union, ancien Jésuite, qu'elle n'oublia jamais, parce que, disait-elle, c'était dans une extase d'amour que l'âme de ce saint Religieux s'exhala de son corps, pour aller au ciel augmenter le nombre des bienheureux. La première fois qu'elle s'adressa à lui, il sut lui inspirer une si grande horreur du péché que, dans l'excès de son regret au souvenir des fautes qu'elle avait commises, elle pensa expirer de douleur. Cette grâce insigne qui marque dans la vie des saints leur point de départ dans les voies de la perfection, fut aussi pour cette âme privilégiée l'époque d'un changement remarquable. Elle s'entoura de plus de silence et de recueillement; attentive à la voix de l'Esprit-Saint, qui ne se fait entendre qu'aux cœurs amis de la solitude, elle se plut à vivre plus retirée. Dieu lui-même favorisa cet attrait en l'affligeant à cette époque de fréquentes fluxions sur les yeux. Les souffrances qu'elle endurait l'obligeaient à se retirer seule dans une chambre privée de jour, et là elle apprit de bonne heure à se nourrir du pain dont Jésus a bien voulu faire ici-bas son aliment, ce divin Maître n'ayant pas été un seul instant de sa vie sans douleur.

CHAPITRE II.

Camille chez les Bénédictines. — Elle y fait sa première communion. — Son ardente piété. — Elle tombe dangereusement malade. — On veut l'établir dans le monde. — Moyens que Dieu met en œuvre pour la confirmer dans sa vocation à l'état religieux.

Camille se disposait à faire sa première communion, lorsque son père, las de ne la voir qu'à travers une grille, la retira de la Visitation ainsi que ses deux sœurs, dans l'intention de les placer chez les Bénédictines mitigées, qui avaient élevé leur mère. Il lui fallut donc quitter ce sanctuaire béni de la Visitation où son cœur avait commencé à goûter les douceurs de la piété. Quand elle aimait, c'était de toute l'ardeur de son âme ; une fièvre brûlante la saisit donc durant la nuit qui précéda son départ, en pensant au douloureux moment qui allait la séparer des dignes Religieuses qui avaient pris soin de son enfance, et dont le souvenir fut une consolation pour elle jusqu'au dernier jour de sa vie.

Avant de la confier à ses nouvelles maîtresses, on la conduisit dans une maison de campagne que son père possédait près de Paris, et où il l'attendait avec impatience pour la serrer dans ses bras. Elle resta dans sa famille plus de temps qu'on n'avait d'abord pensé ; car lorsque sa mère se réjouissait dans l'espérance de voir ses filles sous la direction des Religieuses qui l'avaient élevée elle-même, ces Dames la prévinrent qu'elles renonçaient aux soins de l'éducation et renvoyaient leurs élèves. On la plaça donc quelques mois plus tard avec ses sœurs chez des Bénédictines de la première règle, où Camille, tout attristée encore d'avoir quitté les aimables et pieuses filles de Saint-François de Sales, eut d'abord de la peine à s'habituer. Les Religieuses de cette maison vivaient dans une grande austérité, et Mme de Ségur, Prieure perpétuelle, y maintenait la régularité la plus exacte.

Ce fut dans cette nouvelle retraite que Camille continua à se préparer à sa première communion par l'exercice des vertus les plus courageuses. Le divin Maître, qui voulait éprouver et fortifier cette âme énergique, la fit soupirer longtemps encore après l'heureux instant qui devait l'unir à lui dans le sacrement de son amour. On la soumit donc à la plus sensible des épreuves en exigeant qu'elle attendît pour cette grande action une de ses sœurs dont le caractère espiègle et léger nécessitait de plus longues préparations.

L'année où il fut décidé qu'enfin elle serait admise à la table sainte, elle demanda et obtint de ne point aller à la campagne avec ses parents, pour ne manquer aucune des instructions religieuses dont elle faisait l'analyse avec le plus grand soin. Ce ne fut donc que le 25 décembre 1772, date toujours si chère à cette âme de foi, que Camille âgée de quinze ans eut le bonheur de faire sa première communion. Que ne dut pas éprouver en ce grand jour celle qui, à peine âgée de onze ans, avait goûté avec tant de plénitude le don de l'Esprit-Saint !

Le tendre respect, la vénération religieuse qu'elle portait à son père et à sa mère lui fit conserver jusqu'à sa mort tous les écrits qu'elle avait d'eux. Parmi ces papiers nous transcrivons ici les lettres qu'ils lui adressèrent la veille de sa première communion.

« Je suis, lui dit son excellent père, pénétré de joie et de consolation, ma chère enfant, de voir les sentiments de piété avec lesquels vous vous êtes préparée à votre première communion. C'est certainement l'action la plus sainte de votre vie, et celle qui doit sanctifier toutes les autres. Vous n'avez point de pardon à demander, puisqu'il est vrai que vous ne nous avez jamais donné le moindre désagrément et que vous avez toujours mérité des éloges de tout le monde. Veuille le ciel vous conserver dans de si heureuses dispositions, et vous accorder toutes les grâces dont vous avez besoin pour mener une vie chrétienne. C'est le seul moyen d'être heureux dans ce monde-ci et dans l'autre. Adieu, ma chère enfant, je vous embrasse avec toute la tendresse que vous méritez. » (24 décembre 1772.)

» Que Dieu vous comble, ma chère enfant, lui écrivit sa mère, de toutes ses grâces et bénédictions ; vous touchez au moment que vous avez tant désiré, et le soin que vous avez pris en tout ce qui dépendait de vous pour vous en rendre digne fait ma joie. Le vrai bonheur, ma chère fille, n'est que dans la paix et la tranquillité du cœur, et on ne peut en jouir mieux que vous à présent. Je compte beaucoup sur vos prières pour votre père, votre frère et vos sœurs. Faites-en de particulières pour moi, ma chère fille ; rien ne peut ajouter à l'amitié que j'ai pour vous. La douceur et la fermeté de votre caractère vous rendront heureuse toute votre vie, et vous méritent toute ma tendresse. »

Depuis la première communion de Camille, ses progrès frappants dans la vertu excitèrent l'admiration de ses maîtresses et de ses compagnes. Elle n'eut cependant d'intimité qu'avec deux jeunes personnes que leur piété lui avait fait distinguer entre les autres. Ce fut pour elle alors le temps des douceurs et des consolations sensibles. Ses attraits de prière et de solitude se fortifièrent, la disposant au choix qu'elle devait faire un jour entre tous les ordres religieux, de celui qu'une plus complète séparation du monde a voué exclusivement à la contemplation. Ne pouvant vivre un sèul instant séparée de son Dieu, elle le cherchait par toutes ces saintes industries que l'Esprit-Saint suggère aux âmes qui se sont livrées à sa conduite. Elle trouvait son bonheur à se retirer le plus souvent qu'il lui était possible dans une chambre que ses parents, à sa demande, avaient louée pour elle. Là, loin du bruit et de la dissipation, elle puisait dans la prière et dans l'étude du Dieu Sauveur qu'elle aimait uniquement, les forces et les lumières nécessaires pour surmonter les obstacles qui devaient entraver sa vocation.

Peu contente d'être plus solitaire, elle voulut encore essayer la règle austère des Bénédictines, Elle se tenait éveillée pour assister aux Matines qui se récitaient à deux heures de la nuit; et pour n'être pas entendue, elle se glissait sans chaussure à l'entrée du chœur, où elle demeurait en adoration jusqu'à la fin de l'office. Soit que cet excès de ferveur, plus en harmonie avec son zèle qu'avec ses forces, eût altéré sa santé, soit simple disposition de tempérament, elle fut atteinte à cette époque d'une fièvre bilieuse inflammatoire qui faillit l'enlever. Elle reçut le sacrement de Pénitence en grande hâte, et, toute joyeuse, s'attendait à quitter l'exil; mais le Seigneur, qui avait sur elle bien d'autres desseins, la rendit à la santé en si peu de temps, que les médecins regardèrent ce prompt rétablissement comme miraculeux. En effet, deux jours après celui où elle avait reçu l'absolution, pensant dire adieu à la vie, elle se trouva si bien, que surprise qu'on l'eût empêchée d'aller à la messe (c'était un dimanche, 1er de l'Avent), elle s'échappa le soir pour assister au salut. Cette guérison inespérée rendit le bonheur à ses parents plongés dans la plus vive douleur depuis qu'ils savaient la maladie dangereuse de leur fille. Son père surtout, qui n'avait pu avoir la consolation d'entrer pour la visiter, fut au comble de la joie.

Appelée à conduire plus tard tant d'âmes d'élite dans les voies de la perfection, il fallait que la future Prieure du Carmel apprît, par sa propre expérience, par quelles rudes épreuves le Dieu de toute sainteté se plaît à purifier les âmes pour les rendre plus digne de lui et plus conformes à sa vie crucifiée. Les peines d'esprit ne sont pas une des portions les moins amères du calice qu'il daigne partager avec ses chers serviteurs. Aux douces et intimes consolations dont avait joui jusque-là le cœur de Camille, succédèrent donc les craintes, les scrupules, les perplexités. Longtemps il lui fut impossible de se décider à s'approcher de la sainte communion, tant elle redoutait de ne pas le faire avec les dispositions convenables ! Le sommeil, qu'avaient autrefois interrompu les élans de son âme vers le Dieu qu'elle aimait uniquement, ne lui fut plus refusé par l'amour, mais par la crainte. Enfin celui qui causait ses peines vint à son aide.

Il y avait dans le couvent où on l'avait placée une Religieuse qui, étant devenue aveugle, se trouvait privée du bonheur de dire l'office avec ses Sœurs; et bien qu'elle y assistât régulièrement, sa ferveur n'étant pas encore satisfaite, elle eût voulu pouvoir trouver quelqu'un qui le lui récitât en particulier.

Camille, à qui cette occasion offrait le double avantage d'obliger et de s'acquitter d'un exercice si fort en harmonie avec ses goûts de piété, s'offrit à lui rendre ce bon office. Les rapports qui s'établirent entre la vertueuse Bénédictine et sa jeune élève engagèrent celle-ci à lui ouvrir son cœur. Touchée du triste état où se trouvait réduite cette âme qui allait à Dieu avec tant d'ardeur, la Mère*** adressa Camille à un prêtre savant et éclairé. Après quelques entretiens, elle lui fit une confession générale, et il dissipa pour le moment toutes ses peines intérieures et les craintes excessives qu'elle avait sur son salut.

Cette épreuve ne laissa d'autres traces dans l'âme de Camille, qu'une crainte respectueuse et une sainte frayeur à l'égard du plus auguste de nos mystères : disposition ordinaire chez les âmes en qui Dieu imprime un vif sentiment de sa grandeur et de sa sainteté, et qui était loin d'exclure en elle le plus tendre amour ; elle en retirait le fruit admirable d'une extrême pureté de cœur et d'une constante vigilance sur les moindres mouvements de son âme.

On pourrait croire que, prévenue de tant de grâces, Camille n'aurait pas même été tentée d'hésiter lorsqu'on lui proposait d'abandonner cette voie des conseils évangéliques, vers laquelle son âme aspirait avec tant d'ardeur. Mais l'œuvre de notre salut et de notre perfection, bien qu'elle doive être le fruit de notre coopération constante, est aussi tellement l'œuvre de Dieu et le don gratuit de son amour, qu'il se plaît d'ordinaire à nous prouver si bien notre faiblesse, qu'il nous soit impossible de nous rien attribuer de ses dons, ni de méconnaître sa prédilection. Ce fut ainsi qu'il agit envers cette âme chère à son cœur. Elle avait seize ans, lorsqu'il se présenta pour elle une alliance que sa famille souhaitait vivement; on devait la conclure le plus promptement possible ; et Camille, d'un caractère doux bien qu'énergique, ne put se décider à déclarer à ses parents ni l'éloignement qu'elle avait pour le mariage, ni son désir d'être religieuse. Son cœur eut les plus rudes assauts à soutenir en cette conjoncture. Elle s'efforçait, mais en vain, d'étouffer la voix de la grâce qui lui montrait la route des parfaits : elle se disait, qu'après tout, rien ne l'assurait qu'elle était vraiment appelée à la vie du cloître, qu'on pouvait se sanctifier dans le monde, etc., etc. Enfin, pour dernier argument, il se présenta à son esprit la singulière pensée, que celui qu'on lui destinait mourrait probablement avant elle, puisqu'il était son aîné de beaucoup, et qu'alors libre d'elle-même, elle pourrait enfin se faire religieuse. Dieu, jaloux de cette âme qu'il voulait posséder sans partage, veillait sur elle. Il lui fit bientôt connaître, à n'en pouvoir douter, que lui seul était digne de la posséder tout entière, en frappant de mort subite celui auquel on voulait l'unir. Atterrée et enhardie tout à la fois par un trait de Providence si marqué, Camille déclara alors positivement qu'elle ne voulait pas se marier et que son unique désir, depuis quelques années, était de se consacrer à Dieu.

Cette détermination fut un coup de foudre pour ses parents bien-aimés. Son père était chrétien, pieux même; il estimait l'état religieux, mais il n'eut pas la force de se soumettre d'abord à un pareil sacrifice, et signifia à sa fille, de concert avec sa femme, que jamais elle n'aurait leur consentement. Elle répondit qu'elle attendrait jusqu'à vingt-cinq ans, époque de sa majorité. C'étaient encore neuf années qu'il lui fallait passer au milieu du monde et dans cette position la plus pénible qui se puisse imaginer, entre les douceurs de la vie de famille et la perspective de l'adieu qui doit en séparer pour jamais. Car l'âme, assez éclairée pour mépriser les vaines joies du monde, n'est peut-être que plus sensible à ces liens de parenté dont le cœur seul fait les frais. C'est un fait que le monde feint de mettre en doute, mais dont peuvent rendre témoignage les confidents des angoisses par lesquelles passent les âmes que Dieu appelle à lui, quand il leur faut rompre avec ce qu'elles ont de plus cher. Si c'est là une consolation pour ceux qu'elles quittent, qu'ils le sachent donc, ils sont plus tendrement aimés peut-être, au fond des asiles où la grâce entraîne ces âmes privilégiées, qu'ils ne l'eussent été d'elles dans les embarras du monde, où de nouveaux liens créent un nouvel ordre d'affections, qui, par leur nature, l'emportent nécessairement sur la tendresse filiale.

Un exemple frappant vint confirmer de plus en plus Camille dans l'idée qu'elle avait conçue de la vanité des plaisirs qui passent. Sur une âme réfléchie et disposée comme la sienne, tout faisait impression. Une de ses compagnes d'enfance, élevée avec elle au couvent de la Visitation, avait toujours aspiré au moment où il lui serait permis d'en sortir, et de vivre selon ses goûts. Ce moment arriva ; mais elle ne savait pas combien courtes et funestes devaient être ces jouissances tant souhaitées : elle avait contracté une union qui la mettait à même de suivre les vains désirs de son cœur ; aussi se livra-t-elle sans modération à tous les plaisirs du monde, surtout pendant le carnaval. Oubliant alors plus que jamais les leçons des saintes religieuses qui avaient tenté de la former à la vertu, et les bons exemples de ses compagnes, elle semblait dire, avec les insensés dont parle l'Ecriture : « Couronnons-nous de roses pendant qu'il en est temps encore ; ne refusons rien à nos sens, car nous mourrons demain. » Elle ne croyait sans doute pas que ce terme fatal fût si proche. Les bals, les festins et les divertissements de toute espèce vinrent en foule réjouir ce cœur auquel Dieu, tout grand qu'il est, ne semblait pouvoir suffire; ce qu'elle n'eût jamais voulu faire pour la pénitence, elle sut le faire pour contenter ses passions. Le Carême approchait : afin de ne pas perdre un moment de ces jours de folies, elle se refusa le repos pendant plusieurs nuits, sans tenir compte de l'effroyable lassitude et des souffrances qu'elle éprouvait.

Le mercredi des Cendres, elle retournait à son hôtel, sachant à peine elle-même si le souffle de vie qui l'animait encore n'allait pas s'échapper de ses lèvres décolorées. Pourtant, un reste de foi la pousse à s'avancer vers la maison du Seigneur; elle descend de voiture, et, encore parée des livrées du monde, elle va, accompagnée de sa femme de chambre, recevoir les cendres. L'Eglise, par la voix de ses ministres, lui donne un dernier avertissement : « Souviens-toi que tu n'es que poussière et que tu retourneras en poussière. » Distraite par les images du monde brillant qui l'a séduite, elle entend sans les méditer ces paroles salutaires; elle ne songe pas à se réconcilier avec son Dieu. Rentrée dans ses appartements somptueux, elle se met sur son lit et s'endort du sommeil de l'éternité.

Tout semblait donc prendre une voix autour de Camille et lui prêcher au fond du cœur le néant des grandeurs et des joies du temps. Pour s'affermir encore dans ses généreux desseins, elle entretint à cette époque une correspondance assidue avec les Dames de la Visitation qui répondirent obligeamment à toutes ses lettres : mais cette consolation n'adoucissait que bien faiblement sa position. Bien qu'elle eût obtenu de rester dans l'appartement loué chez les Bénédictines, souvent il lui fallut quitter cette chère solitude pour aller passer quelques jours dans la maison paternelle, et habiter, trois ou quatre mois chaque année, une jolie maison de campagne que ses parents avaient à Créteil. Là, les réunions brillantes se répétaient souvent ; elle y voyait le monde et elle en sentait de plus en plus la vanité, bien qu'il ne laissât pas d'apporter dans son esprit cette dissipation inséparable de son commerce, et qu'elle trouvât même parfois quelque passagère satisfaction dans ceux de ces plaisirs que ne réprouvait pas la loi de Dieu. L'ennemi de tout bien, qui avait du temps devant lui, ne désespérait pas sans doute de faire tomber tôt ou tard dans ses piéges cette âme qui lui semblait d'autant plus précieuse que le Seigneur lui-même l'environnait des signes les moins équivoques de sa prédilection. Il suscita donc obstacle sur obstacle; mais toujours la main de Dieu vint au secours de celle qu'il avait marquée parmi ses plus chères et ses plus fidèles épouses.

Camille avait à peine dix-huit ans, quand une proposition, qui aurait semblé à toute autre aussi agréable qu'avantageuse, faillit anéantir pour jamais ses pieux desseins. Le comte d'Artois, depuis Charles X, désirait vivement faire l'acquisition d'une terre appartenant à M. de Soyecourt. Comme l'affaire présentait quelque difficulté, la prince offrit au comte, au cas où il consentirait à lui céder ce bien, trois places pour ses filles chez madame la comtesse d'Artois. La plus intéressée dans cet arrangement était notre Camille : elle sentait bien que si la proposition était acceptée, il lui serait plus difficile que jamais de parvenir au terme de ses désirs, lors même qu'elle aurait atteint sa majorité. Elle se garda bien de témoigner ses craintes, assurée que rien n'eût coûté à sa famille pour entraver ses pieux desseins; mais, confiante en Marie, elle se jeta entre ses bras, le cœur serré de tristesse, et se plaçant sous sa protection, elle dit et redit tant de fois le *Salve Regina* qu'enfin elle fut exaucée. Ses parents déclinèrent honnêtement les offres du comte d'Artois.

CHAPITRE III.

Camille sort du couvent. — Voyage à Chambéry. — Séjour chez les Bénédictines. — Le monde reprend quelque empire sur son cœur. — Ses combats intérieurs. — Fausse direction qui l'éloigne des sacrements. — Tentatives infructueuses pour entrer au couvent. — Le Père Rufin, religieux théatin, lui indique l'ordre du Carmel.

Aux épreuves dont nous avons parlé en succéda une autre. Les deux sœurs aînées de mademoiselle de Soyecourt s'étant mariées à cette époque, il lui fallut définitivement rentrer dans la maison paternelle : douce nécessité sans doute pour un cœur aussi sensible que le sien à la vive affection dont elle était l'objet, mais martyre réel, si l'on considère les tendres et cruels assauts qu'il lui fallut essuyer de la part de son père et de sa mère qui toujours entretenaient l'espoir de la retenir près d'eux. Toutefois, elle conserva son appartement au couvent des Bénédictines, afin de pouvoir s'y retirer quand elle le voudrait, jusqu'à ce qu'enfin elle fût libre d'en suivre la règle en s'y consacrant à Dieu.

Il lui fallut bientôt après entreprendre, avec sa mère et son frère, un voyage en Dauphiné, pour visiter une de ses tantes qui venait de perdre son mari. Mme de Soyecourt étant tombée malade à Lyon, Camille, dont la piété filiale était aussi généreuse que tendre, la soigna avec tant d'assiduité, sans vouloir partager avec personne les fatigues et les veilles, qu'elle fut réduite à se mettre elle-même au lit. Quelques soins et du repos les ayant rétablies l'une et l'autre, elles continuèrent leur voyage et arrivèrent chez leur tante qui, restée veuve avec onze enfants, était plongée dans une amère tristesse. Cette dame, dont la santé était altérée, profita de la compagnie de ses nièces pour aller avec elles en Savoie, prendre les eaux.

Camille trouva à Chambéry une nouvelle sorte de plaisirs beaucoup plus agréables, à son avis, que ceux de la capitale, parce qu'ils étaient plus simples et moins contrariés par l'étiquette ; mais elle se les reprocha à raison de l'interruption qu'ils apportèrent nécessairement dans ses exercices de piété.

Ce ne fut pas sans quelques regrets qu'elle quitta la Savoie pour revenir à Paris ; cependant, l'espérance d'embrasser son père et de retourner respirer l'air pur de la solitude, dans sa petite chambre au couvent des Dames Bénédictines, rendit ses adieux un peu moins tristes. En passant par Grenoble, elle accompagna sa mère et son frère à un dîner que leur offrit M. de Bérulle, premier président de cette ville, neveu du célèbre cardinal dont le souvenir et la sainteté allaient bientôt lui devenir si chers. On sait que c'est au cardinal de Bérulle que l'ordre du Carmel fut en partie redevable de son introduction en France.

Une douce consolation lui était réservée dans cette ville. Elle fut admise dans l'intérieur du couvent des Visitandines, auxquelles leurs sœurs de Paris avaient fait pressentir sa visite : ces Dames s'étaient munies de la permission de leur évêque pour la faire pénétrer dans leur cloître; sa mère, craignant qu'elle ne profitât de cette occasion pour exécuter ses projets de retraite, fut un peu contrariée de ne pouvoir partager la faveur accordée à sa fille; il lui fallut cependant se résoudre à laisser Camille dans cette maison pendant deux jours, car trois de ses cousines, dont l'une était religieuse et les deux autres pensionnaires, la pressèrent si vivement de se rendre à leur désir, que force lui fut de céder à tant d'instances.

Les deux jours écoulés, Mme de Soyecourt vint

chercher sa fille avec empressement et inquiétude ; celle-ci retourna néanmoins une fois encore au parloir pour faire en secret ses adieux aux Religieuses qui l'avaient si bien accueillie.

Camille n'eut cependant jamais aucun attrait pour l'ordre de la Visitation ; malgré sa reconnaissance et sa vive affection pour les saintes Religieuses qui l'avaient élevée, elle sentait que Dieu l'appelait à embrasser une règle plus austère et un genre de vie plus retiré.

Durant le cours de ce voyage, sa vocation avait été vivement combattue : les gens de la suite de Mme de Soyecourt, qui n'avaient pu ignorer les projets de sa fille, s'étaient empressés d'en révéler le secret. Les blâmes lui arrivèrent donc de tous côtés. Chacun savait trouver de l'éloquence pour lui persuader que, dans une position aussi agréable et aussi brillante que la sienne, une pareille démarche serait folie. Une personne, entre autres, lui ayant représenté que cette détermination serait au moins imprudente et lui préparerait d'amers regrets, puisqu'il était de toute probabilité qu'avant dix ans la France aurait détruit ses couvents. — *Eh bien !* repartit Camille avec fermeté, *si l'on en vient là, je ferai comme les autres.* — C'était en 1779 qu'on lui annonçait ce triste avenir ; et l'état des esprits justifiait assez cette prévision. La réalité surpassa de bien loin l'attente, et nous verrons combien alors Camille, forcée de quitter en effet l'asile qui l'avait reçue, se montra grande, généreuse et forte.

Revenue à Paris, elle revit avec bonheur son excellent père, qui, ayant toujours eu pour elle une predilection marquée, avait trouvé son absence bien longue. Son frère, qui avait quitté Mme de Soyecourt dans le voyage pour accompagner un évêque à la grande Chartreuse, arriva presque en même temps; retour qui combla de joie ses parents : en effet, par une sollicitude inquiète, qu'éveillait la détermination de leur fille, ils craignaient que lui aussi ne fût pris de la tentation de s'enfermer au désert parmi les disciples de saint Bruno. Mais Dieu ne le destinait pas à une si haute vocation. Il réservait cette grâce de choix à celle-là seulement qu'il protégeait depuis si longtemps au milieu des périls et des séductions du monde.

Les vœux et le cœur de Camille volaient vers sa petite chambre solitaire du couvent des Bénédictines. Lorsqu'elle y alla, au retour de son voyage, elle fut accueillie avec joie par les Religieuses et par ses anciennes amies; mais son séjour dans cette demeure de paix ne fut pas de longue durée. Une nouvelle offre de mariage fut faite ; cette fois, elle y répondit par un ferme refus. Ses parents alors changèrent de tactique : ils exigèrent qu'au moins elle quittât sa retraite, et qu'elle parût dans toutes les fêtes du grand monde. Ils espéraient que la dissipation qu'entraîne cette vie de plaisirs lui ferait oublier ses idées de perfection, et ils comptaient bien profiter de quelque occasion favorable pour rompre ses desseins. Ici, il faut l'avouer avec la même simplicité que le fit plus tard notre sainte Carmélite, ils réussirent en partie. Laissons-la parler elle-même : « Au milieu de ces réunions brillantes, disait-elle, et de ces relations que je me trouvais forcée d'entretenir avec les personnes de la Cour, je pris peu à peu de leurs habitudes et me laissai aller à une si grande recherche de moi-même, qu'évitant les moindres incommodités, j'en vins au point de faire lever ma femme de chambre la nuit, lorsqu'un faux pli à mes draps blessait tant soi peu ma délicatesse. La passion que j'avais eu autrefois pour la parure reprit son empire ; avec le désir de dire adieu au monde, je ne laissais pas d'arborer un peu ses enseignes et de courir après ses pompes ; car tout en respectant les lois sévères de la décence, j'aimais à ce que tout ce que je portais fût de bon goût, et je n'étais pas indifférente aux murmures flatteurs que ma présence provoquait.

Cependant au milieu de ces futilités, le son d'une cloche de couvent venait-il à frapper mes oreilles, un saisissement involontaire s'emparait de tout mon être, et portant mes regards vers le ciel, je conjurais le Seigneur d'avoir pitié de moi. »

Le remède à cet état violent, Camille l'aurait trouvé dans une assiduité plus constante que jamais à la prière, à l'oraison, surtout dans la fréquentation des sacrements. L'ennemi des âmes ne l'ignorait pas : il sut donc trouver dans la disposition d'esprit de cette âme timorée, un prétexte spécieux pour la laisser sans défense aux prises avec elle-même et avec les attraits du monde. Bien qu'elle tînt ferme à ne se rendre ni au bal, ni au spectacle, il lui persuada que la vie qu'elle se trouvait obligée de mener, et ses goûts mondains, qui cependant étaient chez elle bien plus une tentation qu'une séduction consentie, étaient incompatibles avec les exercices de la piété chrétienne. Il fit plus encore, et pour la jeter dans un complet découragement, il sut l'engager quelques instants à son insu dans les idées spécieuses dont la discussion avait occupé tous les grands esprits du siècle précédent, et voici par quelle voie. Les saintes filles de Saint-Benoît, aujourd'hui si soumises à l'Eglise, si ferventes, ne nous sauront pas mauvais gré, si nous rappelons qu'à cette époque il était resté chez quelques-unes d'entre elles un peu de ce levain janséniste qui avait fait fermer avec un si triste éclat, à la fin du règne de Louis XIV, le célèbre monastère de Port-Royal. Parmi les Dames Bénédictines que consultait Camille, l'une d'elles lui donna à lire les savants, mais si secs et si dangereux ouvrages de l'un des coryphées de la secte : le Père Quesnel, et le fruit de cette lecture fut un éloignement plus marqué encore pour la table sainte, car l'humble jeune personne ne pouvait parvenir à se rendre le témoignage qu'elle fût de ce petit nombre d'âmes privilégiées à qui Dieu avait départi la grâce efficace comme l'entendait le célèbre docteur dont elle étudiait les enseignements. Cette triste disposition alla si loin qu'elle faillit être plus funeste à sa vocation que tous les assauts précédents. Il paraîtrait, d'après les lettres de l'un de ses directeurs, M. l'abbé de la Blandinière (1) dont nous aurons occasion de parler dans la suite, qu'on avait ajouté à ces insinuations une idée très-défavorable de cette dévotion au cœur de Jésus qu'affectionna depuis si vivement Mlle de Soyecourt devenue Carmélite. Aussi le savant directeur, tout en ren-

(1) Grand-vicaire et continuateur des conférences d'Angers.

dant témoignage à la pureté de sa foi, se vit-il plus tard obligé de traiter à fond avec elle la question de la dévotion au cœur de Jésus. C'est de la lettre remarquable écrite par M. de la Blandinière à ce sujet, que nous avons appris les difficultés qu'avaient fait naître dans l'esprit sérieux et réfléchi de Mlle de Soyecourt les doctrines en faveur chez ses anciennes maîtresses, et par quelle grâce Dieu l'avait préservée de toute erreur malgré les impressions fâcheuses que laissa quelque temps dans son esprit la rigidité des principes qu'elle y avait puisés.

Cependant, Camille, si bien faite pour traiter avec Dieu dans toute la dilatation de son cœur, ne savait plus quelle route elle avait à suivre : ainsi désarmée et privée de cette consolation intérieure qui lui avait autrefois rendu si douces jusqu'aux amertumes de la souffrance, il ne lui restait plus pour secours que les grandes et fortes pensées de la foi qui venaient troubler ses vaines joies. Quelquefois, après des journées consacrées au plaisir, combien n'était pas sérieux et triste le retour que le soir, comme involontairement, son esprit se trouvait forcé de faire sur les inutilités de cette vie qu'emportait la fascination de la bagatelle ! Le souvenir de cette mort, qu'aux jours de sa ferveur elle avait accueillie comme l'annonce des joies éternelles, n'avait plus pour elle que terreur. Et le lendemain ses chaînes se resserraient, et elle ne voyait plus le moyen de les briser.

Mais si le démon faisait tant d'efforts pour détourner cette âme des voies de la perfection, Dieu ne se lassait pas non plus de la rappeler à lui par quelqu'un de ces exemples frappants qu'il semblait se plaire à renouveler sous ses yeux, pour mieux lui faire comprendre qu'il est tout et que les joies de ce monde, même les plus légitimes, ne sont rien.

Sa sœur, madame la comtesse d'Hinnisdal, ayant suivi son mari à l'ambassade de Naples, eut le bonheur de devenir mère pendant son séjour dans ce pays. La reine de Naples, Marie-Caroline, sœur de Marie-Antoinette, qui affectionnait singulièrement les Françaises, ne pouvait en quelque sorte se passer de cette dame, et voulut être marraine de sa fille, à qui elle fit don d'un riche collier de diamants au sortir des fonts du baptême. Tout souriait donc à Mme d'Hinnisdal : les plaisirs, la fortune, les honneurs de la terre, les douceurs de l'amitié, les joies de la famille. Mais à peine avait-elle goûté quelques instants de bonheurs, que Dieu rappela au ciel l'enfant sur lequel reposaient ses plus tendres affections.

Camille, qui eut toujours une prédilection marquée pour les enfants, sentit vivement cette perte; et lorsque, deux ans après, Mme d'Hinnisdal revint en France, sa sœur était encore toute triste et presque aussi affligée qu'elle-même de cette perte douloureuse. La grâce, par ces divers événements, déposait dans le cœur de la future Carmélite les impressions salutaires qui devaient lui donner l'énergie nécessaire pour correspondre aux vues de Dieu sur elle lorsque le temps de leur accomplissement serait arrivé.

Elle allait cependant de temps à autre, avec la permission de ses parents, faire quelques jours de retraite à ce couvent de la Visitation, où s'étaient écoulées si pieusement les premières années de son enfance. Là elle retrouvait, avec ses inclinations pour la vie religieuse, *la liberté qu'elle enviait*, disait-elle une fois à ses amies, *aux bonnes femmes qui peuvent aller seules à l'église autant qu'elles le veulent;* car avec l'étiquette si strictement observée dans sa famille, si elle désirait sortir même pour se confesser, il fallait et laquais et cochers, et puis ce jour-là, la confession de Mademoiselle faisait le sujet de la récréation des domestiques.

Comme le couvent des Bénédictines, où elle avait sa petite chambre, était fort éloignée de sa demeure, elle en avait loué une seconde au couvent de Bellechasse, où elle allait de temps en temps. Ces religieuses, dites du Saint-Sépulcre, étaient ferventes et très-régulières. Mais depuis sa première communion jusqu'à vingt-six ans, Camille avait formé le dessein d'entrer dans l'ordre de Saint-Benoît, car elle ne s'était pas rendu compte encore des doctrines erronées qui avaient eu sur son esprit une si funeste influence. La plupart de ces dames, d'ailleurs, étaient parfaitement orthodoxes, et les grands exemples de ferveur et de régularité qu'elle avait eus sous les yeux dans ce saint asile lui avaient inspiré pour tout l'ordre une vénération méritée.

Pendant les trois années qui précédèrent son entrée en religion, elle se mit sous la conduite d'un respectable ecclésiastique du clergé de Saint-Gervais, qui, tout en s'appliquant à sonder sa vocation pour le cloître, cherchait, avant tout, à la maintenir dans les voies du ciel jusqu'à ce qu'il plût à Dieu de manifester ses desseins sur elle par la conduite de sa providence.

« Si vous obtenez du Seigneur, » lui écrivait ce digne prêtre, dont la rigidité faisait en partie le caractère, « la constance dans son amour et la persévérance dans la pratique des maximes de l'Evangile, vous serez plus forte que le monde, supérieure à ses caresses, insensible à ses menaces. Vous saurez dire : Mon Dieu, vous voyez les combats que j'ai à soutenir contre moi-même; je sens toute ma faiblesse, j'ai recours à vous. Faites-moi chaque jour triompher des assauts que l'ennemi me livre. Je mets mon sort entre vos mains, et je n'ai de confiance qu'en vous. Vous m'avez fait la grâce d'être une portion de votre héritage; aurais-je le malheur de me perdre? Non, mon Dieu, je m'attacherai toujours à vous. Plus forte que la mort même par votre amour, j'espère, comme vos saints, ne jamais me déprendre de toutes les résolutions que je formerai. Monde trompeur, disparaissez de mes yeux; mon âme est plus précieuse que tout ce que vous m'offrez : je veux me sauver, haïssez-moi si vous le voulez. Je veux, par le secours que mon Dieu me présente, être toujours à lui et à lui seul. »

S'apercevant que sa pénitente mettait peut-être encore un peu trop de facilité et de complaisance dans ses rapports avec le monde, il lui écrivit peu de temps après : « Votre vocation, Mademoiselle, a besoin d'épreuve, comme j'ai eu l'honneur de vous en prévenir, et c'est un devoir pour moi de l'examiner. Si votre appel à la religion est vrai, rien ne doit mieux me le faire connaître que la persévérance dans ce que vous m'annoncez; ce qui paraîtra, lorsque rendant au monde les bienséances qui lui sont dues, et à votre respectable famille vos devoirs, vous vous ferez une loi absolue de vous éloigner du monde, de ses plaisirs, de ses spectacles et de ses assemblées dont l'esprit de Jésus-Christ est banni ; en un mot, en montrant l'exemple régulier de la vertu que vous aimez et que vous devez pratiquer sans respect humain. Votre sort, Mademoiselle, m'occupera toujours devant Dieu, à qui je présenterai mes prières, pour que, soit dans le monde, soit dans le cloître, vous soyez l'édification de tous. »

Ce digne prêtre, voyant les grands obstacles que Camille avait à vaincre du côté de sa famille, pour embrasser la vie religieuse, hésita et crut un moment que peut-être Dieu ne l'appellerait pas à un genre de vie qu'il lui était si difficile d'embrasser. Il lui écrivit donc :

« Le cloître ne pourrait vous convenir ; mais retenez-en les dispositions chrétiennes, qui peuvent vous être utiles en toute occasion. On peut se perdre dans le monde avec l'opulence et les richesses, mais jamais lorsque le Seigneur, justement prié, ouvre lui-même la route qui mène au vrai bonheur.

Ce fut néanmoins par l'avis de ce confesseur, frappé sans doute de sa persévérance dans ses pieux désirs, qu'à vingt-trois ans et demi elle demanda à ses parents d'aller passer quelques jours chez les Bénédictines, sous prétexte de se disposer à la fête de Noël, ce précieux anniversaire de sa première communion qu'elle célébrait toujours avec tant de ferveur. Elle en obtint la permission, sous la condition expresse de revenir le lendemain de la fête pour se trouver à un grand souper que devait donner son père. Mais une fois au couvent, elle résolut de n'en plus sortir. Elle écrivit à ses parents qu'elle les priait de la dispenser de se trouver à la réunion annoncée, et de la laisser entrer au noviciat, les assurant qu'elle ne ferait pas profession avant vingt-cinq ans. Elle remit la lettre à sa femme de chambre, lorsque celle-ci vint la chercher. Quand Mme de Soyecourt, qui était alors à sa toilette, eut lu ces lignes, elle monta sur-le-champ en voiture, sans songer au négligé dans lequel elle se trouvait, et vint chercher sa fille ; lui reprocha son peu de soumission, et lui défendit expressément de parler désormais de sa vocation.

Camille, l'âme profondément triste, rentra donc dans la maison paternelle où il lui fallut encore faire bonne contenance pendant la soirée. Elle patienta jusqu'à l'époque de ses vingt-cinq ans. — Un mois avant, appuyée de l'avis de son confesseur, elle déclara nettement à ses parents que, persistant toujours dans sa résolution d'entrer au couvent, elle désirait aller passer quelques jours dans celui de Bellechasse, pour y consulter la volonté de Dieu dans le calme. Elle promit néanmoins qu'elle ne refuserait pas, durant ce temps, de se rendre chez eux quand ils la demanderaient pour des réunions d'amis, mais que pour le grand monde, elle n'y paraîtrait plus et qu'elle lui disait un éternel adieu. Inébranlable dans son projet, elle l'exécuta fidèlement. Comme ce n'était qu'après avoir livré de nouveaux combats et triomphé d'elle-même, qu'elle devait acquérir une paix solide et retrouver la douceur de ses émotions dans le service du Seigneur, elle fut, dans sa retraite, dévorée de peines intérieures qu'on ne savait pas comprendre. Saisie de la terreur des jugements de Dieu, à la vue de sa vie passée, elle ne pouvait même se résoudre à se confesser, ce qui affligeait vivement ses excellentes directrices. Enfin elle épancha son âme dans celle de l'une d'entre elles, qui l'engagea à s'ouvrir au confesseur de la communauté. C'était le Père Rufin, Théatin, homme de beaucoup de mérite. Elle se confessa à lui sans répugnance, et fit ses Pâques à la grande satisfaction de ces Dames.

Mais ce confesseur étant beaucoup trop doux, à son avis, elle chercha, sous de spécieux prétextes, à s'éloigner du sacrement de pénitence dont elle avait tant besoin dans les dispositions pénibles où elle se trouvait. Et pourtant Dieu lui envoyait précisément dans ce guide qu'elle voulait éviter, l'Ananie qui devait lui indiquer le sanctuaire de pénitence et de dévouement où il voulait qu'elle allât bientôt s'immoler. Ce religieux la conduisit avec tant de sagesse et de prudence, qu'il parvint à rétablir la paix dans son âme. Elle lui fit une confession générale et lui parla de sa vocation pour les Bénédictines réformées; elle lui avoua toutefois qu'une chose l'en éloignait : c'étaient les fréquentes relations qu'on était obligé d'y entretenir avec les dames pensionnaires dans l'intérieur du couvent. « *Où ne trouverez-vous pas cet inconvénient?* lui dit-il ; *ce ne pourrait être qu'aux Carmélites.* » A cette parole, Mlle de Soyecourt, transportée de joie, crut voir briller l'étoile du salut. — « *De grâce, mon Père*, lui dit-elle avec vivacité, *allez donc m'y proposer.* » Le saint prêtre le fit aussitôt, et sur sa réponse, la jeune prosélyte se présenta bientôt aux Carmélites de la rue de Grenelle ; elle fut bien accueillie par la prieure, la révérende Mère Louise-Marie (de Saint-Privé de Richebourg), qu'elle affectionna dès la première entrevue. Cette respectable Mère lui fit subir tout d'abord le salutaire examen qu'une sage prévoyance a mis en usage pour s'assurer si quelque obstacle insurmontable n'empêchera point d'ouvrir les portes du Carmel au sujet qui sollicite cette grâce; après de plus graves questions, auxquelles Camille avait répondu avec candeur et fermeté : — « Mademoiselle, aimez-vous le poisson? lui demanda-t-on. — Je le hais, Madame. — Et les œufs? — Je les déteste; je fais maigre tous les vendredis, mais très-souvent j'ai la migraine le samedi. — Comment voulez-vous donc être Carmélite? lui repartit la Mère Louise-Marie. — Je ferai pénitence, c'est tout ce que je désire. » Dieu, qui avait destiné Camille à être l'ornement et l'appui du Carmel, disposa le cœur de la Mère Louise-Marie à recevoir la nouvelle postulante. Le jour qui devait briser ses liens fut fixé au 2 février, ses parents ayant exigé encore quatre mois de délai.

CHAPITRE IV.

Mlle de Soyecourt annonce à ses parents sa résolution d'entrer au Carmel. — Vaines tentatives pour la détourner de ce projet. — Elle est reçue au couvent de la rue de Grenelle.

Ce fut le 9 octobre, fête de Saint-Denis, que Camille annonça sa résolution d'entrer au Carmel. Le froid était très-piquant. Aussi Mme de Soyecourt, alarmée de voir sa fille entreprendre un tel genre de vie durant un hiver qui s'annonçait fort rigoureux, s'écria : « *Quelle folie!* » Et s'adressant à son mari : « *Je crois*, lui dit-elle, *qu'un père et une mère ont droit d'empêcher leur fille, à tout âge, de faire une pareille folie.* » M. de Soyecourt employa près de sa fille toutes les ressources de la tendresse paternelle, la priant au moins de différer quelque temps encore l'exécution de ses projets ; mais sa mère était dans une agitation qu'elle ne pouvait maîtriser, disant qu'il lui était impossible de voir sa fille embrasser un état au-dessus de ses forces, et répétant toujours que c'était une folie. — « *Vous avez raison, Madame*, reprit le père plus courageux et plus éclairé, comprimant la vive émotion de son cœur, *vous avez raison d'appeler cette démarche une folie, mais c'est la folie de la Croix. Cet ordre est ancien et solennellement approuvé par l'Eglise ; je ne vois aucun motif pour empêcher ma fille d'y entrer, si Dieu l'y appelle et si c'est sa vocation.* »

Il avait été résolu, comme nous l'avons dit, que Camille attendrait encore quatre mois avant d'entrer au Carmel ; elle regarda ce délai comme une épreuve qui lui venait non-seulement de la part de ses parents, mais encore du côté de Dieu, qui voulait s'assurer de son amour et de sa fidélité. Cette conviction l'encouragea et lui fut nécessaire pour ne pas tomber dans les nouveaux piéges que devait tendre à sa constance l'ennemi de tout bien, sinon pour la détourner d'un projet arrêté, au moins pour lui faire prendre le change sur le genre de perfection auquel Dieu l'appelait ; car la vocation reconnue, l'institut n'est pas indifférent, puisqu'il entre aussi dans les desseins de Dieu sur les âmes.

Sa mère, qui aurait eu moins de peine à la voir Visitandine que Carmélite, sachant qu'elle conservait de fréquentes relations avec la maison où s'était écoulée son enfance, engagea les Religieuses de la Visitation à lui persuader de se réunir à elles. Le tendre attachement qu'avaient conservé ces Dames pour Camille aurait pu excuser un pareil genre de prosélytisme; mais les filles de Saint-François de Sales ne voulurent point disputer à sainte Thérèse un sujet si précieux. Toutefois, bien plus pour se prêter au désir de Mme de Soyecourt que pour tenter de détourner sa fille de ses généreuses résolutions, elles proposèrent un jour à celle-ci d'essayer leur pieux costume. Mais à peine l'eut-elle revêtu qu'elle fut forcée d'avouer qu'elle souffrait extrêmement sous cet habit. On lui tâta le pouls et on lui trouva en effet assez de fièvre pour l'obliger à se mettre au lit. — « *Vous voyez bien*, répétait-elle, *que le bon Dieu ne veut pas que je sois Visitandine, puisque votre habit me donne la fièvre. — Le Bandeau ne pouvait m'aller*, disait-elle gaiement à ses sœurs, *et de plus, il me fallait la liberté d'esprit des filles de Sainte-Thérèse.*

Le tempérament délicat de Mlle de Soyecourt semblait cependant un obstacle si insurmontable à l'austérité du Carmel, que les Religieuses de la Visitation conservaient un secret espoir de voir leur élève se fixer enfin parmi elles, après d'infructueux essais chez les Carmélites. Aussi, plus d'un an après, lorsqu'on leur envoya une copie du portrait que Mme de Soyecourt avait fait faire de sa fille avant sa profession, la personne chargée du message ayant annoncé — *mademoiselle de Soyecourt*, — ces Dames, croyant que c'était elle-même en personne, s'écrièrent : « *Nous l'avions bien dit qu'elle nous reviendrait.* »

Cependant les parents de notre courageuse Camille mettaient tout en œuvre pour satisfaire ses moindres désirs durant le court délai qu'il lui avait fallu accorder à leurs sollicitations ; et quels efforts ne faisait-on pas pour la détourner de sa vocation ! « On vous procurera au sein de votre famille, lui disait-on, un genre de vie analogue à vos inclinations, et on vous laissera toute liberté de vous adonner aux bonnes œuvres. » On employait enfin toutes les insinuations connues, à l'aide desquelles la tendresse paternelle s'efforce aujourd'hui encore de détourner les âmes de la vie religieuse.

Durant ces luttes pénibles, Camille eut donc de fréquentes occasions de se répéter les paroles du divin Maître : *Celui qui aime son père et sa mère plus que moi n'est pas digne de moi. Si vous voulez être parfait, allez, quittez tout ce que vous possédez, puis venez et suivez-moi.* Et toujours l'amour de celui qui nous a aimés et qui s'est livré pour nous demeura victorieux. — Ce conseil de perfection est haut et difficile à goûter ; le Dieu qui le donnait ne l'ignorait pas, pnisqu'il ajoutait : *Que celui qui peut comprendre ces paroles les comprenne.* — Ne nous étonnons donc point que des chrétiens, même fervents, essaient de combattre les âmes choisies qui se rendent à une lumière qui n'a point brillé pour eux.

Aussi le frère de Camille, officier au régiment de Royal-Cravate, plus jeune qu'elle de trois ans, ayant su les projets de sa sœur, lui écrivit-il :

« Je viens d'apprendre avec la plus vive douleur la résolution que vous avez prise de renoncer au monde, ma chère sœur ; j'en ai pleuré aussi amèrement que si j'eusse reçu la nouvelle de votre mort. Je ne puis m'accoutumer à l'idée affreuse que vous allez vous ensevelir pour jamais dans un cloître. Ah ! ma sœur ! permettez à l'amitié d'un frère qui vous chérit plus que lui-même de chercher à vous détourner du projet que vous avez formé.

» Songez aux avantages que vous avez reçus de la nature, et qui peuvent vous procurer l'existence la plus honorable selon le monde. Hé quoi ! ma chère sœur, l'amour de Dieu est-il incompatible avec le goût du monde ? Combien voyez-vous de femmes qui savent remplir les devoirs que l'on doit à Dieu et ceux qu'on rend au monde, et qui ne cessent de l'édifier par leurs vertus et par leurs exemples? D'ailleurs, comment votre santé délicate pourra-t-elle s'accoutumer aux austérités du couvent où vous voulez entrer? Elle n'y pourra résister; j'aurai le malheur de vous perdre, et vous aurez à vous reprocher d'avoir causé la plus grande douleur à mon père, à ma mère, à votre frère, à vos sœurs, à toute votre famille dont vous deviez faire la consolation. Pardonnez-moi, ma sœur, des conseils que mon amitié me dicte, et qu'elle me fait adresser à quelqu'un qui est plus en état d'en donner elle-même que d'en recevoir. Ma douleur et le désir de vous voir changer de façon de penser sont mon excuse; et si vous persistez, ce sera une sœur que j'aime au delà de toute expression qui m'aura occasionné le premier chagrin violent que j'aie éprouvé. »

Le piége était dangereux, car de tous les assauts que Camille avait eu à soutenir, tant en public qu'en particulier, le plus pénible était l'extrême sensibilité de son cœur. Mais Dieu faisant luire sur cette âme choisie la lumière de sa grâce, elle ne fut point ébranlée cette fois encore, et put dire aussi avec celui qui était sa force : « Je suis comme un sourd qui n'a point d'oreilles pour entendre. »

Camille ne laissait échapper aucune des occasions qui pouvaient l'entretenir dans son généreux dessein. Ayant su qu'une jeune Carmélite du couvent de la Mère de Dieu (rue Chapon) allait recevoir le voile noir, elle y alla dans l'équipage d'une dame de ses amies, qui l'accompagna ; elle put jouir du plaisir si doux pour elle, de voir à loisir cette cérémonie. Elle s'était auparavant recommandée aux prières des Religieuses de la maison, et leur avait annoncé sa prochaine entrée aux Carmélites de la rue de Grenelle.

Le jour du sacrifice étant arrivé, elle sentit que, malgré la promesse faite de la laisser libre dans quatre mois, il fallait encore exécuter secrètement son dessein. Elle se rendit donc, le 2 février, chez les Carmélites, et fut admise dans l'intérieur du monastère, où elle reçut la bénédiction du Saint-Sacrement. Après le salut, elle annonça à sa femme de chambre stupéfaite qu'elle ne quitterait plus ce saint asile, et lui remit des lettres qu'elle avait préparées pour ses parents.

Transportée de joie d'avoir pu enfin quitter ce monde dont elle avait senti le vide de si bonne heure pour voler dans la solitude, elle témoigna avec effusion sa tendre reconnaissance à la communauté qui venait de lui ouvrir ses portes. Mais dans sa famille tous la pleuraient, comme si la mort l'eût ravie à leur tendresse.

Lorsque son père eut pris connaissance de la lettre qu'elle lui avait fait remettre, il lui répondit aussitôt :

« Quoique je fusse prévenu depuis longtemps, ma chère fille, du parti que vous avez pris, je n'en ai pas été moins touché lorsque j'ai reçu votre lettre. J'espérais que notre dernière conversation aurait peut-être pu opérer quelque changement en vous, et vous ramener à des sentiments plus naturels et plus modérés ; mais il semble que cela n'ait fait que précipiter votre départ. Je ne sais si je dois aller vous voir ou vous laisser quelque temps à vous-même ; l'un et l'autre parti me coûte également.

» Je suis persuadé que ces âmes pieuses dont vous êtes environnée vont mettre tout en œuvre pour vous affermir dans votre résolution, et croiront par là se faire un mérite devant Dieu ; mais, en respectant le motif qui les fait agir, ne perdez pas de vue cette vérité si souvent répétée : qu'il vaudrait mieux édifier le monde par vos vertus que de les ensevelir dans l'obscurité d'un cloître. Quant à moi, si vous persistez, je vous aimerai toujours, mais je ne me consolerai jamais. »

Il vint néanmoins le lendemain, avec Mme de Soyecourt, pour voir sa fille. La Mère Prieure se rendit d'abord au parloir. Le saisissement de ce bon père était tel, qu'il lui fut impossible de proférer un seul mot, mais sa femme était dans une exaspération d'autant plus grande qu'elle croyait ne pouvoir parler à sa fille que comme à la Prieure, la grille et les rideaux fermés. L'entretien qu'elle eut avec la nouvelle postulante fut pénible pour l'une et pour l'autre : Dieu revêtit de son esprit de sagesse celle qui pour son amour luttait avec tant de courage contre la tendresse de ce qu'elle avait de plus cher, et la victoire resta de son côté. Mais elle eut le chagrin de voir son père garder un morne silence jusqu'à son départ ; cette douleur muette lui fut plus sensible que n'eussent été les plus amers reproches. Son père et sa mère se retirèrent le cœur brisé d'amertume et les yeux pleins de larmes.

Nous avons vu que Camille avait été admise pour la première fois à la table sainte, à la touchante solennité de la nuit de Noël. Le Dieu qui en ce jour avait parlé si efficacement à son cœur, lui avait imprimé dans l'âme, pour le mystère de sa sainte enfance un tendre sentiment d'amour qui s'enflamma encore avec les années, dans la méditation assidue qu'elle aimait à faire sur un sujet si digne de toute notre admiration et de toute notre reconnaissance. Lorsqu'elle entra au Carmel, elle désira donc donner à Jésus naissant une nouvelle preuve de la tendre dévotion qu'elle lui avait vouée, en se faisant appeler *Sœur Camille de l'Enfant-Jésus*.

Accoutumée aux délicatesses d'une vie opulente, elle eut sans doute beaucoup à souffrir d'une transition si brusque dans ses habitudes ; mais la joie qu'elle éprouvait de se trouver au port lui fit mépriser courageusement tout ce que lui coûtait la possession d'un si grand bien ; aussi la vit-on commencer sa carrière avec tant de courage, qu'au lieu d'exciter son ardeur il fallait en modérer les excès. Comme il faisait alors un froid très-piquant, la terre étant couverte de neige à une épaisseur extraordinaire, on voulut lui adoucir, au moins durant les premiers jours, le coucher un peu rude prescrit par la règle. On lui donna donc un matelas ; mais ce meuble d'infirmerie chez les Carmélites, n'est pas, comme bien l'on pense, ce qu'il y a de plus moelleux en ce genre. Le lit de la pauvre Sœur lui parut donc si dur, en comparaison de la couche délicate qu'elle venait de quitter, que, bien des années après, elle disait qu'à parler franchement, le matelas était tel, qu'une paillasse à la carmélite lui eût paru au moins aussi douce.

La grande délicatesse de tempérament de cette généreuse postulante eût été un obstacle insurmontable pour une personne moins courageuse ; mais une force, une énergie extraordinaire de volonté était un de ses traits distinctifs. Elle soutint donc si bien le maigre, le jeûne, les épreuves et les autres pénitences ; sa vocation, d'ailleurs, avait été si longtemps éprouvée, qu'au bout de trois mois on la trouva digne d'être revêtue du saint habit ; mais ses parents obtinrent qu'on attendrait trois mois encore.

CHAPITRE V.

Prise d'habit de Mlle de Soyecourt. — Son noviciat.

Les six mois d'épreuves écoulés, la prise d'habit fut fixée au samedi 24 juillet 1784. Mgr de Juigné, archevêque de Paris, fit la cérémonie, non sans s'être fait longtemps prier ; car, pensant comme tant d'autres, que la délicate Sœur Camille ne pourrait parvenir à la profession, il craignait de faire une cérémonie inutile. La jeune postulante fut contrainte de paraître dans la chapelle extérieure, comme il est d'usage, revêtue des livrées du monde brillant qu'elle avait quitté. Elle était vêtue d'un habit de cour que lui avait prêté une de ses amies, nouvellement mariée. Mais comme l'Epoux divin auquel son âme allait être fiancée lui avait communiqué ses inclinations, et qu'il recherche par-dessus tout la beauté intérieure, elle éprouva tant de gêne sous ce pompeux costume, qu'elle parut excessivement fatiguée aux yeux de la nombreuse assemblée qui s'était réunie pour être témoin de son sacrifice. Parmi les grands du monde accourus à ce spectacle, qui se doutait qu'un prince encore enfant, alors bien éloigné du trône, y parviendrait et en descendrait du vivant de la Sœur Camille, par les voies étranges que racontera l'histoire ? Il paraît que Louis-Philippe n'avait pas oublié cette cérémonie à laquelle il assista avec sa sœur, Madame Adélaïde. De longues années après, il la rappelait à Mgr Affre, en lui demandant des nouvelles de Mme de Soyecourt.

Le Père Le Guay, jésuite, fut chargé de prononcer le discours de vêture. M. de Soyecourt n'eut pas la force d'assister à la cérémonie, sa femme n'osa s'en dispenser en considération de Mgr de Juigné. Le président Molé, membre de la famille, et M. le marquis de Feuquières, oncle de la jeune novice, servirent de témoins. Cet oncle lui conserva toujours la plus tendre affection. Il souffrait de ne pouvoir lui en donner les marques. Mais que peut désirer une âme qui possède Dieu pour son héritage ? Et d'ailleurs la Sœur Camille de l'Enfant-Jésus sentait trop bien le prix et le bonheur de la pauvreté volontaire, pour consentir aux offres de M. de Feuquières.

Il serait difficile d'exprimer le bonheur qu'éprouva la novice lorsqu'elle se vit revêtue des saintes livrées du Carmel ; son âme se sentait si libre et si dégagée dans cette nouvelle captivité, qu'elle ne se reconnaissait plus elle-même. Fidèle aux moindres observances de la vie religieuse, elle y trouva le centuple que notre Seigneur promet aux âmes qui abandonnent tout pour le suivre ; et surabondant de joie au milieu des épreuves de la vie pénitente qu'elle avait embrassée, elle pouvait dire à Dieu avec le Roi-Prophète : « J'ai couru dans la voie de vos commandements, parce que vous avez dilaté mon cœur. » Cette âme ardente, pressée de rendre amour pour amour au Dieu qui lui faisait trouver tant de délices dans une immolation où le monde ne voyait que croix et amertume, eût voulu hâter le moment décisif de la profession religieuse, et s'engager déjà par un vœu secret à vivre et à mourir sous le joug de Jésus-Christ. On fut donc obligé de modérer sa ferveur, et il lui fallut se rendre aux observations de son directeur, M. l'abbé de la Blandinière, homme prudent et éclairé. Voici ce qu'il lui écrivit à ce sujet peu de temps après sa prise d'habit.

« Je suis enchanté de la ferveur de vos premiers sentiments ; vous volez sur les ailes de l'amour ; la grâce de Dieu vous porte, rien ne vous paraît difficile ; vous aspirez au plus parfait, et déjà vous voulez prendre des engagements indissolubles ; mais le Père Rufin, qui connaît mieux les voies de Dieu, vous a prudemment arrêtée, et votre petite adresse à vouloir me surprendre un consentement n'a pas réussi. Je sais qu'un grand feu s'amortit insensiblement et qu'on trouve souvent, dans la vie religieuse, des croix, des obstacles, des tentations mêmes, auxquelles on ne s'attendait pas. Car on porte encore dans la religion les faiblesses humaines ; et c'est le triomphe de la vertu de savoir malgré cela, non pas simplement se supporter, mais encore s'estimer et s'aimer les unes les autres. Je vous crois d'ailleurs, je dis plus, je vous connais l'esprit assez bien fait pour ne voir dans vos mères que des modèles et dans vos compagnes que des vertus. Mais il y a quelquefois une grande différence entre la disposition d'une novice soutenue par la nouveauté des exercices, et une religieuse qui a consommé son sacrifice. Or, comme je veux que vous soyez toujours fervente, je souhaite que vous n'alliez pas trop vite dès le début. Au reste, le grand secret pour éviter l'écueil de la monotonie, et pour vous maintenir toujours dans les ferventes dispositions où vous vous trouvez, c'est de vivre en général plus avec Dieu qu'avec les créatures ; d'être plus souvent en société avec les Anges, les saints et vos bonnes sœurs du ciel, qu'avec celles qui restent sur la terre, et surtout de suivre chaque année Jésus-Christ dans tous les mystères depuis son incarnation jusqu'à son ascension, comme si ces mystères s'accomplissaient sous vos yeux. C'est à la sainte Messe, dans l'église, de ne pas considérer seulement Jésus-Christ d'une manière vague, mais de l'y voir, comme s'il était présent à vos yeux.

» Je me suis hâté de vous répondre, craignant que vous ne vous arrêtiez pas en si beau chemin, et que le vœu du plus parfait ne suivît bientôt. Cependant Jésus-Christ, qui était au milieu de votre cœur, vous a inspiré de ne rien précipiter, et cela est dans l'ordre, car une novice ne doit point faire de vœux sans permission. Suspendez donc vos saints projets jusqu'à ce que j'aie eu l'honneur d'en conférer avec vous, etc., etc. »

Quelques citations des lettres de ce saint et savant directeur nous font soupçonner quelle était la fidélité et l'ardeur de la Sœur Camille de l'Enfant-Jésus. Il lui écrivit, au mois de novembre de la même année 1784 : « J'aime votre ponctualité à tout quitter au premier coup de Matines, sans vous permettre de relire une lettre, encore moins d'y mettre la date. J'ai été si enchanté des sentiments qu'elle contenait que j'avais presque envie de vous la renvoyer pour que vous en gardiez à jamais le souvenir, mais je crois ces sentiments encore mieux écrits dans votre cœur que sur le papier, etc. »

Le 2 février, il lui dit : « Je souhaite que cette fête de la Purification se renouvelle en vous; *pourvu toutefois qu'on ne vous livre point à tout l'excès de votre ferveur, et que l'obéissance sache mettre des bornes à l'amour de l'austérité.* Vous voyez le danger, non de l'amour et du désir, ni même de la pratique, mais de l'indiscrétion. » Plus tard, il écrit : « De grâce, ne prenez pas trop à cœur la devise de votre séraphique Mère : *Ou souffrir ou mourir;* elle n'était plus novice quand elle s'exprimait ainsi. Non, vous ne parlez pas trop de votre santé, et vous envisagez cet article sous son vrai point de vue : vous ne faites qu'accomplir un point de votre règle, et vous me mettez à l'aise, car sûrement je vous trahirais. Une religieuse infirme est communément une assez mauvaise acquisition. Je ne trouverais point mauvais qu'après Matines on vous fît chauffer, car sur la paille on ne se réchauffe guère, et cependant il faut dormir. Je vous veux et je vous admire mortifiée, mais jamais aux dépens de votre santé : il y aurait trop à perdre pour la ferveur même. »

L'écrit suivant, qui est aussi de la main de M. de la Blandinière, et qu'il avait approprié aux dispositions de sa pénitente, nous fait connaître par quelle voie Dieu la conduisait, et quel était l'attrait de sa piété. « Vos voies, Seigneur, sont bien différentes sur les âmes ; vous voulez bien m'appeler à celle de la paix et de la joie spirituelle. Vous voulez que je goûte et que je fasse connaître combien vous êtes doux et aimable. Oh ! le monde n'imagine pas cette espèce de bonheur; et vous ne m'avez fait Carmélite que pour en convaincre le monde. — Oui, mon Dieu, vous me tenez lieu de tout; je puis perdre tout le reste. Mais rien ne peut me séparer de votre amour. Et qu'y a-t-il dans le ciel même que je désire, si ce n'est vous ? Et que puis-je voir sur la terre qui puisse mériter mon amour, si ce n'est vous ? Vous êtes vraiment le Dieu de mon cœur; vous en êtes la douce et l'unique inclination. Vous m'aimez, je n'en puis douter. Mais aussi, Seigneur, j'ose vous le dire, vous savez que je vous aime. Je ne m'en fais pas un mérite. Vous aimer, qu'y a-t-il de plus doux à mon cœur ! C'est mon attrait ; c'est la voie par laquelle vous voulez que je marche, me reposant en paix dans votre amour. Je vais donc m'efforcer de me maintenir dans cet esprit de paix et de joie spirituelle. Je le porterai partout : dans les récréations, par ma gaieté toujours décente et modeste ; dans ma cellule où vous m'attendez quand je n'y suis pas, où je vous vois en y entrant, et où je puis m'entretenir familièrement avec vous; dans le chœur, avec mes sœurs, où je chante vos louanges dans une langue que je n'entends pas, il est vrai, mais que vous entendez bien. Je n'y porterai nulle contention d'esprit, nulle peine de mes distractions; elles seront pour moi un moyen de me rappeler doucement à votre présence et à votre saint amour. Je le porterai, cet esprit de paix, jusque dans mes peines intérieures et extérieures; elles finiront par le mot qui est le vôtre : « Seigneur, s'il est possible, que ce calice passe loin de moi; cependant, que votre volonté s'accomplisse et non la mienne. »

Disons-le, si la Sœur Camille n'avait qu'à consulter son cœur généreux et reconnaissant pour y trouver les motifs d'un dévouement complet, dans la voie d'abnégation qu'elle avait embrassée, elle était puissamment soutenue aussi par les grands exemples qu'elle avait sous les yeux. A cette époque, nous le savons, toutes les vocations à la vie religieuse n'étaient pas, comme celle de notre novice, le fruit d'un appel divin. Mais les jeunes personnes, que la volonté ou les insinuations de leur famille poussaient vers le cloître, avaient soin de choisir quelqu'un de ces ordres où la ferveur déchue leur permettait de mener en quelque sorte la vie du monde sous l'habit de la religion. Tel n'était pas le Carmel. L'austérité, le silence, la solitude, l'union à Dieu en faisaient l'âme, aussi n'y voyait-on entrer que des sujets touchés de la grâce, et qui tous y menaient la vie des Anges dans des corps mortels. La maison que la Providence avait indiquée à la Sœur Camille de l'Enfant-Jésus comptait presque autant d'âmes d'élite que de religieuses. Les plus grands noms étaient venus s'y ensevelir dans l'oubli, et sacrifier à la pratique des plus humbles vertus les brillantes espérances du monde et de la cour. Leurs vies édifiantes, que nous avons sous les yeux dans les circulaires en usage chez les Carmélites, seraient toutes à citer. Avides de croix et de souffrances, ces âmes qui suivaient si généreusement Jésus-Christ dans la route du Calvaire trouvaient encore trop douce à leur gré la règle austère qu'elles avaient embrassée : elles y ajoutaient des pénitences volontaires, dont le récit ferait frémir notre délicatesse, et mouraient dans ce généreux exercice sans que la maladie ait pu les engager à rien retrancher de leurs austérités. Peu de temps après la prise d'habit de la Sœur Camille de l'Enfant-Jésus, cinq de ces dames quittèrent la vie dans l'espace de six semaines. La mortification des Carmélites faisait une mauvaise réputation d'habileté à leur médecin, M. Thierry. Dans le quartier, on le montrait au doigt, disant : *Voilà le médecin qui tue les Carmélites.* Le reproche n'était pas fondé, et le docteur avait raison de répondre : — « *Que voulez-vous que je fasse ; lorsqu'elles se décident à se mettre au lit, elles sont déjà mortes.* » (Vie de la sœur Thaïs.) Parmi ces saintes âmes, nommons seulement Marie de Grammont, comtesse de Rupelmonde, amie de la vertueuse Marie Leczinska, et qui, restée veuve à vingt-six ans, vint donner au Carmel l'exemple d'une abnégation dont le monde aurait peine à croire le récit (1). La

(1) Marie de Grammont épousa à douze ans Yves-Marie de Récourt de Lens et de Lièques, comte de Rupelmonde. A l'époque du mariage de Louis XV, elle fut nommée dame du palais de Marie Leczinska. Elle aima le monde, comme elle le racontait, jusqu'à l'âge de dix-huit ans, époque de sa conversion ; mais d'une conversion telle, qu'au milieu de la société la plus brillante et la plus corrompue, elle se fit un devoir de l'austère abnégation qu'entraîne la pratique des conseils évangéliques. Dieu, qui voulait instruire le monde par un grand exemple, sembla appesantir son bras sur cette âme qu'il voulait tout à lui. M. de Rupelmonde, que sa femme aimait tendrement, fut tué durant la guerre de la succession d'Autriche : la même année 1745, le duc de Grammont, son père, eut le même sort, et le 9 septembre de cette année si funeste, son fils unique, enfant de huit ans, expira entre ses bras. — *Maman, ne pleurez pas*, lui avait dit en mourant ce petit ange à qui Dieu semblait révéler ses secrets : *je vais en paradis, vous*

Sœur Camille avait dû être vivement touchée de la vertu de cette religieuse qui était sa parente. Lorsqu'elle-même sollicitait son entrée au Carmel, elle vint voir la Sœur Thaïs (Sœur Thaïs de la Miséricorde

serez baptisée aujourd'hui, et vous reviendrez au ciel avec moi. Quelques années après, Mme de Rupelmonde comprit dans la joie de son cœur, le sens de ces paroles énigmatiques. Par une coïncidence qui n'avait pas été calculée, ce fut le 9 septembre, anniversaire de la mort de son fils, qu'elle prononça ces vœux sacrés de la religion que les saints Pères ne craignent pas d'appeler un second baptême. Elle avait dû sa haute piété aux grands exemples de la reine à jamais révérée qui mena sur le trône la vie du cloître, au milieu des épreuves les plus crucifiantes pour une femme, pour une reine, pour une mère. Dieu voulut qu'à son tour Mme de Rupelmonde attirât à la perfection, par son exemple, la fille de Marie Leczinska. Madame Louise de France, devenue Sœur Thérèse de Saint-Augustin, écrivait après la mort de Mme de Rupelmonde : « Je n'oublierai jamais ce que je dois à ma sœur Thaïs; car, sans son exemple, je n'aurais jamais pensé à me consacrer à Dieu. J'étais même, quoique fort jeune encore, dans le commencement de mon adolescence, portée à aimer le monde, et ce fut sa cérémonie de prise d'habit qui me frappa alors si fort que ma vocation n'a jamais varié. Son entrée ne me fit rien; les discours du monde étouffaient le bon grain. Il fallait que je visse comme saint Thomas, pour croire qu'il n'y avait pas d'autre bonheur pour moi que d'être consacrée à Dieu. J'espère qu'elle priera pour moi. » Mme de Rupelmonde était entrée au Carmel à

était le nom qu'avait choisi Mme de Rupelmonde, dans son humilité), et lui fit demander de vouloir bien monter au parloir où elle pourrait être autorisée à l'entretenir. Mais la Sœur Thaïs se refusa cette satisfaction, témoignant le désir d'attendre, pour voir sa cousine, le jour où elle serait admise dans la communauté, et pendant les quatre mois d'épreuves qui précédèrent son entrée, Mlle de Soyecourt vit toutes les religieuses, excepté sa parente, dont elle sut respecter et admirer l'abnégation.

La sœur Camille de l'Enfant-Jésus ne jouit pas longtemps des grands exemples de cette sainte dame, car elle fut l'une des cinq religieuses que la mort enleva si promptement. Des coups si rapprochés furent vivement sentis par notre novice, qui s'était déjà attachée à toutes les habitantes du Car-

l'âge de trente ans; elle y vécut trente-trois ans encore dans une austérité, une ferveur qui allèrent toujours croissant. Un seul mot donnera l'idée de son abnégation. *Il n'y a plus pour moi de plaisirs légitimes et innocents*, disait-elle avec cet accent de conviction et d'humilité vraie qui trahit le secret du cœur. — Et depuis le premier jour de son entrée au Carmel jusqu'au dernier, elle vécut d'après cette maxime.

Nous renvoyons ceux qui souhaiteraient s'édifier d'une si sainte vie au récit de l'abbé Didon.

mel comme à des sœurs. A cette première épreuve en succéda une seconde, La Mère Louise-Marie, sa Prieure, tomba elle-même si dangereusement malade, que bientôt on désespéra de la sauver. On ne saurait dire l'estime et la reconnaissance que lui avaient déjà vouées la Sœur Camille. « Cette Prieure, » disait-elle plus tard, occupant la même charge, « possédait toutes les qualités qui rendent aimable, et avait le secret de faire supporter avec joie les rigueurs d'une vie aussi contraire à la nature que l'est celle du Carmel ; elle me soutenait, et je sentais le besoin d'un tel guide. »

En cette pénible circonstance, notre pauvre novice, qui n'avait pas encore acquis dans le sacrifice cet héroïsme qu'elle connut si bien depuis, fut inconsolable. Elle-même tomba malade de chagrin, mais une saignée la remit promptement. Il n'en fut pas de même de sa vertueuse Prieure ; toute la communauté alarmée adressa pour elle au Ciel les vœux les plus fervents. La Sœur Camille, qui n'espérait plus rien à moins d'un miracle, entendant passer près de l'infirmerie où elle-même était encore retenue, M. l'abbé Rigaud, visiteur des Carmélites, s'alla jeter à ses pieds, s'écriant comme si elle eût vu notre Seigneur : *Mon Père! mon Père! guérissez-la, je vous en supplie.*

Touché de tant de prières, Dieu rendit enfin à

ses filles cette Prieure si digne de leur affection.

L'attachement de la Sœur Camille pour la Mère Louise-Marie, quelque légitime qu'il pût être, n'en parut pas moins trop humain au vertueux ecclésiastique qui avait pris à cœur le soin de sa perfection. Ses avis sont si sages, que nous ne croyons pas inutile de les transcrire ici. Instruit de l'indisposition de la Sœur Camille et du motif qui l'avait causée, il lui écrivit :

« Vous n'êtes donc plus, ma chère novice, une merveille dans votre maison, une brillante conquête pour le Carmel ; on vous trouve un peu trop fille d'Adam par les sentiments du cœur. J'ai bien demandé à Dieu qu'il vous donne cette paix intérieure, ce calme de l'esprit qui vous sont si nécessaires. — Ma chère fille, soyez généreuse, souvenez-vous que Dieu vous appelle à la perfection, et que les affections trop vives y sont un obstacle ; Dieu veut tout notre cœur et que rien ne nous sépare de son amour. Les sentiments que vous vous permettez ne vous en sépareront pas sans doute; cependant, ma chère fille, quand Dieu veut que les personnes que nous aimons soient malades, lors même qu'il nous les enlève, nous devons aimer jusqu'à l'accomplissement de sa volonté. — Est-ce donc un mal d'aimer sa Prieure ? me direz-vous. — Non, sûrement; mais une

Prieure ne l'est pas toujours. Il faut donc l'aimer de manière à pouvoir transporter à celle qui lui succédera les mêmes sentiments. — Mais elle est si aimable, si sainte ! si vous l'aviez vue dans sa maladie, si vous la voyiez encore ! — Ma pensée va au delà de ce que vous pouvez en dire. Mais je veux que votre cœur soit calme et tranquille. Vous dites que votre révérende Mère est une sainte ; aimez-la donc en sainte. J'aurais presque été tenté de faire à Dieu une prière contraire à celle du Prophète, et lui demander qu'il vous donnât *un cœur de pierre*, pour les créatures, s'entend, et qu'il ne vous laissât *un cœur de chair* que pour lui.

« Je crains pour votre santé ; soignez-la, car si elle se dérange, je vois le carrosse de monsieur votre père à la porte pour vous enlever et vous *décarméliser*. »

L'âme aimante de la chère novice, qui devait être éprouvée si cruellement un jour dans ses affections les plus légitimes et les plus tendres, ne se rendit pas aussi promptement que l'aurait désiré M. de la Blandinière à la haute perfection qu'il lui enseignait. Son cœur était un peu de la nature de celui de sa séraphique mère, qui dit si naïvement : « J'étais faible et d'un naturel très-tendre, particulièrement en ce qui regardait quelques amitiés dans lesquelles, bien que je n'offensasse point Dieu, mon affection était excessive; et il me semblait que je ne pouvais les quitter sans ingratitude. » Aussi, fallut-il que le directeur de la Sœur Camille revînt à la charge au sujet de la vive affection qu'elle avait vouée à sa chère Prieure. Après les considérations de foi, il lui cite un exemple qui renferme une instruction trop solide pour n'être pas conservé.

« Je me souviens lui dit-il, d'avoir lu dans la fondation de Salins, qu'une jeune professe, nommée *Thérèse*, aimait beaucoup sa Prieure, qui s'appelait Louise. — Ceci est à la lettre. C'étaient deux saintes; et l'amitié de la Sœur Thérèse ne provenait que de l'idée qu'elle s'était formée que les avis de la Mère Louise étaient nécessaires pour son avancement dans la vertu. Cette sainte Mère, qui était réellement une religieuse d'un mérite rare, fut appelée pour une fondation. A cette nouvelle, le cœur de la jeune Thérèse est déchiré ; elle va les larmes aux yeux au pied du Saint-Sacrement, pour représenter à notre Seigneur la vivacité de sa douleur. Enfin la voix de Jésus-Christ se fait entendre au fond de son cœur et lui dit : *Est-ce donc que je vous quitte? Ne dois-je pas vous suffire? Vous ai-je jamais manqué?* — A ces mots, les larmes s'arrêtent, le calme revient et lorsqu'il faut que la Mère Louise parte pour sa destination, la jeune Thérèse l'accompagne avec un visage assuré, le cœur tranquille, demande permission de lui attacher son voile, lui met ses sandales ; et, lorsqu'il faut ouvrir la porte pour s'en séparer, la Sœur portière consternée elle-même, n'ayant pas la force d'ouvrir, la jeune Thérèse prend la clé, ouvre et embrasse, sans verser une seule larme, une Prieure qu'elle aimait plus qu'elle-même. C'est là aimer en Carmélite. Aimez ainsi la Mère Louise, sans chercher auprès d'elle aucune consolation, aucune satisfaction humaine. Vous n'aurez qu'à ce prix les douceurs et l'onction de la piété. Il faut vous vider entièrement de tout le créé, si vous voulez que Dieu prenne une possession entière de votre cœur, et vous fasse sentir la douceur de ses consolations, très-supérieures à toutes les satisfactions naturelles. »

La suite prouvera combien la Mère Camille, tout en conservant la sensibilité de son cœur, sut triompher de ce qu'il pouvait peut-être rester encore d'humain dans son attachement à sa Prieure.

Elle n'avait point encore prononcé ses vœux, quand les mesures étranges de l'empereur Joseph II préludèrent aux tristes décrets qui devaient quelques années plus tard fermer les couvents en France. Les Carmélites des Pays-Bas Autrichiens, bannies de la pieuse retraite dont elles avaient fait choix, vinrent sur la terre de France solliciter de leurs sœurs une hospitalité qui leur permît de vivre et de mourir dans le saint Ordre qu'elles avaient embrassé. L'auguste Mère Thérèse de Saint-Augustin (Madame Louise de France) pria les Religieuses de la rue de Grenelle de recevoir, outre les émigrantes de la communauté de Termonde, qui vivaient déjà parmi elles, une Sœur converse, également flamande, et qui ne savait pas un mot de français. La proposition fut acceptée. La bonne Sœur, qui, en arrivant, vit la Sœur Camille de l'Enfant-Jésus en voile blanc, la prit pour une de ses compagnes d'office, et l'enlaçant de ses bras, la couvrit de larmes et de baisers, répétant avec effusion à chaque accolade : *Bon compagnon! bon compagnon!* La novice, après avoir ri comme les autres, manifesta le désir de fêter l'arrivée de son *bon compagnon*, qui, soit dit en passant, était borgne, boiteux, estropié, et si complétement disgracié de la nature, que la charité seule pouvait au premier abord motiver l'accueil empressé qu'il reçut. La Sœur Camille, que sa gaieté rendait si aimable à toutes ses Sœurs, sollicita et obtint en cette occasion un jour de *li-*

cence (1) de la Mère Prieure qui, pour compléter la joie de la bonne Sœur flamande, fit mettre devant elle un rouet tout neuf garni de fleurs et de rubans. Dieu récompensa dès ce monde le charitable dévouement des Carmélites pour cette bonne fille, car il se trouva que cette pauvre infirme était un trésor de sainteté. Aussi, sut-elle gagner si bien tous les cœurs, que la communauté regarda bientôt comme une faveur très-précieuse le choix qu'avait bien voulu faire la divine Providence de leur maison pour être le dernier asile de cette âme fidèle.

(1) Nom affecté chez les Carmélites aux récréations extraordinaires qui leur sont accordées.

CHAPITRE VI.

La Sœur Thérèse-Camille de l'Enfant-Jésus est admise à prononcer ses vœux. — Nouveaux efforts de ses parents pour ébranler sa vocation. — Sa vie au Carmel jusqu'à la Révolution.

Enfin l'année du noviciat de la Sœur Camille étant expirée, elle fut reçue à la profession d'un consentement unanime, comme une sœur tendrement chérie. Quant à elle, c'était si véritablement qu'elle s'estimait indigne d'une telle grâce, qu'un ouragan ayant éclaté dans la nuit qui suivit sa réception, elle se prit à craindre que Dieu ne marquât peut-être ainsi qu'il désapprouvait la facilité avec laquelle on l'avait reçue. M. de la Blandinière, autorisé par Mgr l'archevêque de Paris, fit son examen, et déclara par écrit que sa vocation était divine.

Il était d'usage alors qu'après l'admission on sortît de la clôture pendant une partie de la journée, et qu'on vit pour la dernière fois ses parents dans un parloir extérieur. Dieu sut ménager à sa fidèle épouse, en cette occasion, une épreuve vivement sentie. Tant de personnes s'empressèrent de la visiter, que ce fut à peine si son pauvre père put jouir un instant à l'aise de cette fille si tendrement aimée, qui allait être cachée à ses yeux derrière des grilles où il ne lui serait plus possible de la voir et qu'il ne devait plus, en effet, rencontrer qu'en présence des tribunaux révolutionnaires et dans l'horreur des cachots. Il se retira profondément affligé, et cette douleur nouvelle de son père retentit profondément dans le cœur de sa fille bien-aimée.

Quelques jours après, Mme de Soyecourt vint dans l'intention de faire faire le portrait de sa fille; on ne put lui refuser cette consolation : ce fut une nouvelle épreuve pour la novice. Cette pauvre mère, ne pouvant s'accoutumer à la pensée d'un sacrifice si douloureux, fit les derniers efforts pour ébranler sa fille, mais voyant que rien n'était plus arrêté que sa détermination : — *Eh bien!* dit-elle alors, *songez au moins, ma fille, que vous ne pourrez soutenir longtemps une vie aussi pénible, et, lorsque vous vous verrez mourir, vous aurez du regret d'avoir ainsi abrégé vos jours.* La sœur Camille lui ayant répondu gaiement que *mourir bientôt était tout son désir*, cette mère affligée, qui ne comprenait pas que l'âme qui aime Dieu supporte la vie avec patience et salue la mort avec délices, prit pour une parole de désespoir la réponse de sa fille, et par ordre de Mgr l'archevêque de Paris, l'ancien Evêque de Senez, Mgr de Beauvais, vint lui faire subir un nouvel examen, ainsi que le rapporte M. de Sambucy dans la Vie de Mgr de Beauvais.

« L'année du noviciat de la Sœur Thérèse-Camille s'écoula à travers toutes les craintes de la sollicitude maternelle. Mme de Soyecourt, voyant approcher le moment du dernier sacrifice, se persuada plus vivement encore que sa fille allait être ensevelie pour toujours; un monastère était à ses yeux un affreux tombeau. La privation d'un objet si digne de leur tendresse avait fait couler bien des larmes depuis un an, et coûté bien cher au cœur du père et de la mère. Ils firent donc une dernière tentative auprès du pieux archevêque de Paris, quelque temps avant l'époque de la profession, résignés néanmoins à se soumettre à la décision du prélat, après un nouvel examen. Mgr l'Archevêque confia cette fonction à l'ancien Evêque de Senez; ce choix fut agréé des parents, qui l'acceptèrent volontiers pour être l'arbitre de la vocation de leur fille. Le prélat se rendit auprès d'eux, écouta avec bonté tous leurs doutes et toutes leurs appréhensions ; il discuta toutes leurs raisons avec une admirable patience ; ensuite il interrogea la Sœur Thérèse-Camille, qui lui ouvrit son cœur, lui exposa ses besoins, ses désirs et tous les motifs de sa persévérante détermination. *Monseigneur*, disait-elle, *mes parents se persuadent que je vais entrer dans un tombeau; ils ignorent donc que le calme et la paix du cœur sont les meilleurs auxiliaires d'une longue vie et le plus doux contrepoids des austérités du cloître. Détrompez-les, Monseigneur, je vous en conjure; persuadez-leur de faire généreusement ce sacrifice à Dieu. Si vous adoucissez leur peine par vos consolantes paroles, vous doublerez mon bonheur.* »

Confident de la courageuse détermination de la jeune néophyte et de la tendresse de ses parents le prélat eut lieu de s'applaudir du succès de sa mission ; il porta l'agrément des parents à Mgr l'Archevêque des Paris, qui autorisa la novice à faire profession. Chez les Carmélites, les vœux se prononcent d'abord en chapitre au milieu de la communauté et la cérémonie de prise de voile se fait en public entre les mains des supérieurs ecclésiastiques. Ce fut le dimanche 31 juillet 1785, à l'âge de vingt-huit ans, que la Sœur Thérèse-Camille de l'Enfant-Jésus se lia irrévocablement par les vœux de la religion à celui que son âme avait choisi pour époux depuis sa onzième année. Sa respectable et bien-aimée Prieure, la révérende Mère Marie-Louise reçut ses engagements.

Les religieuses s'aiment en Dieu plus tendrement, quoi qu'en dise le monde, qu'il ne sait aimer, lui, avec ses petites rivalités d'amour-propre et de vanité. La Mère Camille conserva jusqu'à la mort le petit billet suivant que lui écrivit pendant sa retraite de profession l'une des Carmélites flamandes, auxquelles sa communauté avait offert l'hospitalité : « Je vous fais présent de ces trois épingles pour attacher votre voile noir; elles pourront vous faire souvenir des trois clous avec lesquels vous désirez vous attacher à la croix de votre cher époux : je veux dire vos trois vœux. Souvenez-vous de moi particulièrement le jour de votre sacrifice. Je ne manque pas aussi de prier pour vous. »

Ceux qui ne considéreront que la simplicité de l'offrande seront peut-être tentés de sourire; mais l'affectueuse charité et la pensée de foi qui ont dicté ces lignes sont des sentiments vrais qu'un cœur chrétien saura apprécier.

Le jour solennel de la profession publique ayant été fixé au 18 août de la même année, le Père Le Guay fut encore choisi pour prononcer le discours.

L'ancien Evêque de Senez fit lui-même la cérémonie. Il signa l'acte qui en fut dressé, ainsi que M. Delaunay, supérieur de la communauté, et après eux le père et l'oncle de la nouvelle Professe. Le Père Rufin, son confesseur, assistait à la cérémonie. Deux jours après il revint voir la Sœur Camille, et lui donna la douce consolation d'apprendre que deux personnes qui ne s'étaient pas confessées depuis longtemps avaient été si touchées de la cérémonie, qu'elles étaient venues le trouver pour se réconcilier avec Dieu, disant qu'elles voulaient s'adresser au confesseur de la jeune Professe.

La Sœur Camille, inondée des plus pures délices, voyait enfin arriver pour elle ces jours de paix et de bonheur après lesquels son cœur avait tant soupiré. Elle résolut de se tenir cachée dans le secret de la face de son Dieu, pour y goûter tranquillement les joies de la solitude. Sa modeste cellule était à son égard comme le tabernacle où, à l'imitation du Dieu caché dans nos temples, elle s'immolait perpétuellement au milieu des flammes de l'amour, s'offrant pour ses propres péchés et pour ceux de ses frères.

Les deux hivers qui suivirent sa profession furent des plus rigoureux qu'on eût vus depuis longtemps. Sa délicatesse naturelle en souffrit beaucoup. Un soir, en sortant de matines, elle entra au chauffoir et approcha ses pieds si près du feu qu'une de ses chaussures en fut endommagée. Elle fut réprimandée de cet accident comme d'une faute qui portait atteinte à la pratique de la pauvreté religieuse. Mais, disait-elle plus tard en riant : « Je ne pus m'empêcher de faire réflexion qu'il était beaucoup plus facile de raccommoder ma chaussure que mon pauvre pied dont la peau avait été enlevée. » L'onction de la grâce soutenait cette âme courageuse au milieu des rigueurs de la vie qu'elle avait embrassée. Les différents offices par lesquels on la fit passer lui offrirent plus d'une occasion de se mortifier ; mais elle s'acquittait si gaiement de tout ce qui lui était confié, qu'il fallait deviner ses souffrances. Elle fut employée comme aide à la sacristie, et il faisait un froid excessif dans cet office ; de plus, elle se rendait avec une assiduité remarquable aux travaux communs. Les jours de lessive, les glaçons pendaient quelquefois au bout des doigts des laveuses. Cet exercice était suivi d'un autre non moins fatigant. La maison était spacieuse et très-élevée ; on montait le linge au moyen d'une poulie jusqu'au grenier où il devait sécher. La nouvelle aide, peu faite à ce rude métier, tirait cependant à son tour les paniers, aidait à étendre le linge, et le courage suppléant chez elle à la force, elle payait de bonne volonté, mais avec tant d'empressement et d'ardeur, qu'elle se piquait d'être comptée parmi les habiles, et ne voulait céder à personne en activité et en persévérance.

De pareilles occupations, comparées à la vie qu'elle avait menée dans le monde, sembleraient déjà d'austères pénitences. Mais cette âme généreuse se plaignait de ne rien faire pour Dieu, et voyant que sa santé se soutenait assez pour lui permettre de suivre la règle sans adoucissement, sans cesse elle continuait à solliciter, comme pendant son noviciat, la liberté de faire des pénitences extraordinaires. L'obéissance modérant cet attrait, elle se fit au moins un devoir de graver dans son cœur et de mettre en pratique ces paroles de notre Seigneur à l'une des religieuses de son Ordre, la Mère Françoise : « *Je suis venu au monde pour faire comme les autres hommes; je veux que vous vous conformiez à la règle. Je regarde celles qui travaillent avec plus d'amour, et non pas celles qui en font le plus, car l'amour est ma mesure. Je ne veux plus que vous ayez d'amour que pour moi. J'ai bien voulu me livrer aux Juifs pour être tourmenté, ne vous étonnez pas que je me livre à vous pour être aimé.* »

La considération des miséricordes du Seigneur dont cette âme reconnaissante se voyait environnée l'occupait entièrement, et la pressait de redoubler sa ferveur. Elle avait déjà accompli dans le monde un grand nombre de bonnes œuvres et soutenu de terribles combats pour embrasser la vie religieuse ; mais tout cela lui paraissant peu de chose, elle semblait dire avec l'Apôtre : « J'oublie tout ce que j'ai fait, et ne songe qu'à ce qui me reste à faire. » Ses supérieurs admirant les grâces que Dieu versait dans son cœur et sa fidèle correspondance, ne la ménageaient en rien Quelques années après sa profession, sa Mère Prieure avoua qu'elle ne la trouvait jamais sans fièvre. Elle en était une fois très-fortement attaquée, et cependant elle soignait une autre malade. Le médecin étant venu, s'aperçut de son état, et déclara qu'il fallait qu'on lui donnât promptement les soins les plus assidus, et qu'on la mît elle-même au lit. Ainsi Mme Louise de France, qui, en apprenant l'entrée de Mlle de Soyecourt aux Carmélites, avait recommandé qu'on ne la ménageât pas trop en considération de son extrême délicatesse et de la position de sa famille, put être tranquille à cet égard. Ses vêtements n'étaient certes pas accommodés à la faiblesse de ses forces, car elle avoua plus tard que la robe de bure dont on la revêtit était si lourde, qu'elle était obligée, pour la mettre sans que ses reins pliassent, de se placer sous le clou où elle était suspendue.

Il n'y avait pas un an qu'elle avait eu le bonheur de prononcer ses vœux, lorsqu'une mort soudaine et prématurée vint frapper son frère bien-aimé. Il fut enlevé en quelques heures, par un coup de sang, à l'âge de vingt-cinq ans et demi, deux jours après avoir quitté sa famille qui l'idôlâtrait, pour rejoindre le régiment dont il était officier. Ce jeune seigneur, qui s'était déjà signalé par plusieurs traits de bienfaisance, édifia singulièrement le prêtre qui l'assista dans ses derniers moments. L'ancien Évêque de Senez, devenu le meilleur ami de la famille, fut encore son consolateur au milieu des angoisses que lui fit éprouver la perte de ce fils unique et tendrement chéri. Son inconsolable mère, en perdant l'objet en qui elle existait plus qu'en elle-même, ne trouva d'appui que dans la religion, et régularisa une fondation de messes à perpétuité dans la communauté de sa fille (1).

(1) « Lors du rétablissement de notre Carmel, » dit la Mère*** dans la circulaire composée après la mort de sa respectable Prieure, notre chère Mère eut soin de rendre Mme de Soyecourt participante du saint sacrifice qui s'offre encore chaque semaine à cette intention. Elle fonda un service annuel pour l'âme de son vertueux père, et obtint qu'on récitât un *De profundis* suivi d'une oraison particulière, à la suite de nos Saluts. Elle-même maintenant aura

Le triste événement qui ravit à cette illustre famille le seul héritier de son nom fut pour la Sœur Camille une nouvelle preuve de sa vocation, car son âme aimante lui disait que, si ce malheur eût eu lieu avant sa profession, il lui eût été bien pénible de refuser à ses parents de rester auprès d'eux, d'autant plus que son beau-frère, M. d'Hinnisdal, depuis longtemps malade de la poitrine, mourut aussi lui-même quelques jours après. Elle porta ces pénibles croix avec une résignation qui toucha le cœur du Dieu bon auquel son âme s'était attachée de toute son énergie. Aussi, la grâce lui fut-elle offerte alors avec un surcroît d'abondance qui la dédommagea amplement de ces rudes épreuves. Dieu la combla de faveurs si consolantes, que son unique joie était de consacrer tous ses instants libres à l'adoration du très-saint Sacrement, et de répondre ainsi, autant qu'il était en elle, à cet amour qui enchaîne perpétuellement le Dieu-Sauveur sur nos autels.

Elle fut à même de suivre encore plus à loisir

part à ces bonnes œuvres, indépendamment de toutes celles que la reconnaissance de notre communauté à son égard nous fera un devoir de ne jamais omettre. Son nom et celui de ses parents, associés dans une commune prière, seront dorénavant recommandés ensemble au Dieu de miséricorde. »

son attrait pour le silence et pour le recueillement lorsqu'on la fit passer de l'office de la sacristie à celui de l'entretien des vêtements de ses Sœurs. Ce nouveau genre d'occupation lui fut d'autant plus agréable, qu'il entraînait moins de rapports extérieurs ; et elle se réjouissait d'avoir là si peu d'occasions de parler, qu'il lui était ordinaire d'arriver à l'heure de la récréation sans avoir encore ouvert la bouche. Mais ce qui nous révèle une admirable disposition de son âme, c'est que *cet office lui plaisait surtout*, avouait-elle, *parce qu'elle avait entendu dire qu'on le donnait aux plus incapables de la communauté*. Comme elle était fort active et savait parfaitement distribuer son temps, elle employait les intervalles libres à faire des analyses religieuses et des extraits de retraite, ou à peindre sur vélin de pieuses miniatures emblématiques, aimant surtout à retracer le symbole touchant du cœur de Jésus surmonté d'une croix et entouré d'épines, car la dévotion au Sacré Cœur était devenue sa dévotion favorite.

Après avoir supporté pendant quelques années sans interruption le jeûne et le maigre, la mère Camille fut visitée par la maladie. Soutenue par les consolations spirituelles dont son âme était toujours inondée, surtout après la sainte communion, elle supporta son état de langueur avec un courage peu commun, et accepta sans résistance les remèdes et les soins qui lui furent prodigués pour son rétablissement. Mais loin de redouter cette mort qui effraie cependant quelquefois de si saintes âmes, telle était la disposition de son cœur, qu'elle la souhaitait comme le commencement de son bonheur. Aussi un jour qu'elle travaillait avec ses Sœurs à un ornement noir, chacune se demandant qu'elle serait celle pour qui on l'étrennerait, elle sourit d'un air joyeux en entendant sa Prieure (1) dire en soupirant : « *Hélas! je crains bien que ce ne soit ma pauvre Sœur Camille!* »

Mais les maladies ne pouvaient être des croix suffisantes pour une âme comme la sienne. Dieu allait lui demander de bien autres marques de sa fidélité. En effet, le moment était arrivé où le Seigneur allait visiter l'Eglise et la France par les plus terribles épreuves. Les couvents eurent leur large part dans ce calice d'amertumes, et c'est au milieu des orages de la Révolution de 93 qu'il nous faut suivre maintenant la vertueuse Mère Camille, après avoir raconté les huit années de paix et de saintes joies qui s'étaient écoulées pour elle dans la retraite du Carmel.

(1) C'était alors la Mère Nathalie de Jésus, fille du maréchal d'Annebault.

La suppression des vœux, décrétée en 1789, puis celle des corps religieux en 1790, la spoliation des biens ecclésiastiques, furent aux yeux des Carmélites des signes funeste qui ne leur firent que trop pressentir les malheurs dont elles étaient menacées, et qui les accablèrent en effet en 1792. Ne voulant cependant négliger aucun moyen de conjurer la destruction qui les menaçait, elles suivirent le conseil qui leur fut donné de recourir à l'Assemblée nationale, au nom de tout l'Ordre, dans une adresse que présenta Mgr l'Évêque de Clermont.

A nous qui connaissons les faits subséquents, cette démarche paraît sans doute plus que hasardée; ceux qui démolissaient tout en France n'étaient pas gens à s'arrêter devant les réclamations d'humbles Religieuses, quelque légitimes qu'elles fussent. Mais qui pouvait croire alors ce qu'on a vu depuis? On donna toutefois aux Carmélites l'espoir de les laisser vivre et mourir dans leur solitude. Elles crurent à ces promesses qui comblaient le vœu le plus cher de leur cœur. Elles en conçurent même tant de joie qu'elles s'embrassèrent mutuellementet chantèrent un *Te Deum* en actions de grâces; mais cette joie devait être de courte durée. Bientôt elles reconnurent, par la dispersion des autres couvents, le sort qui leur était réservé.

« Armez-vous de courage, écrivait M. de la Blandinière à la Mère Camille à cette époque. Il faut ici une grande force d'âme, vous vous étiez de grand cœur consacrée à Dieu ; il veut que vous soyez une victime et une victime d'amour. Le plus grand malheur que vous ayez à craindre, c'est d'être forcée de quitter votre maison, et si l'on en vient à cette extrémité, vos supérieurs vous donneront toutes les permissions nécessaires en pareil cas. Vous savez toutes les nouvelles. La religion peut seule nous apporter quelque consolation, et elle nous en offre de bien douces. Ah ! ma fille, qu'il est beau d'être Carmélite dans des circonstances aussi tristes, qu'il est bon d'être dans les sentiments de sainte Thérèse : *Ou souffrir ou mourir.* Je ne me nourris que de l'esprit du Carmel, les vies de vos saintes religieuses m'animent ; cependant aucune d'elles n'a passé par une aussi rude épreuve que celle par laquelle Dieu veut épurer votre vertu. »

Le 18 juillet 1792, fête de saint Camille de Lellis, moins de deux mois avant la destruction de la Communauté de Grenelle, ce vertueux prêtre écrivait encore à la pieuse Carmélite, en lui souhaitant sa fête : « Votre patron est celui des agonisants ; à ce titre, vous devez l'invoquer avec plus de piété encore dans le temps où nous sommes; car tout est en agonie parmi nous : la France, la monarchie, la noblesse, le clergé, les ordres religieux, tout jusqu'aux Carmélites. C'est à vous, ma très-chère fille, de mettre à profit le crédit de votre patron; c'est à vous de le prier instamment de s'intéresser en faveur de tant d'espèces d'agonies et d'agonisants si dignes de secours. Vous vous intéresserez sans doute plus particulièrement pour la sainte réforme du Carmel. Il n'y a pas deux siècles qu'elle existe en France et qu'elle y a joui constamment de la santé la plus parfaite, qui semblait devoir lui assurer une durée bien plus longtemps prolongée. Il y a même peu de temps qu'elle avait repris une nouvelle vigueur; et la voilà frappée d'un coup mortel et menacée d'une fin prochaine. Il n'y a que huit ans que vous y existez; vous êtes encore dans une brillante jeunesse. Votre saint patron, qui a rappelé à la vie tant d'agonisants, ne souffrira pas que votre sainte carrière soit sitôt terminée.

» Il me semble que je vous vois déjà ranimant toute votre ferveur, redoublant vos instances auprès de saint Camille, et que je vois renaître au Carmel une postérité nouvelle qui en éternisera la vie et la gloire. C'est le secours qu'attend de vous votre saint Ordre, et qui sait si Dieu ne vous y a pas appelée afin que votre saint patron fasse en votre faveur ce nouveau prodige !

» Voilà le bouquet et les vœux que Dieu m'a inspiré de vous envoyer. »

Cette lettre n'était-elle pas l'heureux augure de ce que devait accomplir un jour pour le Carmel cette âme courageuse que nous verrons en effet s'employer avec tant de zèle et de succès à la résurrection de son Ordre en France ? — « Je ne sais, » dit M. de la Blandinière en terminant une autre de ses lettres, « si on a fait chez vous la visite dont vous étiez menacée. » Cette visite ne se fit pas longtemps attendre.

CHAPITRE VII

Les Carmélites chassées de leur couvent. — Leurs épreuves pendant la Terreur. — La Mère Camille détenue à Sainte-Pélagie. — Elle est délivrée. — Incarcération de sa famille. — Sa mère meurt à Sainte-Pélagie. — Dernière entrevue avec son père enfermé aux Carmes. — Sa vie aux Moulineaux. — Son père et sa sœur la comtesse d'Hinnisdal périssent sur l'échafaud.

Déjà le 2 septembre 1792, de sanglante et glorieuse mémoire pour les saintes victimes qui augmentèrent la troupe des martyrs, quelques religieuses aperçurent dans le jardin, le soir, après Matines, cinq hommes qui tâchaient d'ouvrir les portes. La Mère Prieure envoya avertir la section ; on fit répondre qu'il n'y avait pas moyen de se faire obéir parce qu'on massacrait tout dans les prisons. On les délivra cependant de ces audacieux; mais depuis ce temps, les religieuses ne se couchèrent plus que tout habillées en cas d'événement. Les blanchisseuses de la rue de Bourgogne, qui avaient vue sur leur jardin, criaient qu'il fallait renvoyer ces aristocrates, dont la maison et le jardin leur appartenaient.

Les filles de Sainte-Thérèse, qui n'ignoraient pas que le cri de la discorde, après avoir divisé les esprits, répandait l'alarme du sein de la capitale jusqu'aux extrémités de la France, et couvrait de sang cette terre infortunée, ne purent entendre sans frissonner les clameurs séditieuses qui s'élevaient contre elles, et n'opposèrent à la fureur révolutionnaire que la prière et la patience.

Le 14 septembre 1792, deux commissaires vinrent faire ouvrir les portes, et demandèrent à être conduits dans tous les endroits de la maison. Ils brisèrent les reliquaires et autres objets en or et en argent, et s'emparèrent de ce qu'il y avait de précieux à leurs yeux. Méprisant les reliques, ils les laissèrent de côté à la grande satisfaction des religieuses qui les recueillaient ensuite avec plus d'empressement que ces malheureux ne mettaient de cupidité à s'approprier l'or qui les enchâssait. La reine Marie-Thérèse, fondatrice du couvent de la rue de Grenelle, avait donné à ces dames, avant de mourir, ainsi que nous l'avons vu, une singulière marque de sa royale munificence et de son attachement, en leur léguant la sainte face miraculeuse qu'elle avait apportée d'Espagne. La pieuse princesse avait enrichi le tableau d'un cadre en or garni de diamants. Les deux commissaires, après avoir dépouillé cette sainte image de ses ornements, la remirent à la Mère Nathalie, prieure, qui, l'ayant fait encadrer fort simplement, en fit constater l'authenticité par feu M. de Floirac, visiteur du Carmel, avant qu'il émigrât. La Mère Nathalie confia, en mourant, ce précieux dépôt à la Mère Camille (1).

Lorsque nos deux dévastateurs eurent terminé leur sacrilége spoliation, ils dirent aux religieuses qu'ils avaient ordre de les faire sortir et qu'elles n'avaient aucune raison à objecter pour empêcher l'exécution de cet arrêt; puis, faisant entrer la populace, ils présidèrent cependant au désordre pour protéger le départ des Carmélites. La révérende Mère Nathalie, qui depuis longtemps prévoyait ce coup, avait eu la précaution de pourvoir ses Filles d'habits séculiers et de leur faire préparer des logements dans divers quartiers. Elle divisa la communauté, qui comptait alors trente et une religieu-

(1) Ce tableau est encore entre les mains des Carmélites de la rue de Vaugirard.

ses, en six résidences composées chacune de cinq ou six personnes, mettent à la tête de chaque groupe une présidente qui devait correspondre avec elle.

La plus âgée de ces dames avait 80 ans, et la plus jeune 30. Leur supérieur local, M. Delaunay, qui exerçait cette charge depuis 30 ans, donna des ordres à son domestique pour qu'il pourvût à la sûreté des religieuses, auxquelles il traça un règlement et donna toutes les dispenses que les circonstances pouvaient nécessiter, leur laissant aussi la liberté de se visiter les unes les autres.

Parmi les résidences où s'étaient réfugiées ces dames, il y en avait une qui, par sa position, leur offrait la facilité de pratiquer la règle, et elles s'acquittaient là encore avec bonheur de tous leurs pieux exercices. Cette petite colonie était composée de sept Religieuses; comme elles étaient à même de rendre aussi quelques services au clergé, les grands vicaires y allaient souvent déguisés, pour exercer le devoir de leur ministère. Ce petit allégement à leur douleur fut de courte durée; elles furent soupçonnées, arrêtées et conduites devant le Tribunal révolutionnaire, qui en condamna six à la déportation et une à la mort; cette dernière était Mlle de la Biochaye, Sœur Louise-Thérèse, bretonne d'origine. Elles furent conduites dans les cachots de la Pitié, où elles languirent deux ans, au bout desquels on les rendit à la liberté. L'arrêt de mort qui avait été prononcé contre la Sœur Louise-Thérèse se trouva également annulé par la mort de Robespierre.

Le décret de l'exil des nobles vint encore diminuer le nombre des religieuses qui composaient la communauté en les séparant ; celles qui étaient de pays étrangers allèrent chez d'autres nations redemander au Carmel son silence et sa solitude. Une d'elles mourut Prieure de son couvent en Angleterre ; d'autres, soumises aussi à l'exil, se retirèrent dans leurs familles où elles finirent leurs jours.

Les diverses réunions qui avaient été formées subirent un sort différent selon les desseins de Dieu. Parmi les membres qui les composaient, huit de celles qui restèrent à Paris échappèrent à toutes les embûches dont elles étaient entourées. Du reste, toutes se montrèrent pleines de générosité et de dévouement pour le Dieu qui les éprouvait d'une manière si pénible. Vraies filles de sainte Thérèse et remplies de son esprit, elles épuisèrent, pour ainsi dire, jusqu'à la lie, le calice d'amertume, sans épuiser leurs désirs et leur ardeur pour les souffrances. Au reste, la bonne Providence veillait sur elles avec des soins de mère ; sept d'entre elles détenues 18 mois entiers à Sainte-Pélagie, et qui toutes échappèrent à la mort, ne pouvaient se rappeler dans la suite, sans une vive reconnaissance, que, pendant cette longue captivité, les secours spirituels ne leur avaient point fait défaut : M. de Lalande, depuis évêque de Rodez, alors simple ecclésiastique, se présentait chaque semaine à la porte de la prison, déguisé en marchand de vin, portant un panier de bouteilles sur sa tête; après avoir sollicité et obtenu son entrée, il déposait sa charge, entendait les confessions et exhortait à la patience les pieuses Carmélites renfermées en ce lieu désigné alors sous le nom de *vestibule de la mort*. Car les grandes charrettes ou *bières roulantes*, comme les appelaient les détenus, ne conduisaient jamais de nouveaux prisonniers à Sainte-Pélagie sans en sortir chargées d'autres victimes destinées à l'échafaud.

M. et Mme de Soyecourt se trouvant dans leurs terres au moment de la dispersion des Carmélites, n'avaient rien pu faire en faveur de leur chère fille, qui exerçait la charge de dépositaire dans la réunion dont elle faisait partie. Cette réunion occupait une petite maison située rue Mouffetard, entre cour et jardin, sans voisinage. Là, ces ferventes religieuses eurent aussi la facilité de remplir tous leurs exercices, ayant transformé en chapelle une des chambres où elles récitaient l'office en chœur comme à leur couvent. Deux religieux, dont l'un était Chartreux et l'autre Théatin, et plusieurs saints prêtres venaient leur dire la messe, les confesser et les communier, consolation si rare et si appréciée en ces jours de deuil.

A leur retour d'Amiens, M. et Mme de Soyecourt offrirent à leur fille les secours temporels dont elle avait si grand besoin. Mme de Feuquières fit même tous ses efforts pour décider sa nièce à la suivre avec sa petite colonie dans une de ses terres, ayant un aumônier qui, tous les jours, offrait le saint sacrifice dans la chapelle de son château. Mais la fervente Sœur Camille préféra l'humble demeure que l'obéissance lui avait choisie, et où elle vivait heureuse avec ses Sœurs, puisqu'elle jouissait, malgré de si rudes épreuves, du seul bien que tous les autres ne sauraient remplacer ; Dieu, et le témoignage d'une bonne conscience.

Cependant, le temps était arrivé où cette parole de l'Apôtre devait avoir plus que jamais son accomplissement : *Tous ceux qui veulent vivre avec piété en Jésus-Christ seront persécutés*. La tête du roi martyr était tombée sur un échafaud, quels droits, quelles vertus pouvaient espérer d'être respectés ? La France vivait sous ce régime de sanglante mémoire qui se nomma lui-même la *Terreur*.

Les pieuses Carmélites, qui composaient la résidence de la rue Mouffetard, eurent comme leurs Sœurs une large part d'angoisses dans ces jours d'épreuves ; au moment donc où notre courageuse Mère Camille et ses compagnes jouissaient d'une sorte de repos dans leur retraite, un Polonais, commandant de leur section, attira sur elles l'attention et le mauvais vouloir de l'autorité ; il logeait en face de leur demeure, et avait chargé sa femme de les espionner. Le Vendredi-Saint 1793, il vint, avec trente hommes armés de piques, pour chercher chez ces dames des armes et des prêtres qu'on les accusait de cacher. La Mère Camille les ayant aperçus de la fenêtre, prit sur elle le saint Ciboire qui renfermait plusieurs hosties, car l'un des grands vicaires, M. Béchet, lui avait recommandé cette précaution en cas d'événement, pour éviter les profanations. — *Mon Dieu*, répétait elle pendant ce temps, *mon Dieu, gardez-vous vous-même !* Elle servit ainsi de tabernacle à notre Seigneur, depuis dix heures du matin jusqu'à cinq heures du soir : la troupe envoyée ayant employé ce long espace de temps dans ses perquisitions. Elle eut sujet de reconnaître que sa précaution n'avait pas été inutile ; car ces forcenés ayant vu dans la chambre une espèce de tombeau que ces dames avaient préparé : *Dieu est ici !* s'écria l'un d'eux, et ils fouillèrent partout pour trouver quelque Ciboire qui pût contenter leur cupidité. Ils déclarèrent, dans leur procès-verbal, qu'ils avaient trouvé au réfectoire, pour tout aliment, du pain sur une serviette pliée et une cruche d'eau, ajoutant qu'à la cuisine il n'y avait pas d'apparence qu'il y eût eu du feu ce jour-là. Lorsqu'ils furent sortis, trois de ces dames prirent un morceau de pain, car toutes étaient à jeun, mais les deux plus anciennes n'en eurent pas le courage, et sans songer que le Vendredi-Saint n'est pas pour les fidèles un jour de communion, elles consommèrent toutes les saintes hosties, selon la permission générale qu'elles en avaient reçue. La Mère Camille porta ensuite le saint Ciboire à sa Prieure pour qu'elle le fît purifier, et lui apprit ce qui venait de se passer.

Ces malheureux avaient saisi ses correspondances avec de saints prêtres émigrés et les avaient enfermées dans une armoire où ils apposèrent les scellés. La Mère Camille leur ayant demandé qui viendrait lever ces scellés, le commandant polonais, que l'enfer semblait avoir suscité contre elle et contre ses compagnes, lui répondit d'un ton insolent que c'était à la mairie qu'elle devait faire cette demande. Elle la fit le lendemain, et la levée lui fut accordée. Elle porta aussitôt cette permission à sa section, où se trouvait malheureusement alors leur ennemi. Il entra dans une si grande colère, qu'il en cracha le sang, disant qu'elle avait séduit ceux qui lui avaient répondu si favorablement; qu'ils seraient destitués, et elle, envoyée à la Préfecture pour être de là jetée en prison. Alors deux gendarmes la conduisirent dans une salle de la Préfecture, où une quarantaine de personnes avaient déjà été conduites ce jour-là. Elle écrivit aussitôt à son père, pour le prier de venir la réclamer. M. de Soyecourt, vivement alarmé, arrive le jour même accompagné de M. Philippon, juge de paix, qui devait faciliter son entrée. Comme on ne savait pas quelle était cette nouvelle détenue, il y eut un moment de grand attendrissement parmi les personnes présentes, quand on la vit se jeter dans les bras de son père, qui de son côté la pressa avec une vive émotion contre sa poitrine. Il la conduisit de bureau en bureau, demandant successivement aux douze administrateurs d'interroger sans délai sa chère fille, afin qu'il pût l'emmener; mais ce jour-là on arrêtait tant de monde, qu'il n'y avait pas possibilité de se faire entendre. On permit à M. de Soyecourt de se retirer avec sa fille, toutefois dans la compagnie d'un gardien: c'était le Samedi-Saint. Le jour de Pâques on alla chercher trois de ses compagnes qui étaient restées à la maison; les deux autres s'étaient enfuies. Après avoir fait subir à celles-là un court interrogatoire, on les conduisit à la prison de Sainte-Pélagie (1).

La Mère Camille passa la solennité de Pâques dans la maison paternelle, et son gardien, qui était fort bon homme, lui offrit même de la conduire à la messe, mais elle ne put accepter, vu que le saint sacrifice n'était alors offert publiquement que par des prêtres assermentés. Le soir, on vint la chercher pour comparaître devant le tribunal; sa mère voulut la suivre et emmena avec elle une femme de chambre. L'interrogatoire roula sur les prêtres qui avaient dit la messe dans son habitation de la rue Mouffetard. Les question se prolongèrent et l'on finit par lui signifier qu'il lui fallait aller rejoindre ses compagnes à Sainte-Pélagie. Sa mère, qui était dans la cour avec son mari, apprenant cet arrêt, entra dans la salle et déclara qu'elle voulait aller avec sa chère fille, s'écriant qu'il était affreux de joindre ensemble le vice et la vertu, et de confondre les lis de la terre avec le rebut du genre humain. Comme elle tenait sa fille étroitement embrassée, et signifiait avec l'énergie qu'inspire le

(1) Sainte-Pélagie était le lieu de detention où avaient été jusque-là renfermées les femmes de mauvaise vie.

malheur et l'injustice qu'on ne les séparerait pas, on les fit entourer tout à coup par une troupe de ces hommes féroces qui ne connaissent les sentiments de la nature que pour en briser les liens; ces forcenés ne purent cependant s'empêcher d'être émus à la vue d'une mère plongée dans une si vive affliction. Ses plaintes entrecoupées de sanglots, les tendres baisers dont elle couvrait sa fille, les étreintes avec lesquelles elle la pressait contre son sein, protestant que rien au monde ne pourrait l'arracher de ses bras, excitèrent en eux quelque compassion. L'un d'eux, frère de l'ancien maître de danse de feu le jeune vicomte de Soyecourt, assura cette infortunée mère que sa fille coucherait à la mairie, que pour elle il fallait qu'elle se retirât, et qu'elle reviendrait le lendemain pour parler au maire. Par l'intervention de cet homme, la femme de chambre resta avec la Mère Camille. On conduisit celle-ci dans une chambre fraîchement décorée pour un des administrateurs, et on leur apporta, de la cuisine du bailly, un souper splendide, après lequel elles se couchèrent toutes les deux, le nouveau protecteur de notre Mère Camille, ayant fait dresser près d'elle un lit de sangle pour sa femme de chambre. Il est à remarquer que l'assistance que lui rendit cet homme ne pouvait être qu'un coup de Providence, car il venait de dire, quelques instants auparavant à Mme de Soyecourt et à sa fille qu'il tuerait lui-même son propre frère émigré, s'il ne se déclarait pas pour la République.

La Mère Camille était loin encore d'être au terme de ses épreuves; le lendemain on vint l'éveiller au point du jour pour la conduire à Sainte-Pélagie, lui laissant à peine quelques minutes pour s'habiller; la femme de chambre courut promptement prévenir Mme de Soyecourt, qui, profondément affligée, obtint, non sans peine, que ce jour-là même, lundi de Pâques, les scellés fussent levés dans la petite maison de la rue Mouffetard. On vint chercher les quatre Carmélites qui devaient être présentes à cette opération, et l'on mit tous les papiers en paquets; deux officiers de paix, qui paraissaient leur porter beaucoup d'intérêt, firent inutilement tous leurs efforts pour empêcher que ces papiers fussent remis à la mairie. On les reconduisit ensuite toutes les quatre à Sainte-Pélagie. Comme il était fort tard, ce fut à la lueur des lanternes qu'elles y entrèrent.

Le serviteur n'est pas plus que son maître : Si Jésus-Christ n'avait pas dédaigné d'être mis au rang des scélérats, ses saintes épouses ne devaient donc pas s'étonner d'être confondues, elles aussi, avec le rebut du monde. Cette ressemblance avec leur divin Maître eût été pour elles un sujet de joie, si elles n'eussent eu à gémir de toutes les offenses qu'occasionnait leur conformité avec le Dieu du Calvaire, car elles entendaient les vociférations que proféraient contre elles les femmes de mauvaise vie qu'abritait le même toit. Par les soins de la Providence, elles eurent, du moins, un dortoir séparé de cette demeure du crime. M. et Mme de Soyecourt s'occupèrent d'obtenir leur liberté; ils leur faisaient porter chaque jour du poisson, car elles n'interrompaient pas l'abstinence; et leurs compagnes, qui composaient les autres petites réunions et qui passèrent elles-mêmes un peu plus tard par de semblables épreuves, se faisaient un devoir et un plaisir de leur envoyer ce qu'elles pouvaient. La présidente de la colonie prisonnière était la fille de M. le marquis de Carvoisin, et se nommait Sœur Joséphine; elle était âgée de soixante ans, et était cousine de la Mère Camille; c'était une âme candide, qui, depuis son enfance, n'était jamais sortie du couvent, et dont la ferveur avait crû avec les années. Ravie de joie de se voir prisonnière et menacée, comme son divin Maître et pour lui, d'une mort violente, elle voulut se préparer au martyre par la pénitence, et durant plusieurs jours elle jeuna au pain et à l'eau. Ses compagnes, qui conservaient leur genre de vie ordinaire, et à qui la présence de la mort ne faisait rien perdre de leur gaieté, lui disaient quelquefois en riant : « *Allons, ma Sœur Joséphine, engraissez donc un peu la victime.* » Mais cette sainte Religieuse, qui s'attendait à paraître devant Dieu d'un jour à l'autre, voulait acheter le ciel par des macérations excessives. « *Quel bonheur!* s'écriait-elle, *d'aller bientôt porter notre tête sur l'échafaud! — Quand irons-nous donc à la guillotine?* ajoutait-elle avec empressement : *Hé! qu'avons-nous fait à notre bon Maître pour mériter une si grande faveur?* » Ce n'était, de la part de cette âme ardente, que transports, actions de grâces et élans d'amour pour le Dieu qui seul avait toujours possédé son cœur. Lorsqu'elle sut que leur persécuteur, ce Polonais qui avait juré leur perte, était mort en trois jours, dans des convulsions et des douleurs épouvantables, elle dit à ses compagnes avec une sainte gaieté : « *Puisque le bon Jésus ne paraît pas encore vouloir m'appeler à lui, je vais maintenant réparer mes forces épuisées selon les moyens qu'il m'en donnera, en me servant une des premières de ce que la divine Providence voudra bien nous envoyer.* » Pendant leur détention à Sainte-Pélagie, ces dames virent un jour réunir à elles une personne qui ne possédait pour toute richesse que ses Bréviaires. Elles lui demandèrent si elle aussi n'était pas Fille de Sainte-Thérèse. *Hé! oui*, leur dit-elle, *je suis Professe de Saint-Denis.* » Elles se hâtèrent de lui préparer une cellule proche des leurs, et si elles ressentirent une grande consolation en cette circonstance, cette sainte Religieuse ne fut pas moins satisfaite de se voir, contre son attente, en si bonne compagnie.

Cependant les parents de la Mère Camille et leurs amis mettaient tout en œuvre pour faire sortir ces dames de prison. On obtint qu'elles seraient présentées au tribunal érigé à Sainte-Geneviève. La Mère Camille eut à subir de longs interrogatoires, dont quelques-uns duraient sept heures entières. Il était parfois près de minuit quand elle rentrait dans sa prison; ses compagnes la pressaient de leur raconter alors toutes ses épreuves; mais il fallait qu'elle se mît promptement à réciter son office, jusqu'à ce que, minuit sonnant, elle vît qu'il n'était plus temps de l'achever. Il lui prit une fois un saignement de nez violent pendant l'une de ces longues séances. Ses juges lui offrirent de remettre l'interrogatoire au lendemain. « *Non, non*, leur dit-elle, *continuez.* » Elle demanda une cuvette, la mit sur ses genoux, et répondit avec sang-froid et lucidité à ces juges iniques, qui se jouaient si insolemment de la justice et de la vérité. Son âme pleine de candeur ne fut jamais déconcertée en présence d'un auditoire si étrange et si nouveau pour elle.

Les interrogatoires roulaient sur les papiers qu'on avait saisis ; c'étaient pour la plupart des correspondances avec des émigrés ou avec les ecclésiastiques qui gouvernaient actuellement le diocèse, MM. de Jouarre et Béchet. La Mère Camille ne voulant ni déguiser la vérité ni compromettre personne, se trouvait donc obligée de mettre une grande prudence et une excessive réserve dans ses réponses. Son admirable présence d'esprit la secondait toujours dans ces rencontres. La vivacité de sa foi lui fut plus secourable encore : dans les circonstances embarrassantes, elle s'adressait intérieurement à Marie, et alors il n'y avait plus pour elle de difficultés, ou bien la reine des Anges disposait tellement toutes choses, qu'on mettait de côté comme papiers inutiles les lettres les plus compromettantes. Elle avait toujours présentes à l'esprit ces paroles de Jésus-Christ à ses apôtres : *Lorsque vous paraîtrez devant les juges, ne vous inquiétez pas comment vous parlerez, ni de ce que vous direz ; car ce ne sera pas vous qui parlerez, mais l'esprit de votre Père qui parlera en vous.* Cette confiance lui réussit si bien, que ses interrogateurs, qui ne la voyaient jamais troublée, remarquant ses réponses pleines de simplicité, devinrent ses défenseurs les plus zélés.

Les images du Sacré-Cœur étaient très-suspectes en ce temps. Les Vendéens en portaient ostensiblement, et leurs scapulaires représentaient cet emblème cher à leur foi. On l'avait donc pris pour un signe de ralliement contre-révolutionnaire. On trouva plusieurs de ces pieuses images dans les papiers de la Mère Camille. Grand scandale ! on lui demande combien elle en a fait et donné à peu près. « *J'en ai tant fait et tant donné*, répond-elle sans s'émouvoir, *qu'il me serait impossible d'en dire le nombre.* » Une autre fois, dans une lettre de M. l'abbé de Floirac, ses juges furent frappés de ces mots : *Il faut faire mourir la nature, et quand elle se révolte, la comprimer, quoi qu'il en coûte.* Ils lurent la *nation* au lieu de la *nature*, et ces mots éveillèrent leur attention : « *Comment*, dirent-ils, *il faut faire mourir la nation !* — *Vous voyez bien*, leur dit l'accusée avec le calme de l'innocence et le sourire de la pitié, *que vous tronquez les mots ; lisez : la nature ; c'est tout simplement un avis de direction.* » On était plus acharné contre elle que contre ses compagnes, à raison de sa naissance et des grands biens de sa famille. Cependant la douce persuasion qui coulait de ses lèvres calma la fureur de ses juges ; l'un d'eux se déclara même son protecteur, et plus tard, lorsque de magistrat il fut redevenu maçon comme devant, la Mère Camille ne l'oublia point : elle le chargea de carreler les cloîtres de l'antique monastère des Carmes.

Ce fut pendant sa captivité à Sainte-Pélagie qu'elle eut à offrir à Dieu un sacrifice bien douloureux. On lui apprit là que la Mère Louise-Marie, celle qui avait reçu ses vœux, venait de terminer sa vie. Heureux alors cependant les amis du Seigneur qui passaient de la triste existence qu'on leur avait faite sur la terre aux joies sans crainte et sans mélange de l'éternité ! Nous avons vu quel avait été, pendant son noviciat, l'attachement de la Sœur Camille à cette sainte Prieure. Cette affection était bien réellement selon Dieu, puisqu'elle n'affaiblit en rien celle que sut lui inspirer aussi la Mère Nathalie, appelée ensuite à la même charge ; mais la mort de cette sainte Religieuse fut pour elle une sensible affliction.

Enfin, le jour de la Pentecôte, nos quatre captives furent mises en liberté. La Mère Camille se vit obligée de rentrer dans la maison paternelle, et s'adjoignit une Carmélite de Pontoise, qui se trouvait sans asile ; ses trois autres compagnes se réunirent aux petits détachements de leur communauté dispersée.

M. et Mme de Soyecourt, revoyant enfin près d'eux cette fille chérie, objet de tant de larmes, l'entouraient de soins et d'attentions, ainsi que sa compagne. On les servait en maigre; elles mangeaient aux mêmes heures qu'au couvent, se rapprochant autant que possible des prescriptions de leur règle. Elles allaient chercher des messes où elles croyaient pouvoir en trouver; car, en ce temps de désolation, l'Eglise, assise sur les ruines de ses temples, n'osait plus offrir publiquement le sacrifice adorable de nos autels. La Mère Camille, bien des années après, se rappelait encore, avec attendrissement, un prêtre arrêté avec elle aux fêtes de Pâques, au moment où il se disposait à dire la messe et amené devant les tribunaux revêtu de sa chasuble.

Cependant notre fervente Carmélite trouvait avec raison qu'il n'est point de plus sûr asile, pour une Religieuse qui désire conserver l'esprit de son état, qu'une autre communauté; et plus l'attachement qu'elle avait conservé aux siens était tendre, plus elle sentait les dangers de sa position. Elle forma donc très-sérieusement le projet d'aller à pied jusqu'à Rome, en demandant l'aumône, et de se présenter comme une pauvre inconnue aux Carmélites de cette ville, pour leur demander l'entrée de leur solitude; déjà elle avait pris ses mesures pour réaliser ce courageux dessein, quand sa mère, en ayant eu avis, écrivit à plusieurs cardinaux pour qu'ils interposassent leur autorité dans cette affaire et surtout pour qu'ils missent obstacle à l'incognito de ce pénible pèlerinage.

Il y avait huit mois que la Mère Camille était chez ses parents lorsque eux-mêmes furent arrêtés. M. le comte de Soyecourt fut conduit au couvent des Carmes, où se trouvaient déjà quatre cents prisonniers, sans compter quelques femmes de la société, telles que Mmes de Beauharnais, de Kercado, etc., qu'on y avait enfermées dans des logements séparés. Pour Mme de Soyecourt, elle se vit détenue à Sainte-Pélagie dans le cachot que sa fille venait tout récemment d'occuper, triste et doux souvenir tout à la fois pour son cœur! Mmes d'Hinnisdal et de la Tour partagèrent le sort de leur mère.

La Mère Camille s'attendait à être arrêtée avec ses parents. Surprise de la liberté qu'on lui laissait, mais le cœur navré de douleur, elle s'enfuit, dès le matin, de la maison paternelle, emportant avec elle six francs pour toute richesse. « Etait-ce par un excès de confiance en Dieu que justifierait assez l'ardeur de sa foi, ou par oubli, ou par impossibilité de se procurer davantage qu'elle partit ainsi dénuée de tout? nous l'ignorons, et nous regrettons aujourd'hui de n'avoir pas fait cette question à notre chère Mère, lorsqu'elle nous raconta cette particularité, » dit la Mère S***. Notre fugitive alla se réunir à une personne pieuse qui avait un oratoire secret où de saints prêtres venaient dire la messe. Elle s'offrit à remplir les fonctions de sacristine. Cette personne, qui naturellement avait lieu de croire la nouvelle venue bien pourvue de toutes choses, accepta l'offre avec joie, et ne pensa pas faire une indiscrétion en profitant de son séjour pour décorer un peu plus dignement l'humble sanctuaire où notre Seigneur daignait descendre. Elle fit donc acheter des tapisseries, et la pauvre Mère Camille en fut pour le contingent de ses six francs, qu'elle offrit généreusement. Elle se trouva alors dans le plus complet dénûment. Mais elle n'était pas à la fin de ses peines. Comme elle avait refusé de prêter le serment exigé des Religieuses pour toucher la faible pension accordée par le gouvernement, après qu'il se fut emparé de leurs biens, elle craignit d'être découverte dans sa nouvelle demeure, et elle se résolut encore à fuir. Dans l'obscur réduit où elle se cacha, elle n'eut absolument d'autre ressource que le peu d'argent qu'on lui avançait; et n'ayant pas la moindre idée de la manière dont elle pouvait apprêter ses aliments, elle languissait dans sa détresse et mourait de faim. Un jour, entendant passer dans la rue une marchande de lait, elle descendit aussitôt avec une petite tasse pour s'en procurer. Comme elle passait sa main à travers les barreaux de la charrette, un homme au regard farouche, devinant sans doute sa naissance à son port et à sa démarche, s'écria : *Dis donc, citoyenne, on a donc oublié de te raccourcir?* Notre pauvre acheteuse, épouvantée, s'enfuit à la hâte avec sa tasse vide, offrant à Dieu et sa terreur et sa privation. Une autre fois, la distinction de ses traits la servit mieux : passant devant une femme qui vendait des pommes, elle voulut s'en procurer quelques-unes. Cette brave femme, remarquant son air noble et affligé, lui en offrit plus qu'elle n'en demandait, ajoutant : *Tenez, ma mignonne, mettez tout cela dans votre petite pochette, et gardez votre argent.* Malgré la répugnance qu'avait toujours eue la Mère Camille pour le poisson, elle en achetait de temps en temps, et imagina même qu'on pouvait faire de la soupe avec l'eau dans laquelle elle l'avait fait cuire. On juge bien que la saveur de ce nouveau bouillon n'était guère propre à exciter l'appétit, et cependant le poisson lui-même était réservé pour les grandes nécessités. Pour combler sa détresse, un malheureux chat s'introduisit une fois chez elle et dévora toutes ses économies. Quand la nécessité était trop pressante, elle allait en tremblant dans la maison paternelle où les domestiques étaient restés, elle prenait quelques œufs, qu'elle ne savait même pas faire cuire. Un jour qu'elle était parvenue à se procurer ainsi quelques provisions, elle entra avec son petit panier chez plusieurs de ses compagnes qui vivaient ensemble. Craignant de les attrister, elle leur laissa ignorer l'état d'indigence dans lequel elle vivait. Celles-ci la croyant chez ses parents, au sein de l'abondance, pensèrent que le panier qu'elle déposa devant elles était une offrande; elles lui en firent mille remercîments, et la Mère Camille se retira sans avoir pu se décider à leur dire la vérité.

Mme de Soyecourt pensant aussi que sa fille était toujours dans leur hôtel, lui écrivit de sa prison le petit billet suivant : « Prenez courage, ma chère fille; ce sont des circonstances où votre vertu vous est plus nécessaire que jamais. Restez chez nous, bien que nous n'y soyons plus, je vous y crois mieux que partout ailleurs; vous êtes à votre place, soyez bien assurée de celle que vous avez dans mon cœur. Le vôtre souffre de me voir ici, et votre lettre me fait plaisir; venez un jour avec Mlle Henry, ma femme de chambre. »

C'étaient les dernières marques d'affection que cette tendre mère donnait à sa fille.

Un mois après, Mme de Soyecourt succomba aux chagrins et aux privations de toute espèce inséparables de sa position; une dyssenterie l'enleva le 25 mars 1794.

Personne ne connaissait la demeure de sa fille, excepté la Mère Prieure. Le jour de la mort de Mme de Soyecourt, deux domestiques fidèles vinrent donc informer la Mère Nathalie de ce triste événement, et la prévinrent que le juge de paix réclamait la présence de Mlle de Soyecourt pour mettre les scellés. La Mère Nathalie envoya chercher la pauvre Mère Camille et lui apprit le douloureux sacrifice que Dieu demandait d'elle; sans avoir pu lui donner le temps de se recueillir pour accepter cette croix accablante, il lui fallut ajouter ce qu'exigeait d'elle l'intérêt de sa famille et que réclamait la police : sa présence à l'hôtel de son père. La Mère Camille soupçonna que cette exigence n'était qu'une ruse pour découvrir le lieu de sa retraite; et à cette époque un pareil soupçon n'avait rien que de très-probable. Se rendre aux injonctions du juge de paix, c'était donc, à ses yeux, se livrer elle-même à la mort; elle ne le cacha point à sa Prieure; mais celle-ci, à qui Dieu sans doute inspirait cette conduite, paraissant insister : « *Eh bien! oui, ma Mère*, répondit l'héroïque Religieuse, *j'irai selon vos ordres, et ainsi je mourrai, non plus seulement comme noble, mais par obéissance.* » Eh! certes, si Dieu ne permit pas qu'elle consommât ce martyre si généreusement accepté, elle en eut devant lui tout le mérite.

Elle partit donc accompagnée des deux domestiques. En arrivant à l'hôtel, elle monta d'abord dans son petit appartement, où le juge de paix vint aussitôt la rejoindre, lui faisant connaître que ce n'était qu'en son nom qu'il pouvait mettre les scellés ailleurs que dans les chambres de son père et de sa mère, vu qu'elle était l'unique personne de la famille qui jouît de la liberté, ses deux sœurs, Mmes les comtesses d'Hinnisdal et de la Tour, étant en prison. — « *Monsieur*, dit la Mère Camille, *comme Religieuse, il me coûte étrangement de me mêler des affaires.* » — Mais le juge de paix, impatient de poursuivre, lui dit de lui désigner au plus tôt le domestique qui lui inspirait le plus de confiance, afin qu'il sût de lui les endroits où il devait poser les scellés; elle lui en indiqua un, et ce domestique les fit spécialement apposer sur le garde-meuble, où M. et Mme de Soyecourt avaient caché une somme en or très-considérable. Ce bon serviteur ignorait qu'on y pouvait encore pénétrer par une ouverture secrète qu'un autre domestique infidèle avait pratiquée, et qui était cachée par une armoire. Quand la famille de Soyecourt rentra dans ses biens, on ne trouva plus que les papiers qui enveloppaient les rouleaux d'or; mais bien qu'alors la Mère Camille pût facilement faire punir le malheureux qui avait ainsi abusé de sa confiance, elle voulut laisser à la Providence seule le soin de cette vengeance.

L'obéissance de notre héroïque Carmélite fut bénie de Dieu. Elle se vit protégée par ceux-là même qu'elle avait si bien lieu de redouter. Le juge de paix, voyant l'image des Sacrés-Cœurs dans son Bréviaire, lui recommanda avec intérêt de cacher cet emblème qui pourrait, disait-il, la compromettre. Quand il eut posé les scellés, il l'engagea à demander ce qui était nécessaire pour son service, et se retira. Le lendemain, elle courut aux Carmes pour voir son père; ils avaient besoin l'un et l'autre de s'entretenir du sujet de leur commune douleur; mais cette consolation leur fut refusée. Lorsqu'elle s'adressa au concierge qui était un déserteur sacrilége du sanctuaire, il lui demanda brutalement pourquoi elle-même n'était pas en prison. Ne pouvant parvenir jusqu'à son père, elle trouva moyen de lui faire plusieurs fois passer des lettres et de recevoir des siennes. Elle resta dès lors dans la maison paternelle, où les domestiques avaient grand soin d'elle; mais son cœur nageait dans un océan d'amertumes, surtout depuis la mort de sa mère. M. de Soyecourt lui écrivit à cette époque les lignes suivantes :

« Il y a bien longtemps, ma chère fille, que vous ne m'avez donné de vos nouvelles; c'est cependant la seule, je ne dirai pas consolation, car il n'en est point pour moi; mais c'est une satisfaction bien grande de m'entretenir avec ceux qui me sont chers. Je suis au milieu de trois cents personnes, sans que qui que ce soit partage ma douleur ni ait connu celle qui en est l'objet ; je végète en attendant ce terme heureux qui engloutit toutes les afflictions. »

Ce bon père, sans songer à ses propres maux, n'avait de souci que pour ses enfants. Quelques jours après, il écrivait encore à sa fille.

« Le citoyen embrasse sa chère Camille ainsi que son petit écuyer; il est bien inquiet de ne pas recevoir de réponse de Péronne, et désire savoir s'il en est venu de l'argent, afin que ses enfants ne manquent point. Faites-le lui savoir demain. Pour lui, il ne manque de rien, il ne désire que le terme de son affliction. »

Ce petit écuyer dont parle M. de Soyecourt était son unique petit-fils, le jeune d'Hinnisdal, à peine âge de quatorze ans (1). Le malheur avait donné à cet enfant une raison et une sensibilité peu communes. Il passait quelquefois plusieurs heures de suite à la porte de la prison où était détenue son infortunée mère, afin d'avoir la consolation de l'embrasser ou de la voir quelques instants ; les gardes disaient ne pouvoir ni l'intimider ni s'en débarrasser. La miséricordieuse providence du Seigneur veillait visiblement sur cet enfant, et lorsque sa mère, Mme la comtesse d'Hinnisdal, alla, trois jours après le martyre de son vertueux père, expier sur un échafaud la noblesse du sang qui coulait dans ses veines, Dieu mit au cœur de la Carmélite, tante de l'intéressant orphelin, les sentiments, la tendresse et la vigilance d'une mère ; elle lui en tint lieu tant qu'il vécut ; ses intérêts devinrent les siens, et, malgré les embarras, les inquiétudes et les angoisses dont elle-même était assiégée en ces temps malheureux, elle voulut bien être sa tutrice.

La bienveillante affection qu'elle eut toujours pour son neveu se reporta ensuite sur sa vertueuse compagne et sur leurs enfants. La plus jeune de

(1) Joachim-Louis-Ernest comte d'Hinnisdal, né le 31 décembre 1779, décédé à Ferfay (Pas-de-Calais), le 21 mars 1814.

ses petites-nièces, Mlle Roseline d'Hinnisdal, à raison de ses douces vertus et de la piété solide dont elle est douée, était souvent désignée par sa tante sous la gracieuse dénomination de *Perle-Fine*.

Tandis que la Mère Camille était dans la maison paternelle, arriva, le jour de Pâques 1794, le décret de l'exil des nobles ; M. de Soyecourt écrivit à ce sujet à sa fille :

« Il paraît, ma chère enfant, que le décret d'hier ne porte pas sur les prisonniers ; j'en suis bien fâché, parce que cela me prive du plaisir que j'aurais de voyager avec vous ; ce décret est positif, et vous n'avez pas de temps à perdre pour vous mettre en route. Je pense que le mieux est de vous en aller chez vous à Tilloloy, où j'irai vous joindre quand je serai en liberté. L'embarras que j'y trouve est de vous y transporter, vu la rareté des chevaux ; il faut cependant en avoir, coûte que coûte, ou aller par les voitures publiques, ce qui n'est pas moins embarrassant. Enfin, faites comme vous pourrez ; vous voyez que je ne puis vous aider en rien. Vous devez avoir de l'argent, ne l'épargnez pas, et si vous pouvez, donnez-en à votre sœur aînée, elle doit en avoir besoin. Quant aux gardiens, je les paierai lorsque mes scellés seront levés ; ils n'ont qu'à le solliciter eux-mêmes. Si vous pouviez avoir des chevaux, vous prendriez ma diligence, qui est fort douce, et si votre sœur Eléonore était en liberté, vous l'emmèneriez avec vous. Je vous conseille de prendre votre ancienne femme de chambre, Imbert. Enfin, ma chère enfant, je voudrais pouvoir vous procurer toutes les douceurs de la vie ; chargez-vous-en vous-même. Un prisonnier ne peut que faire des vœux, j'en ferai toujours pour votre bonheur ; le mien est fini pour jamais. Je crois qu'il faudra vous munir de passeports. »

La Mère Camille ayant fait savoir à son père qu'elle préférait aller habiter la ferme des Moulineaux, près Paris, au lieu du château de Tilloloy qu'il lui avait désigné, et lui ayant annoncé son départ, elle en reçut cette réponse :

« Vous partez donc enfin, ma chère fille, et je suis obligé de m'en réjouir. Cela paraîtrait bien étonnant à quelqu'un qui ne connaîtrait que ma tendresse pour vous et qui ignorerait les motifs de votre éloignement. Quoi qu'il en soit, j'ai l'espérance de me réunir à vous peut-être bientôt, au lieu que les personnes que la mort nous enlève nous laissent en proie à des douleurs interminables. »

On voit, par les lettres de M. de Soyecourt, que son âme, aussi franche que généreuse, ne pouvait, malgré les spectacles d'horreur qu'avait donnés la France depuis deux ans, mesurer la profondeur de l'abîme qui s'ouvrait devant lui. Une tentative plus heureuse que les autres procura enfin à sa pauvre fille la consolation de l'apercevoir avant son départ de Paris. Ce fut par l'entremise du valet de chambre de M. de Soyecourt, ami du cuisinier de la prison des Carmes, qu'elle obtint cette faveur. Elle monta dans les bâtiments attenants aux chambres des détenus et vit, par une fenêtre, son infortuné père qui se promenait dans le jardin. Il la reconnut aussitôt et, voulant cacher à sa fille chérie sa vive émotion et les larmes qui inondaient son visage, il enfonça avec violence son chapeau jusque sur ses yeux; puis, lui envoyant un affectueux baiser, il lui fit signe de la main de se retirer au plus vite, car ceux qui approchaient de cette fenêtre étaient arrêtés et condamnés à mort. Elle s'arracha donc, l'âme bouleversée, de ce lieu qui renfermait l'objet de ses plus tendres affections. Cette entrevue fut la dernière. Le langage humain est impuissant à peindre le déchirement et l'angoisse du cœur de la Mère Camille, s'éloignant de cet horrible séjour sans pouvoir rien, rien pour son père, livré à la garde de geôliers impitoyables, et n'ayant que l'échafaud en perspective.

Dépourvue d'argent, elle ne put emporter

dans son exil, et encore avec permission expresse, que six chaises de paille, une paillasse, une table, un peu de linge, et le lit d'une ancienne femme de chambre de sa mère qui la suivit d'abord. Tous les jours, à midi, il fallait que de cette ferme, elle allât porter son nom à une demi-lieue pendant la grande chaleur. C'était une mesure exigée par les tribunaux de sang qui régissaient la France; ils voulaient être sûrs d'avoir toujours leur victime sous la main.

Son père, qui vivait toujours dans l'espérance de recouvrer sa liberté, et auquel elle fit part de sa position, lui écrivit :

« C'est une chose qui vous sera bien incommode, ma chère fille, que d'aller tous les jours à une municipalité si éloignée, vous qui êtes si sujette à la migraine. Je suis bien content de vous voir établie; j'espère que vous n'avez rien oublié, ni rien épargné pour vous rendre votre séjour un peu agréable. Quant à moi, je ne sais encore où j'irai. J'ai changé d'avis sur Tilloloy, j'y vois trop d'inconvénients et trop d'embarras pour un espace de temps aussi court, n'ayant, d'après le décret, que dix jours d'intervalle de ma liberté à mon départ. Je chercherai à m'établir le plus près de vous que je pourrai, mais je ne crois pas possible d'aller aux Moulineaux. Je suis inquiet de votre sœur Eléonore, car je la vois fort embarrassée, n'ayant ni meubles ni rien. Je lui ai écrit afin qu'elle n'attende pas au dernier moment; je n'en ai point de plus agréable, ma chère fille, que celui où je m'occupe de vous. »

Quelle était donc l'attente continuelle de la Mère Camille dans son nouveau séjour, sinon une mort prochaine et inévitable, et des sollicitudes de tous les instants pour le sort de ce qu'elle avait de plus cher : son père et ses sœurs! Elle fit cependant effort sur la douleur qui la consumait pour mettre ordre à la ferme des Moulineaux. Le régisseur étant un mauvais sujet, elle résolut de le renvoyer, et trouva, pour la seconder à cet effet, un honnête avocat, son voisin, qui lui conseilla de ne pas hésiter, et lui promit qu'en cas de résistance de la part de ce méchant homme, il lui prêterait main-forte. Elle vint à bout de son dessein, non sans de grandes difficultés; car son âme tout à la fois forte et tendre, ferme et miséricordieuse, sut toujours mener à bonne fin ses entreprises, parce que Dieu seul en était le principe. Bien qu'elle fût complétement étrangère aux soins du ménage, elle réussit cependant à merveille dans l'administration de la ferme à la tête de laquelle elle s'était placée. Tout y prospéra, et ses travaux attirèrent les bénédictions du Seigneur. Les marchands, les paysans et les domestiques étaient enchantés de sa façon d'agir. Elle voulait être présente tous les soirs à la vente du lait ; rien n'échappant à sa délicate charité, elle exigeait que les malades et les nourrices fussent d'abord servis, et le fussent plus abondamment que personne. Semblable à la femme dont l'Esprit-Saint fait l'éloge, elle sut en ces temps difficiles joindre l'adresse à la force ; aussi aima-t-elle, dans la suite, à exercer les mains de ses Religieuses à l'occupation la plus vile comme à l'ouvrage le plus précieux.

A ces laborieux travaux, ajoutons la dure nécessité où se trouvait notre sainte Carmélite de faire à pied tous les huit jours trois lieues pour venir à Paris se confesser ; et ce n'était pas sans danger et sans embarras qu'elle accomplissait fidèlement ce consolant devoir ; car si on l'eût reconnue, la prison et la mort eussent été la peine encourue par le seul fait de son absence du lieu assigné pour son séjour. Il lui fallait donc chaque fois changer de vêtements dans la plaine de Grenelle, entre les Moulineaux et Paris, à une certaine distance de la ferme ; et elle entrait dans la ville habillée de blanc, avec une large cocarde républicaine au bonnet, portant sous son bras le petit paquet des habits qu'elle venait de quitter et qu'elle remettait au même endroit à son retour, pour rentrer aux Moulineaux.

Cette vie de craintes, d'angoisses et de privations était une pénitence plus rude mille fois que ne l'avait pu être la règle austère du Carmel, et cependant tel fut le courage de cette âme énergique qu'elle ne voulut rien adoucir des obligations qu'elle avait contractées. Elle n'interrompit ni le jeûne ni le maigre. Fidèle à réciter son office aux heures de son couvent, il lui fallait, le soir surtout, faire un tel effort sur son épuisement et sa lassitude, qu'il lui devenait ensuite impossible de dormir le reste de la nuit. Toutes ces austérités, jointes aux terribles épreuves qui désolaient son cœur, la réduisirent à un tel état de langueur, que les personnes qui l'entouraient craignirent qu'elle ne succombât bientôt à l'excès de tant de maux. On ne pouvait la voir sans compassion; aussi son confesseur exigea-t-il qu'elle quittât ses vêtements de laine et le jeûne et le maigre même pendant le carême.

La Mère Camille, depuis qu'elle avait quitté le costume religieux, avait adopté celui des femmes de la campagne, et elle savait si bien parer ce qu'elle portait, qu'il pouvait peut-être venir à la pensée qu'elle mît de la recherche dans cet humble déguisement. Il lui arriva donc un jour une aventure assez plaisante. Une personne respectable, oubliant sans doute que celle qui avait tenu un rang si élevé dans le monde ne pouvait se croire fort parée dans un pareil accoutrement, encore moins y trouver quelque aliment à la vanité, témoigna une fois trouver fort mauvais qu'elle portât un bonnet mieux plissé que d'ordinaire et lui en fit la réflexion. La Mère Camille allait entrer en explication ; mais le censeur insistant, elle alla de suite changer de bonnet, avec la soumission et la simplicité d'un enfant. Toutefois, elle ne pouvait dans la suite se rappeler ce trait sans s'en égayer.

Le temps de la Terreur passé, elle changea peu de chose à la simplicité de ses vêtements jusqu'au jour où il lui fut possible de reprendre le costume religieux, si bien que s'entretenant un jour avec un évêque en présence de plusieurs personnes qui ne la connaissaient pas, elle entendit celles-ci se dire : *Mais voyez donc comme Monseigneur est occupé de cette bonne femme, et comme elle-même est à l'aise avec Sa Grandeur.*

Les quelques mois écoulés dans les paisibles occupations que s'était créées la Mère Camille aux Moulineaux avaient été semés de mille angoisses. Chaque jour, d'effroyables récits venaient révéler à la pauvre fugitive les maux qui désolaient la France entière ; ce ne fut pas sans une vive émotion qu'elle avait appris successivement la fin tragique de la douce et héroïque Mme Elisabeth, puis celle de ces admirables Carmélites de Compiègne dont le calme, les prières et la joie céleste, en présence de l'échafaud, avaient eu le pouvoir d'imposer silence *à ces furies de la guillotine* qui accompagnaient ordinairement de leurs clameurs insultantes les victimes dévouées à la mort. Neuf jours après ce dernier événement, Dieu allait demander à la Mère Camille un sacrifice plus douloureux mille fois que celui de sa vie. Le 23 juillet, elle entendit crier sous ses fenêtres *la vente des biens du condamné Soyecourt.* A cet instant, son cœur fut atteint d'un de ces traits qui épuisent, selon l'expression de l'Ecriture, comme goutte à goutte, le sentiment et la vie. Un avocat, nommé M. Timberk, lui donna la cruelle certitude du malheur qu'elle soupçonnait assez. La foi lui disait que les bonnes œuvres de son père, sanctifiées par le sentiment religieux qui les animaient, avaient par avance franchi l'espace qu'il y a de la terre au ciel et préparé sa couronne; mais la foi, qui élève les sentiments de la nature, ne les éteint pas, et elle ressentit toute l'amertume d'une si juste douleur.

M. de Soyecourt avait été arrêté et incarcéré aux Carmes le 12 février 1794; sa détention se prolongea jusqu'au 23 juillet de la même année.

Le jour fixé pour son martyre étant arrivé, il descendit de prison avec un petit paquet sous le bras, ignorant encore l'arrêt qui le condamnait à mort et croyant recouvrer sa liberté. *Tu n'as besoin de rien emporter*, lui dit un gardien impitoyable.

Comprenant alors le sort qui l'attendait, il obtint de remonter quelques instants, et alla se jeter aux pieds d'un vénérable ecclésiastique qui, depuis quelques jours, partageait sa captivité et ses souffrances. Il reçut de lui, avec le baiser de paix, la dernière absolution qui devait purifier sa belle âme et la préparer à paraître devant Dieu ; puis, quittant le ministre du Seigneur avec le calme et la sérénité que donne la paix d'une bonne conscience, il monta d'un pas ferme dans l'une des fatales charrettes qui emportaient avec lui quarante-quatre autres condamnés qu'attendait l'échafaud. Trois jours après, Mme la comtesse d'Hinnisdal allait rejoindre son vertueux père.

C'en était trop pour l'âme si aimante de la pauvre Mère Camille : des croix si douloureuses et si rapprochées lui firent une telle impression, qu'elle contracta dès lors la maladie de cœur qu'elle porta toute sa vie, et à laquelle le médecin qui la soignait dans ses vieux jours attribua sa fin, plus encore qu'au grand âge auquel il lui fut donné de parvenir.

Notre sainte Carmélite, le cœur déchiré par le continuel souvenir de la mort violente d'un père chéri, fut encore forcée d'abandonner la ferme où elle s'était retirée. Elle alla trouver sa Mère Prieure qui demeurait près de là, au bourg d'Issy; mais elle était réduite elle-même à une telle misère qu'il lui fut impossible de la loger. La Mère Camille se trouva donc littéralement sans pain, sans abri et dans la plus effroyable détresse. Toutefois, Celui qui mesure l'épreuve au cœur de l'homme inspira quelques sentiments de compassion à un membre de la mairie : il lui offrit asile dans une maison qui n'était pas occupée alors. Elle y serait restée seule, sans l'admirable dévouement d'une Sœur converse de sa communauté, qui, ayant appris son délaissement, vint se réunir à elle, consacrant à la secourir une somme de 200 fr., gagnée chez de vieux maîtres près de qui elle avait repris du service depuis la Révolution. Cette bonne Sœur se nommait Catherine, et la Mère Camille, dont l'âme était si profondément reconnaissante, n'en parlait jamais qu'avec attendrissement jusqu'à la fin de sa vie.

Ces deux saintes religieuses aimèrent mieux l'une et l'autre mener une vie qui n'était, pour ainsi dire, qu'une mort continuelle, que de se procurer une pension en prêtant le serment exigé.

C'était par cette fidélité héroïque que le Seigneur préparait la Mère Camille aux grands desseins qu'il avait sur elle pour le rétablissement et la gloire du Carmel.

Elle trouva le moyen de disposer, dans cette humble demeure, une petite chapelle où plusieurs ecclésiastiques venaient de temps en temps dire la messe. Ce modeste sanctuaire, érigé par la vertu persécutée, consolait, sans doute, le Seigneur de la suppression de ses temples. Une pieuse Visitandine, qui logeait en face de la Mère Camille, privée de tout secours religieux avant cet heureux voisinage, était avertie, par un signal convenu, de l'heure où commençait le saint Sacrifice, et venait joindre ses prières à celles du petit nombre de personnes que leur foi réunissait en ce lieu.

CHAPITRE VIII.

Mort de Robespierre. — La mère Camille rentre dans Paris. — Elle habite deux ans la rue Saint-Jacques avec quelques-unes de ses Sœurs. — Son zèle pour seconder le clergé. — Pie VI l'autorise à rentrer dans ses biens.

Enfin, le moment était venu où le Ciel allait frapper un grand coup sur une tête infiniment coupable. Dieu était fidèle dans ses vengeances, et il amenait au pied de l'échafaud qu'ils avaient dressé la plupart de ces grands criminels qui avaient fait couler le plus pur sang de la France. Robespierre eut son tour. Il périt misérablement le 9 thermidor (28 juillet 1794), et sa mort mit fin à cette époque de douloureuse mémoire qu'on a appelée *la Terreur*.

L'espérance rentra dans les prisons, et la Mère Camille apprit alors que, bien qu'elle ne fût pas incarcérée, son nom et celui de sa sœur, Mme de la Tour, étaient sur la liste fatale qui désignait les victimes promises à l'échafaud pour la décade suivante. Elle tenta vainement alors de rentrer dans Paris : elle n'en put obtenir la permission que le 15 octobre, sous les auspices de sainte Thérèse.

Cependant sa sœur restait toujours en prison faute d'asile : une âme compatissante prit soin de lui faire toucher sur les biens de M. de Soyecourt qui n'avaient pas été confisqués, cent louis pour ces dames et pour le jeune d'Hinnisdal, leur neveu, que Mme de la Tour prit avec elle. Ce fut alors seulement que la Mère Camille put louer à Paris un logement pauvre et obscur, rue des Postes, proche le séminaire du Saint-Esprit. Là encore elle éleva une petite chapelle et fit dire secrètement des messes.

Après la mort de Robespierre, la France, revenue de sa stupeur, sembla respirer un peu; il fut permis d'ouvrir les églises, et un commencement de liberté fut laissé au culte. L'église du séminaire du Saint-Esprit n'avait pas été profanée ; les habitants du quartier mirent un grand zèle pour obtenir de M. l'abbé Boudot, que la Révolution avait épargné, la permission de mettre ce sanctuaire en état d'être rendu à sa première destination. Il donna les clés, et aussitôt plusieurs personnes pieuses, à la tête desquelles se trouvait notre sainte Carmélite, vinrent avec empressement nettoyer et orner le temple du Seigneur. Le jour même, le Saint-Sacrement fut transporté de la chapelle de la Mère Camille dans l'église du séminaire, et M. l'abbé Boudot put faire sortir de son tabernacle et montrer à ces chrétiens fidèles, purifiés par de si rudes épreuves, le Dieu qui depuis près de deux ans pouvait à double titre s'appeler le Dieu caché. Il donna la bénédiction du Saint-Sacrement à cette foule prosternée dans le plus profond recueillement.

Comment dire l'émotion qui s'empara de tous les cœurs au chant du *Tantum ergo* retentissant sous ces voûtes si longtemps muettes ! Les larmes coulaient, et on se prenait à espérer un meilleur avenir sous les auspices de cette religion qui a des remèdes pour toutes les plaies, et qui s'était ravivée dans le sang des martyrs. Ah ! sans doute, ce n'était pas là encore une de ces fêtes solennelles où l'Eglise pouvait, comme aux jours de sa liberté et de sa gloire, faire retentir ses cris d'allégresse, étaler la pieuse pompe de ses cérémonies ; mais c'était quelque chose de plus intime et de plus saisissant encore : c'était le sentiment de la vie après les angoisses de la mort. Jamais la Mère

Camille n'oublia l'impression de ce jour. La joie qu'elle ressentit de voir le Dieu qu'elle aimait uniquement reparaître au milieu de son peuple lui fut versée en quelque sorte, selon la multitude de ses douleurs, ainsi que le promet le Dieu de toute consolation. C'était le premier sentiment de bonheur qui pénétrait dans son âme, depuis si longtemps resserrée par la tristesse ; il fut si vif qu'elle crut un moment qu'elle ne pourrait y résister ; et, dans la suite, elle ne se rappelait jamais cette circonstance de sa vie sans éprouver quelque chose de la douce consolation qui avait alors inondé son cœur.

Notre Seigneur, qui se trouvait si bien près de cette âme dévouée, semblait ne quitter qu'à regret l'asile qu'elle avait toujours pris si grand soin de lui ménager pendant qu'il était banni de ses temples. Ce jour-là même, il voulut donc venir l'honorer encore de sa divine présence dans sa demeure. La persécution était ralentie sans doute, mais bien des jours devaient s'écouler encore jusqu'à celui où l'Eglise pourrait rentrer dans ses droits. Un prêtre qui cherchait à sauver le Saint-Sacrement de la profanation à laquelle l'aurait exposé une visite domiciliaire, apporta le saint Ciboire en toute hâte chez notre Carmélite, de sorte qu'elle savoura, cette nuit-là encore, le bonheur que goûte l'âme fidèle qui a le privilége d'habiter avec Jésus sous le même toit.

Son ardent amour pour Dieu et la vivacité de sa foi lui faisaient souvent dire avec le Prophète : « Je n'accorderai ni sommeil à mes yeux, ni assoupissement à mes paupières, ni repos à ma tête, jusqu'à ce que j'aie trouvé une demeure au Seigneur et un tabernacle au Dieu de Jacob. » Aussi, après avoir passé six mois dans son petit logement, voyant, à Pâques 1795, que tout le monde sortait de prison et que les oratoires commençaient à s'ouvrir, elle résolut de réunir ses compagnes dispersées. A cet effet, elle loua la maison connue sous le nom de la *Vache-Noire*, dans la rue Saint-Jacques, où demeurait le respectable abbé Duclaux. Le propriétaire lui ayant permis d'abattre quelques cloisons, elle érigea là encore une jolie chapelle qui fut très-fréquentée ; car en ces temps malheureux, la paroisse Saint-Jacques était occupée par un prêtre constitutionnel. Cette chapelle ayant été bénite, M. de Dampierre y fit mettre les fonts baptismaux, et le premier enfant qui y fut baptisé reçut le nom de Camille. La personne qui l'avait tenu sur les fonts baptismaux le remit après la cérémonie entre les bras de la Mère Camille, lui disant qu'elle ne l'avait présenté qu'en son nom et qu'elle en était la marraine. Grand nombre de pieux ecclésiastiques disaient des messes dans cette chapelle, depuis cinq heures du matin jusqu'à midi. Les vrais catholiques s'y pressaient en foule, et l'escalier même était occupé par ces fervents chrétiens, qui ne pouvaient entrer faute de place. Le dimanche, on y chantait la grand'messe et les vêpres. M. l'abbé de Boulogne, depuis évêque de Troyes, ainsi que plusieurs autres grands prédicateurs, venaient y donner des sermons.

La révérende Mère Nathalie, toujours Prieure de la communauté dispersée et si cruellement décimée par la mort, vint, avec ses compagnes restées en France, rejoindre la Mère Camille dans sa nouvelle maison, qu'elles habitèrent deux ans et demi.

Lorsqu'elles quittèrent ce lieu, M. l'abbé Emery y rétablit la Congrégation de Saint-Sulpice en attendant la reconstruction du séminaire. Mgr de Quélen qui, à cette époque, commençait ses premiers pas dans la carrière sacerdotale, était du nombre des jeunes lévites qui l'habitèrent. Devenu dans la suite Archevêque de Paris et Supérieur des Carmélites, il aimait à répéter à la Mère Camille *qu'il lui avait succédé dans la chambre qu'elle avait occupée à la Vache-Noire.*

Ce fut aussi pendant son séjour dans cette maison qu'elle ferma les yeux au respectable M. de la Blandinière, ce savant et pieux ecclésiastique qui l'avait guidée avec tant de zèle au commencement de sa carrière religieuse. Agé de quatre-vingt-quatre ans et infirme, lorsqu'il fut obligé de quitter le logement qu'il occupait, il vint demander asile à la Mère Camille dont la charité inépuisable trouvait le secret de multiplier les ressources : « *Je ne puis vivre encore longtemps*, disait-il ; *mais quand ma carrière finira, je n'aurai pas à me plaindre, comme le roi Ezéchias, que Dieu m'appelle au milieu de mes jours.* » Lorsqu'il touchait à ses derniers moments, il manifesta le désir que sa pieuse garde-malade ne le quittât plus. — « *Tout va mal quand vous n'êtes pas là*, lui disait-il ; puis, faisant allusion au temps où il la dirigeait : — *Madame, vous avez été ma novice, à présent je suis le vôtre.* » Elle reçut son dernier soupir, heureuse d'avoir pu prodiguer ses soins à cet homme de Dieu qu'on se plaisait à comparer à saint François de Sales pour sa piété douce et aimable. Elle conserva la plupart des lettres vraiment édifiantes qu'il lui écrivit ; elle les avait emportées avec elle en prison, et plusieurs servirent de matière à ses interrogatoires (1). L'une d'elles témoigne de l'ad-

(1) L'*Ami de la religion* consacra une intéressante notice à la mémoire de ce saint prêtre.

mirable disposition d'âme dans laquelle vécut ce saint prêtre pendant la Révolution. « Ce n'est plus la distance, dit-il, qui m'empêche de vous aller voir ; mais il n'y a plus de sûreté pour nous à marcher dans les rues, nul déguisement ne nous met à l'abri. On nous flattait de faire revivre les beaux jours de l'Eglise et de nous donner un clergé tout apostolique. Nous sommes véritablement revenus au temps des Apôtres. Ce sont là des jours délicieux pour la vertu, jours de croix, de souffrances, d'humiliations. N'ayez à mon égard aucune inquiétude ; mon parti est pris, mon sacrifice est tout fait. Je ne crains ni les prisons, ni la mort même. Il faudrait être insensé pour se refuser au martyre qui nous fait passer, dans un instant, des misères de cette vie dans les joies de l'Eternité. »

Une des lettres de ce saint prêtre terminait ainsi : « Mais quoi ! si vous mourez Carmélite, et qu'on vienne à faire votre vie, ne dois-je pas craindre que notre commerce de lettres n'entre pour quelque chose dans votre éloge ? » Nous avons vérifié cette appréhension, et nous pouvons dire que cette correspondance précieuse, dont nous aurions voulu pouvoir citer de plus longs fragments, fait également honneur au directeur et à la pénitente.

En 1796 parut le décret qui autorisait les nobles non émigrés à rentrer dans leurs biens. Plusieurs personnes de mérite conseillèrent à la Mère Camille de recueillir sa part de la succession de son père : elle ne pouvait se résoudre à rentrer dans la jouissance de ces biens auxquels elle avait renoncé de si grand cœur en se vouant à la pauvreté religieuse ; mais elle y fut autorisée par Pie VI, de sainte mémoire, qui lui fit remettre, à ce sujet par l'illustre exilé Mgr de Juigné, Archevêque de Paris, un bref daté de Rome du mois de juillet 1797.

CHAPITRE IX.

Acquisition et réparation du monastère des Carmes. — Le clergé de Saint-Sulpice y remplit ses fonctions jusqu'au Concordat. — La Mère Camille prieure.

Le but des personnages qui la forçaient en quelque sorte de céder à leur influence était l'espoir de sauver d'une ruine presque certaine, par son entremise, l'ancien couvent des Carmes (1), mo-

(1) Ce couvent subsistait depuis le commencement du règne de Louis XIII. Envoyés en France par le pape Paul V après nos guerres religieuses, les Pères Carmes avaient été accueillis avec empressement. Nicolas Vivian, maître des comptes, leur avait donné un vaste emplacement situé à l'angle de la rue Cassette et de la rue de Vaugirard. En 1613, la reine-mère, Marie de Médicis, posait la première pierre de l'église et Nicolas Vivian celle du vaste couvent qui devait recevoir ces saints religieux. — En 1789, un huissier avait donné aux Carmes lecture de l'acte de l'Assemblée qui les déliait de leurs vœux. — Ils attendirent qu'on les chassât; ce jour ne se fit pas longtemps atten-

nument de l'héroïque fidélité de tant de saints prêtres qui avaient consommé dans ce lieu leur glorieux martyre, le 2 septembre. Un souvenir aussi douloureux que tendre venait se joindre encore, pour la Mère Camille, à l'intérêt que les Carmes inspiraient au clergé et aux fidèles. C'était là que son vertueux père avait été enfermé quatre mois entiers, là qu'elle l'avait aperçu pour la dernière fois; c'était de là qu'il était parti pour aller à la mort.

Cette propriété avait été adjugée à un marchand de planches qui, obligé d'emprunter pour en payer le prix, voulut la vendre peu de temps après, se proposant, s'il ne trouvait pas d'acquéreurs, de démolir le couvent pour trafiquer des matériaux. La Mère Camille, informée à temps de ce projet, alla voir les Carmes, accompagnée de l'abbé Duclaux. Avec quel religieux respect et quelle profonde émotion elle parcourut cet édifice où tout parlait à sa piété filiale et à sa foi. Dans sa religieuse vénération, elle baisa la poussière de ce temple qui, après avoir retenti des louanges des saints religieux de son Ordre, avait entendu aussi, mêlées aux cris de mort de leurs bourreaux, les

dre, et ce fut la pique à la main qu'une troupe indisciplinée força ces pieux solitaires à sortir de leur retraite.

suprêmes prières de ceux qui, comme le Dieu des martyrs, se vengeaient en pardonnant et en bénissant ceux qui les immolaient. Ce temple à jamais révéré gardait encore les traces sanglantes du martyre des pontifes sacrés et des ministres du sanctuaire ; mais de quelque côté que se portassent les regards, ils étaient attristés par la dévastation. — « *Ah! Madame*, dit alors à la Mère Camille M. Duclaux, vivement ému comme elle à ce spectacle, *vous relèverez ces ruines; il me semble voir sainte Thérèse vous tendre les bras et vous promettre son assistance dans une si noble entreprise.*

Enfin, soutenue par les conseils du sage abbé Emery et par l'autorisation de ses supérieurs, qui l'encourageaient de tout leur pouvoir au milieu des peines et des difficultés sans nombre qu'elle eut à surmonter, elle traita pour la partie qu'il importait le plus de conserver : celle où se trouve l'église. Elle fut obligée de se borner là pour le moment, car celui qui avait acquis cette propriété, en comprenant alors la valeur, montait si haut ses prétentions, qu'il ne fut possible d'acheter la seconde partie que dix ans plus tard. La Mère Camille eût vivement désiré que les Pères Carmes pussent eux-mêmes rentrer dans leur ancienne demeure; mais toute tentative à ce sujet eût été alors aussi inutile qu'imprudente; elle se contenta donc d'obtenir leur assentiment et prit possession de leur ancien monastère.

La révérende Mère Nathalie, sa Prieure ; la Mère Sophie de Saint-André, Sous-Prieure, ainsi que plusieurs autres Religieuses, ses compagnes de foi et de souffrance, ne tardèrent pas à la suivre, heureuses d'habiter avec elle cette terre fertilisée par le sang de tant de généreux martyrs.

Un personnage illustre, qui avait partagé la captivité de M. le comte de Soyecourt et qui avait eu à déplorer, en ces tristes jours, des pertes douloureuses auxquelles il lui avait fallu survivre, apprenant l'acquisition du monastère des Carmes par la fille de son vertueux compagnon d'infortunes, témoigna ainsi sa respectueuse sympathie à la Mère Camille.

« Madame, édifié cinq mois, dans le lieu de votre habitation actuelle, des exemples touchants que n'a un seul instant cessé de me donner M. votre père, qu'il me soit permis, sans offenser votre délicatesse, de vous rappeler que, soumis tous deux aux mêmes épreuves, le malheur a mis, sous ce rapport, entre nos âmes une sorte d'affinité. Hélas ! entraîné par ce sentiment, j'ose mettre ici à vos pieds les pleurs que, dans le recueillement de la solitude, m'a déjà fait plusieurs fois verser le tableau que je me représente par la pensée, du monument que votre piété filiale vous a fait élever au lieu même où ce vertueux père, triste victime de nos troubles politiques, semblait se préparer chaque jour à son dernier sacrifice, par une perpétuité de secours versés avec joie dans le sein des malheureux, par une continuité d'œuvres louables, enfin par le chant journalier des plus belles hymnes de l'Eglise, dont sa mémoire était remplie.

» Plus la séparation cruelle de tous les siens a dû coûter d'efforts à la sensibilité de son cœur, moins nous pouvons douter qu'il n'en ait été recueillir le prix devant le Dieu de toute miséricorde. »

Cependant tout était à recréer dans le nouveau monastère qui allait se rétablir par les soins de la Mère Camille. Les murs seuls subsistaient. « Il est impossible, disent les premières habitantes de ce saint lieu, de se figurer l'état de délabrement dans lequel étaient les Carmes. Il y avait tant de décombres qu'on ne savait où ni comment poser les échelles pour commencer les réparations. Aucun lieu n'était habitable : il n'y avait ni portes ni fenêtres. On balayait la neige dans l'intérieur de la maison comme dans un jardin. Des framboisiers seuls formaient toute la clôture qui nous séparait de nos voisins. »

La Mère Camille se mit donc à l'œuvre et fit travailler avec une incroyable activité à la reconstruction des Carmes. Il fallut plusieurs années pour achever une pareille entreprise ; mais on visa d'abord au plus pressé : l'église et les endroits réguliers. L'adorable Sacrifice de nos autels fut offert pour la première fois dans ce pieux asile, en présence des douze Religieuses qui s'y trouvaient réunies, le 24 août 1797, fête de saint Barthélemy. C'était pour les Carmélites un précieux anniversaire : celui de la fondation du premier des couvents qui suivirent en Espagne la réforme de sainte Thérèse. M. de Pancemont, curé de Saint-Sulpice, célébra cette messe, non dans l'église des Carmes ; mais dans une petite chapelle dédiée à saint Joseph, chapelle qui, ayant été murée, avait ainsi échappé à la profanation. Après la messe, il adressa une touchante allocution aux religieuses qui entouraient l'autel. Cinq jours après eut lieu la bénédiction solennelle de l'église elle-même, par les soins de M. de Pancemont. Ce pieux ecclésiastique, voyant sa cure occupée par un prêtre constitutionnel, avait cherché à louer une église pour y reprendre ses fonctions avec son pieux clergé. La Mère Camille, qui pouvait se contenter d'une chapelle intérieure pour elle et pour sa communauté, avait consenti à lui céder l'église des

Carmes, le priant seulement de se charger de la faire disposer d'une manière décente.

M. de Pancemont s'était donc empressé de faire disparaître de ce sanctuaire les traces du négoce laissées par un marchand de vin qui s'y était établi ; il avait fait poser des autels de bois peint à la place de ceux qu'on avait arrachés, et le 29 août 1797, les choses étant assez bien disposées, l'église fut bénite par Mgr l'évêque de Saint-Papoul, au milieu d'une grande affluence de monde, car c'était la première église qu'on ouvrait pour des religieuses. La quête faite par M. de Pancemont fut d'autant plus abondante, qu'un attendrissement universel avait fait couler les larmes de tous les yeux, au souvenir des prêtres massacrés en ce lieu et dont le sang paraissait encore sur les murailles. Les fonts baptismaux furent posés dans une chapelle dédiée à saint Camille, et M. le curé, ayant réuni près de lui les anciens prêtres de Saint-Sulpice, y faisait célébrer les offices avec beaucoup de pompe. MM. de Lalande, Borderies et de Frayssinous, tous depuis appelés aux fonctions épiscopales (1), ainsi que M. de Quélen, qui était

(1) Mgr de Lalande, évêque de Rodez, mort archevêque nommé de Sens, Mgr Borderies, de Versailles; Mgr de Frayssinous, de Beauvais.

alors au séminaire, se faisaient remarquer, entre plusieurs jeunes et vertueux ecclésiastiques, par leur zèle à venir seconder dans cette église les pieux travaux du clergé de Saint-Sulpice, surtout en qualité de catéchistes.

Rien de plus édifiant que les réunions auxquelles présidaient tour à tour ces messieurs, dans une grande pièce du rez-de-chaussée, près de l'église, lieu qui servait aussi à dresser des reposoirs pour la fête du Saint-Sacrement. Les confessionnaux qu'on fit rétablir attiraient un monde prodigieux. Toutes ces âmes, privées si longtemps des secours de la religion, avaient faim et soif de leur Dieu ; leur zèle était infatigable, et souvent la nuit surprenait ces pieux fidèles suspendus à la parole éloquente des célèbres et saints prédicateurs, qui leur développaient les vérités de la foi. Indépendamment des stations de l'Avent et du Carême, il y avait habituellement des prônes et des conférences traitées avec un talent et un zèle remarquables (1).

Il fallait bien qu'une si sainte entreprise eût ses critiques, et quand on se reporte aux jours où elle fut tentée, on s'étonne encore que l'une des plus

(1) Origine et commencement des célèbres Conférences da Mgr de Frayssinous.

mauvaises feuilles de l'époque, *la Sentinelle*, n'ait pas trouvé de satire plus amère que celle de son nº du 5 septembre (nonidi 19 fructidor). Là, le journaliste s'égaie sur le discours de Mgr de Saint-Papoul : *sur les dévots* et *les dévotes*, qui s'empressèrent d'assister à *la dédicace de la nouvelle basilique*. Et une basilique étant pour lui *toute chapelle ou oratoire dédié aux martyrs*, il en conclut que Mme de Soyecourt *dédie son temple à Louis XVI*. Suit un persiflage de fort mauvais goût, comme on doit bien l'attendre, sur ce texte enrichi de commentaires impies : *Toute sainte vierge a un directeur :* et ce, pour en revenir à la pieuse Carmélite et à M. de Pancemont, dont il fait très-gratuitement son directeur.

Ceux qui la veille n'auraient pas reculé devant l'échafaud, n'étaient pas gens à se troubler pour des paroles. Le bien continua donc à se faire dans l'église des Carmes jusqu'en janvier 1798, époque à laquelle le Directoire fit arrêter et conduire M. de Pancemont hors des frontières de France, comme impliqué dans l'affaire de Brottier. Son clergé se dispersa, et le Gouvernement, croyant que l'église lui appartenait, y fit mettre les scellés. La Mère Camille, assistée de quelques personnes dévouées, se hâta de faire des réclamations qui, après bien de difficultés, finirent par être accueillies. Le clergé de Saint-Sulpice reprit ses fonctions dans l'église des Carmes, et y resta jusqu'au Concordat en 1802.

Si la Mère Camille montrait tant de zèle pour tout ce qui pouvait intéresser l'honneur de la religion, elle ne demeurait pas indifférente à ce qui touchait au rétablissement de l'Ordre qu'elle avait embrassé. Elle fit donc disposer toutes choses dans le monastère des Carmes, pour que ses Sœurs y pussent trouver un asile convenable. Elle ne négligea pas la restauration du chœur des Religieuses, d'autant plus que le local n'ayant pas permis que ces dames pussent en avoir un convenable proche de l'église, elles jouirent, par un privilége particulier, jusqu'à leur sortie de cette maison, de la présence du très-saint Sacrement dans un chœur intérieur.

Mme de Soyecourt donna particulièrement ses soins à la chapelle des Martyrs, située au bout du jardin, dont les murs furent labourés par les balles et teints du sang des courageuses victimes qui y furent immolées (1).

(1) La chapelle des martyrs n'existe plus. Lors du percement de la rue de Rennes on a supprimé cette chapelle, dans laquelle avaient été enfermés les dernières victimes du 2 septembre. C'est de là qu'on les faisait sortir deux à deux pour les livrer à leurs bourreaux. Tout auprès, se

Ce lieu si vénérable avait été entièrement profané, et avait même servi de dépôt pour la nourriture des animaux. Elle se hâta de le rétablir dans son premier état. Mais tout en décorant ce petit sanctuaire d'une manière digne de sa sainteté, elle conserva soigneusement les marques ensanglantées qu'on y apercevait. Des étrangers de toutes les parties du monde venaient visiter ce monument historique, auquel se rattachaient des souvenirs à la fois si tristes et si glorieux. La chapelle ne fut bénite et consacrée qu'au mois de mai 1815, sous l'invocation de saint Maurice et de ses compagnons martyrs, par M. l'abbé d'Astros, grand vicaire de Paris, depuis archevêque de Toulouse et cardinal. Aucun de ceux qui ont entendu le discours de M. Legris-Duval, en cette circonstance solennelle, n'ont pu oublier ni les accents de la piété de ce confesseur de la foi, si bien fait pour comprendre et pour louer l'héroïsme du martyre, ni l'émotion et les larmes qui répondirent à sa parole inspirée.

trouvait un puits large et profond, dans lequel furent jetés pêle-mêle les cadavres en très-grand nombre pour les dérober plus promptement à la vue. C'est de ce puits qu'ont été retirés, avec toutes les précautions d'un respect religieux, les ossements, rangés aujourd'hui dans la crypte des Carmes.

Jusqu'au mois de juillet 1830, se célébrait le 2 septembre, dans l'église des Carmes, avec pompe, une fête dite de l'*Expiation*, en mémoire du massacre des martyrs. Nos pieuses princesses s'y rendaient pour entendre le sermon, et tout ce qu'il y avait de grand dans l'église de Dieu tenait à honneur d'y venir offrir le saint sacrifice ; aussi s'y disait-il des messes depuis six heures du matin jusqu'à midi.

« Ce fut surtout, dit la pieuse Carmélite à qui nous devons ces détails, après que les soins de notre digne Mère eurent rendu non-seulement à l'église, mais encore au couvent, leur aspect monastique, que nos yeux contemplèrent avec liberté, dans le silence de cette pieuse solitude, tous les objets qui nous environnaient. Nous ne pouvions faire un pas dans cette sainte demeure sans y retrouver des souvenirs qui parlaient à nos cœurs et à notre foi. La chapelle dite des martyrs n'était pas le seul lieu digne de vénération.

» Le troisième arbre de notre grande avenue de tilleuls nous rappelait le martyre du vénérable archevêque d'Arles, Mgr du Lau. Un autre ecclésiastique, dont nous ignorons le nom, avait succombé près du bassin situé au milieu du jardin ; son Bréviaire, qu'il portait sur lui, au moment de son martyre, fut trouvé dans cet endroit, entièrement transpercé d'une balle et teint de son sang ; il est actuellement parmi nos reliques. En face de notre réfectoire avait eu lieu le principal massacre dont nous voyions chaque jour avec attendrissement les marques vénérées (1).

» Pénétrés de ces tristes souvenirs, nos âmes rendaient grâces au Seigneur qui, dans ces derniers temps, n'avait pas refusé à son Eglise la palme du martyre qui avait illustré son berceau ;

(1) La relation du massacre des Carmes est connue, mais n'est-ce point ici le lieu naturel où elle doit se placer et où l'on aimera à s'édifier encore de l'héroïque fin de tant de saints martyrs? Nous l'avons extraite des récits de messieurs de Conny et Gabourd.

C'était un dimanche, 2 septembre 1792 : Les massacres s'étaient accomplis à l'Abbaye; une voix s'élève, celle de Maillard : — *Il n'y a plus rien à faire ici, allons aux Carmes.* — Là étaient réunis et entassés depuis quelques semaines près de deux cents prêtres qui avaient refusé le serment schismatique ou qui l'avaient généreusement rétracté. Pendant les premiers jours qui avaient suivi leur incarcération, ces prêtres, demeurés fidèles, avaient été inhumainement parqués dans l'église des Carmes; les gardes placés au milieu d'eux veillaient à ce qu'ils n'eussent pas même la consolation de se parler. Pour toute nourriture on leur apportait du pain et de l'eau ; le pavé de la grande chapelle leur servait de lit, et ce ne fut que plus tard qu'on permit à quelques-uns de se procurer des lits de sangles et des paillasses.

et nous bénissions la femme forte dont il avait daigné se servir pour conserver à notre pays ces souvenirs vivants d'une gloire plus durable que celle des triomphes de la terre.

» Mais c'était surtout à notre digne Mère que ce séjour était doublement cher et vénérable. Une

Les prêtres que le martyre va rendre immortels avaient à leur tête trois pasteurs qui rappelaient, par leurs vertus, les temps de la primitive Eglise. Leur chef était l'archevêque d'Arles, Mgr du Lau. Il avait été député aux Etats généraux; sa piété égalait son savoir, et sa modestie surpassait encore son mérite. Dès le lendemain du 10 août, il avait été enfermé aux Carmes avec soixante-deux autres ecclésiastiques. Malgré son âge et ses infirmités, il refusait tout adoucissement que ne partageaient pas les prêtres détenus avec lui. Pendant plusieurs jours un fauteuil de bois fut à la fois et son lit et son trône pontifical; c'est de là qu'il faisait passer dans les âmes ces sentiments d'ineffable charité, qui remplissaient son cœur, et quand sa voix éteinte cessait de se faire entendre, son aspect commandait encore une sublime résignation.

Deux autres évêques du nom de la Rochefoucauld, deux frères, l'évêque de Beauvais et l'évêque de Saintes, encourageaient aussi leurs compagnons d'infortune par leurs paroles et par leurs exemples. — L'évêque de Saintes n'avait pas été arrêté, mais il voulut rejoindre son frère et se constitua lui-même prisonnier au couvent des Carmes. On trouvait là tous les degrés de la hiérarchie ecclésiastique; M. Hébert, général des Eudistes, confesseur du roi. C'était à lui que ce malheureux prince écrivait au commencement d'août :

pensée religieuse et filiale avait fixé le choix de la cellule qu'elle voulut occuper pendant son long séjour dans ce monastère. Cette cellule était froide et exposée au nord; mais, malgré les infirmités de sa vieillesse, elle ne voulut jamais la

— *Je n'attends plus rien des hommes ; apportez-moi les consolations célestes ;* D. Ambroise Chevreux, général des Bénédictins ; sa charité exemplaire et ses hautes lumières lui avaient donné une puissante action sur le clergé ; l'abbé de Lubersac, ancien vicaire général de Narbonne. Là, on remarquait plusieurs curés de Paris, celui de Saint-Nicolas-du-Chardonnet entre autres, M. Gros, surnommé *le nouveau Vincent de Paul ;* des vicaires, de simples prêtres amenés de divers lieux ; saintes victimes que le Dieu du Calvaire avait choisies pour les associer à son immolation, et qu'il avait jugées dignes de la plus glorieuse des morts : celle du martyre.

Depuis deux jours, les brigands qui veillaient autour de cette enceinte faisaient retentir des cris de sang qui ne présageaient que trop aux détenus le sacrifice qui s'apprêtait. On entendit l'un d'eux dire au vénérable archevêque d'Arles : *Monseigneur, c'est donc demain qu'on tue Votre Grandeur.* — Ces insultes dérisoires rappelaient à ces saints persécutés la scène du prétoire, et comme leur divin Maître, ils n'opposaient que le silence, le pardon et la prière à ces cruels outrages.

Le 2 septembre, il ne leur fut plus possible de douter que leur dernier instant ne fût arrivé. Les mouvements précipités de la troupe, les vociférations qui des rues voisines parvenaient jusqu'à leurs oreilles, le canon d'alarme qu'ils

quitter, sinon deux ans avant son départ des Carmes, lorsqu'à la suite d'une dangereuse maladie, le médecin ordonna qu'elle fît usage d'un matelas et qu'elle ne quittât plus l'infirmerie. Elle habita donc pendant quarante-cinq ans l'endroit même où son père

entendaient tirer leur révélaient en partie les sinistres événements du dehors. Ils attendaient donc au milieu des angoisses les plus vives, que tempérait seule leur confiance en Dieu, le moment fatal où s'accompliraient les menaces de la multitude. Dès le point du jour ils avaient rempli l'église; ils s'étaient confessés les uns aux autres; tous s'étaient bénis mutuellement, tous s'étaient approchés de la sainte Table.

Le soir, vers cinq heures, ils chantaient en chœur le salut, quand des cris de mort plus rapprochés se firent entendre; alors aux saints cantiques succéda la prière des agonisants. — Tout à coup les geôliers arrivent, un quatrième appel nominal commença; trois déjà avaient été faits dans la journée. — On signifie aux prisonniers de descendre dans le jardin qu'ils trouvent occupé par des gardes nouveaux armés de piques et coiffés du bonnet rouge; puis les assassins se répandent dans les cours, dans les corridors, dans l'église, faisant retentir les voûtes du bruit de leurs armes et de leurs blasphèmes.

Les prêtres, au mombre de cent quatre-vingt cinq, s'étaient divisés en deux groupes; une trentaine, parmi lesquels sont les saints Evêques, se précipitent à genoux vers l'extrémité du jardin dans un petit oratoire qui leur sert un moment de refuge; ils se recommandent à Dieu, s'embrassent pour la dernière fois et commencent à dire les vêpres des morts, lors-

avait été prisonnier ; et quelles ne durent pas être les tendres et douloureuses émotions de cette âme douée d'une sensibilité si exquise, durant les longues heures qu'elle passa dans ce lieu où tout lui rappelait la fin tragique d'un père si digne de son

que soudain les barrières sont ouvertes et les assassins pénètrent par plusieurs issues.

Le spectacle de ces saints prêtres agenouillés enchaîne un moment leur fureur. — Le premier qui tomba sous leurs coups fut Mgr de Salins, qui, profondément occupé d'une lecture, n'avait pas paru s'apercevoir de ce qui se passait. Après avoir accompli ce crime, ils cherchèrent l'illustre victime qui soutenait les autres par ses exemples. — *Où est l'archevêque d'Arles ?* s'écrièrent-ils tous ensemble. Le premier de ceux à qui ils adressent cette question, l'abbé de Pannonie, se contente de baisser les yeux sans répondre, espérant attirer sur lui les coups des assassins; mais cette noble résignation ne put tromper les bourreaux.

Pendant qu'ils se répandaient dans les allées, le vénérable prélat qu'ils s'apprêtaient à égorger était entouré des compagnons de sa gloire, et les exhortait à offrir à Dieu le sacrifice de leur vie, leur rappelant qu'ils allaient avoir l'honneur, devenu si rare, de sceller de leur sang la foi de Jésus-Christ. Le pieux vieillard entendant prononcer son nom, s'agenouille et prie le plus âgé des prêtre de l'absoudre, puis il se lève du pied de l'autel et va lui-même au-devant de ses assassins. Les mains croisées sur sa poitrine et les yeux levés vers le ciel, il leur dit d'une voix calme les mêmes paroles que son divin Maître adressait à ses ennemis : *Je suis celui que vous cherchez*. — Ah ! s'écria l'un

amour et de ses regrets! — Dans un petit enfoncement, était placée une gravure : c'était le portrait de M. de Soyecourt; on lisait en bas :

Quand ta fille, ô mon Père, à sa douleur succombe
Et pleure nuit et jour sur ton funeste sort,

des égorgeurs, *c'est toi qui as fait verser le sang des patriotes d'Arles. — Je n'ai jamais fait verser le sang*, répondit-il, *je n'ai fait de mal à qui que ce soit de ma vie. — Eh bien, je vais t'en faire, moi.*

Le misérable qui venait de proférer ces mots asséna alors un coup de sabre sur le front du prélat, mais le vieillard resta debout; une main non moins criminelle lui porta un second coup; et bien que le sang coulât à gros bouillons de sa nouvelle blessure, l'Archevêque ne tomba pas encore : à la fin un homme du peuple lui enfonça le fer de sa pique dans la poitrine et la victime rendit le dernier soupir. Les brigands foulèrent aux pieds son cadavre aux cris de *Vive la nation.*

Bientôt après commença le massacre général. Pendant que les malheureux prêtres fuyaient au hasard dans le jardin, les uns se cachant derrière les haies, d'autres cherchant à monter dans les tilleuls, les assassins les fusillaient, et quand ils avaient réussi à faire tomber une de ces victimes, ils s'acharnaient sur son corps, prolongeant son agonie et insultant à ses souffrances. Près de quarante périssent ainsi; quelques-uns des plus jeunes prêtres étaient parvenus à escalader les murs, et à se jeter dans les caves des maisons de la rue Cassette; mais bientôt, songeant qu'ils fuyaient le martyre, et que peut-être leur évasion re-

La foi parle à son cœur et grave sur ta tombe,
Qu'un éternel bonheur est le prix de ta mort.

La Mère Camille fit aussi réparer par la suite les caveaux destinés à la sépulture, après avoir obtenu la permission d'y faire enterrer les religieuses

connue pourrait rendre les bourreaux plus implacables envers leurs compagnons, ils eurent la sublime pensée de revenir sur leurs pas. Ce généreux dévouement eut la récompense qu'ambitionnait leur grande âme : le martyre.

L'Evêque de Beauvais et l'Evêque de Saintes étaient avec trente prêtres dans le petit oratoire du jardin : une grille les séparait de leurs bourreaux. Ceux-ci tirèrent sur eux à bout portant, et en tuèrent la plus grande partie. L'Evêque de Beauvais ne fut pas atteint, mais l'Evêque de Saintes eut une jambe fracassée par une balle.

Un instant le carnage semble se ralentir; un des chefs le suspend en disant qu'on s'y prend mal; il ordonne de faire rentrer tous les prêtres dans l'église, on y pousse à coups de sabre tous ceux qui ont été mutilés, ceux même qui n'ont plus que le souffle.

Tous ensemble, alors réunis au pied des autels, offrent de nouveau au Dieu Sauveur le sacrifice de leur vie; agenouillés sur les marches, ils priaient pendant que les bourreaux les appelaient et les faisaient sortir deux à deux pour les massacrer plus promptement et plus sûrement. — A chacun de ceux qui se présentaient pour subir la mort, un commissaire nommé Violette offrait de rendre la vie et la liberté, à la seule condition de prêter le serment schismatique prescrit par la loi. — Tous refusèrent de trahir leur

qui habitaient avec elle ce sanctuaire d'expiation. Onze d'entre elles y reposent dans la paix du Seigneur et dans l'espérance de la résurrection. Plusieurs membres du clergé furent aussi déposés dans cette terre des saints, d'après la demande de la Mère Camille. Parmi eux, le premier fut le visiteur du Carmel, M. l'abbé de Rigaud, puis M. Delaunay, supérieur de la maison, les deux cardinaux de la Luzerne et de Bausset, ainsi que

Dieu, et pas un seul de ces généreux confesseurs ne fut épargné. Tandis que les bourreaux mêlaient le blasphème au meurtre, pendant qu'ils brisaient les croix et les tabernacles, cette sainte phalange de prêtres, de moment en moment diminuée par la mort, priait encore son Dieu pour le peuple et pour la France. Les deux Evêques furent presque les derniers immolés. Quand le tour de l'Evêque de Beauvais est arrivé, il quitte l'autel qu'il tenait embrassé et marche tranquillement à la mort. Son frère, que la blessure reçue empêche de marcher seul, demande qu'on lui aide à se rendre au lieu de l'immolation ; on l'y porte et il expire.

Sept prêtres parvinrent à s'échapper, grâce à des hommes de cœur qui avaient eu la généreuse audace de se glisser au milieu des bourreaux pour sauver les victimes. Parmi ceux qui furent ainsi soustraits au massacre, se trouvait l'abbé de Pannonie qui s'était le premier offert à la mort pour l'Archevêque d'Arles.

Il était huit heures du soir quand le dernier de ces illustres martyrs alla rejoindre au ciel ses compagnons d'héroïsme.

M. l'abbé Legris-Duval, ce prêtre courageux, dix fois incarcéré et dix fois rendu à la liberté comme par miracle, et à qui Dieu ne refusa la gloire du martyre, tant enviée de ce grand cœur, que pour lui confier la pénible et dangereuse mission de soutenir son Eglise désolée durant les jours d'épreuves (1).

La loi de 1836, qui interdit plus tard toute sépulture privée dans l'intérieur de Paris, vint enlever aux Carmélites la consolation d'être réunies toutes ensemble dans ce champ de repos arrosé du sang des martyrs, et près duquel la méditation de la mort leur était si douce. Tant qu'elles habitèrent cette terre bénie, elles conservèrent la pieuse coutume d'aller chaque année, en procession répandre l'eau sainte avec la rosée de la prière sur ces dépouilles saintes dont la garde avait été confiée à leur piété.

Cependant la Révérende Mère Nathalie de Jésus, Prieure des Carmélites, étant morte le 3 juin 1798, le Supérieur, M. Delaunay, ne voulut pas qu'on fît alors d'élection à raison de l'état des

(1) *Le bon Pasteur*, qui sut, à l'exemple du divin Maître, *donner sa vie pour ses brebis*, Mgr Affre, méritait de trouver place parmi les martyrs révérés de l'Eglise de France. Son cœur fut déposé dans cette église des Carmes qu'il avait acquise au clergé.

affaires politiques, et décida que la Mère Sophie de Saint-Jean-Baptiste (1), Sous-Prieure, gouvernerait la maison jusqu'à nouvel ordre. Deux ans et demi plus tard, MM. de Juge et de Brassac, anciens visiteurs, présidèrent à l'élection qui mit la Révérende Mère Camille à la tête de la communauté. La Mère Sophie fut continuée dans la charge de Sous-Prieure; mais son grand âge ayant obligé de faire, peu après, une nouvelle élection, la Sœur Philippine (2), aussi Professe de la communauté de la rue de Grenelle, fut appelée à lui succéder.

(1) Marie-Catherine Sophie de Khula, fille du baron de Khula, chambellan de l'électrice palatine.

(2) Marie-Louise de Lesnier.

CHAPITRE X.

Le clergé de Saint-Sulpice rentre en possession de son église. — Zèle et énergie de la Mère Camille. — Notre-Dame-de-Consolation. — La Mère Camille ouvre les Carmes aux religieuses de son Ordre qui veulent se réunir à elle. — Ses bonnes œuvres.

La France à cette époque était passée sous la main ferme et habile du premier Consul, dont le nom retentissait déjà dans toute l'Europe. Le Concordat, conclu entre la France et Pie VII, venait de rendre à l'Eglise cette existence légale qui lui permettait enfin de rentrer, sinon dans ses biens, au moins dans le plus cher de ses droits à l'exercice libre et public du culte. Le curé schismatique qui occupait la cure de Saint-Sulpice fut contraint de la quitter et de remettre les clés de l'église aux pieux ecclésiastiques qui avaient exercé le saint ministère aux Carmes jusque-là. Ils rentrèrent avec leur chef dans Saint-Sulpice, conservant à Mme de Soyecourt une vive reconnaissance pour le concours qu'elle leur avait prêté.

Mais après leur départ, quelle ne fut pas la surprise de la Mère Camille lorsqu'elle vit arriver, de par le Gouvernement, un ecclésiastique que l'autorité prétendait installer aux Carmes, érigeant l'église en succursale. Elle ne perd pas un instant, se présente chez le ministre avec son contrat d'acquisition, et lui déclare qu'elle ne prétend nullement priver les fidèles de ce sanctuaire, mais au moins en conserver la libre possession et y faire célébrer l'office divin à ses frais, avec l'autorisation de Mgr le cardinal de Belloy, archevêque de Paris. Le ministre consent, bien qu'avec peine, à cette demande, tandis que Mgr de Belloy, applaudissant à la proposition, donne ordre en même temps à l'ecclésiastique de se retirer. Celui-ci n'obéit toutefois à cette injonction qu'au mois de septembre.

Il arriva vers ce temps qu'un détachement de canonniers s'arrêta un matin dans la rue de Vaugirard. On fit courir le bruit qu'une pièce de canon qui se trouvait braquée devant l'église, était destinée à tuer le premier prêtre qui monterait à l'autel pour dire la messe, de sorte que chaque ecclésiastique, prévenu à son arrivée par le concierge, se retirait au plus vite, sans se donner le temps de réfléchir à l'invraisemblance d'un pareil conte. La Mère Camille, instruite de ce qui se passait, et soupçonnant, comme il était vrai, que ces terreurs n'avaient aucun fondement, dit moitié sérieusement, moitié plaisantant : — Eh bien ! je vais me tenir moi-même à la porte, et s'il part en effet un coup de canon, je le recevrai. La pieuse marquise de ***, qui se trouvait là, s'approcha d'elle et lui offrit de partager le danger, au cas qu'il y en eût. Elles s'assirent donc toutes les deux à la porte extérieure de l'église, et, bien que plusieurs prêtres entrassent ensuite, le canon resta muet.

A cette présence d'esprit, la Mère Camille joignait une fermeté d'âme dont elle donna des preuves en plus d'une occasion.

Les anniversaires de la république rappelaient de trop douloureux souvenirs aux parents des victimes de ces tristes jours, pour qu'il leur fût possible d'y participer. Bonaparte ne les souffrait lui-même qu'avec impatience, mais il ne se hasarda de les supprimer que lorsqu'arrivé au suprême pouvoir, il put les remplacer par d'autres fêtes, qui, celles-là au moins, ne rappelaient d'autres triomphes que ceux remportés sur les ennemis de la France. Il y eut donc, à peu près à cette époque, une réjouissance à laquelle le cœur de notre sainte Carmélite ne se sentit nullement disposé à prendre part. Quand vint le soir, toutes les maisons du quartier furent illuminées, à l'exception des Carmes; la chose fut remarquée, et l'on disait en riant le lendemain : — Mme de Soyecourt a brillé hier par son obscurité.

Bien des années après, car la Mère Camille devait voir plus d'une révolution, on vint avec de grandes clameurs, durant les journées de juillet 1830, demander qu'on abattît la croix du dôme de l'église des Carmes. Elle répondit avec calme et fermeté : — *Tout l'édifice s'écroulera avant que je permette que la croix soit arrachée de son sommet.* — Elle se contenta de faire disparaître, quelque temps après, les fleurs de lis qui figuraient aux extrémités de la croix.

On était en octobre 1803, Mme de Soyecourt désirait faire célébrer, le 15 de ce mois, avec une grande solennité, la fête de sainte Thérèse. Elle fit donc venir un grand nombre d'ouvriers pour les réparations urgentes, et l'on dissimula ce qui restait à faire par des tapisseries; aussi, le jour de sainte Thérèse, l'église se trouva si magnifiquement ornée, et la fête fut si belle, que l'oncle de notre sainte Carmélite, M. le marquis de Bérenger, s'écria : — *Ah! sans nul doute, ma chère nièce est folle, et elle ira mourir à l'hôpital.* — Il est vrai de dire qu'elle ne recula jamais devant les sacrifices les plus onéreux, lorsqu'il s'agissait d'orner les temples du Seigneur, et que Dieu bénissant ce saint zèle permit qu'elle fût assistée d'en haut par des ressources vraiment providentielles. Elle fit mettre en leur place presque tous les anciens tableaux de l'église des Carmes qu'elle put recouvrer ; elle fit faire le tableau du maître-autel, représentant la mort de saint Joseph ; elle eut même la satisfaction de retrouver chez un marchand d'objets d'art le tableau de sainte Thérèse en extase, qui ornait le maître-autel du chœur de la chapelle de sa communauté, rue de Grenelle ; elle lui rendit sa place d'honneur dans le petit sanctuaire qu'avaient échangé les Carmélites contre celui des Carmes ; et au moment où on le posait dans cette seconde maison, appuyée sur le bâton que son âge avancé lui rendait alors nécessaire, elle dit avec son aimable gaieté, s'adressant à sainte Thérèse : — *Ma bonne Mère, on vous avait vendue, je vous ai rachetée, vous voilà replacée. Laudate Dominum, omnes gentes.*

Le cardinal Antoine Barberin, camerlingue de la sainte Eglise Romaine, avait autrefois fait don à l'église des Carmes d'une belle statue de la très-sainte Vierge, portant l'enfant Jésus ; morceau exécuté par Antoine Raggi, d'après les dessins de Bernini. Par suite de la dévastation des Carmes, cette statue avait été placée dans la métropole de Paris ; d'après le conseil de Mgr de Belloy, Mme de Soyecourt écrivit au premier Consul pour obtenir que cette statue fût rendue à son ancienne destination. Bonaparte accueillit sa demande, à condition toutefois qu'elle se soumettrait à la décision du chapitre qui, contre toute attente, s'y opposa. Il lui fallut donc se contenter d'un surmoulé en plâtre, et la nouvelle statue fut placée dans la chapelle de la très-sainte Vierge.

Au reste, ces dames avaient pour se dédommager un monument bien autrement précieux par ses souvenirs, dans la statue qu'elles honorent encore et qui orne leur chœur sous le titre de *Notre-Dame-de-Consolation*. Cette Vierge était un don fait aux Carmélites par l'une des victimes du massacre du 2 septembre. Un jeune homme, nommé M. de Villefoix, ramené de quelques écarts de jeunesse par un saint prêtre, son précepteur, étudiait dans le dessein d'embrasser la carrière ecclésiastique, lorsque son pieux mentor fut arrêté et conduit aux Carmes.

Le prosélyte voulut à toute force accompagner son maître en prison. En vain, une dame bien informée lui donne-t-elle avis que toutes les personnes renfermées aux Carmes doivent être massacrées, et qu'il ne tient qu'à lui d'éviter une pareille mort. — *Non*, répond le courageux jeune homme, à qui le martyre semblait sans doute une expiation digne de son grand cœur, *non, je veux partager le sort de mon guide, je reste ici. Mais je demande pour grâce dernière que la statue de la sainte Vierge qui orne ma chambre soit déposée chez les Carmélites, et qu'elles l'honorent en souvenir de moi.* Le massacre du 2 septembre offrit à l'héroïque jeune homme et à son saint directeur la palme désirée du martyre. La tante de M. de Villefoix cherchait à remplir les intentions de son neveu, quand l'idée lui vint de confier la statue à sa blanchisseuse. Celle-ci transporta le précieux dépôt dans une hotte chez les Carmélites alors réfugiées à la rue Cassette. Bientôt les Religieuses réunies en cet endroit sont elles-mêmes consignées en prison : pendant les lenteurs qui retardent leur délivrance, la vente de tous leurs meubles est résolue. La Mère Camille, sortie depuis peu de Sainte-Pélagie, s'empressa de venir au secours de ses sœurs et mit opposition à la vente, faisant transporter chez elle le mobilier et la pieuse statue. Celle-ci fut honorée dans l'oratoire qu'avait fait élever la Mère Camille, dans la maison dite de la *Vache-Noire*, jusqu'au jour où elle fut transportée aux Carmes ; la Providence voulant ainsi qu'elle reçût les hommages de ces saintes Religieuses dans le lieu même où avait été massacré le généreux converti qui leur en avait fait don.

L'un des plus vifs désirs de la Mère Camille était de réunir dans la maison des Carmes celles de ses Sœurs que la tourmente révolutionnaire avait dispersées, à quelque maison qu'elles appartinssent ; elle accueillit donc avec joie et désintéressement toutes celles qui lui demandèrent d'être admises dans son monastère en attendant que les leurs pussent se rétablir. Plusieurs s'écrièrent en y entrant : « *C'est ici le lieu de mon repos, et je ne le quitterai jamais.* » Elle les traita comme ses filles, et deux vénérables Sœurs, plus qu'octogénaires, l'une de l'ancien Carmel d'Arbois, l'autre de Trévoux, qui lui survécurent, édifient longtemps la maison de la rue de Vaugirard. Mais si toutes celles qui avaient reçu le titre d'épouses de Jésus-Christ sous les livrées de sainte Thérèse lui étaient chères, ce fut avec une joie plus vive encore qu'elle ouvrit les portes des Carmes à ses Sœurs de la rue de Grenelle. Les sept Religieuses de cette maison, que nous avons vues captives durant dix-huit mois à Sainte-Pélagie dans des cachots infects, étaient allées, après leur élargissement, demander à Termonde une hospitalité que leur propre communauté avait naguère accordée à ce Carmel de Flandre. Après sept années passées sur un sol étranger, comme leurs Sœurs flamandes, les Carmélites de la rue de Grenelle vinrent retrouver leur ancienne compagne, la révérende Mère Camille, qui, devenue Prieure et fondatrice, les reçut à bras ouverts. L'une de ces pieuses exilées avait été soumise à une rude épreuve. Le directeur de la communauté de Termonde ne savait pas le français, et notre Carmélite ne put jamais apprendre assez de flamand pour se faire entendre : force lui fut donc d'avoir recours pour se confesser à l'intermédiaire peu agréable d'une interprète.

Ce fut en 1806 que la première novice du Carmel, ainsi relevé de ses ruines, reçut le saint habit des mains de Son Eminence le cardinal Spina, archevêque de Gênes. Mais elle fut contrainte par le malheur des temps de ne le porter, ainsi que ses pieuses compagnes, que secrètement et comme à la dérobée. Elles s'en revêtaient pendant leurs retraites annuelles, et remettaient ensuite le modeste costume qu'avaient temporairement adopté ces dames en attendant les moments de Dieu.

Ce même motif de la situation des affaires politiques rendit encore inutiles les tentatives que fit vers ce temps Mme de Soyecourt pour rétablir la clôture qu'elle avait même déjà essayé de remettre plusieurs fois, avant qu'aucune autre communauté eût osé l'entreprendre. Les supérieurs ecclésiastiques, et en particulier l'un des grands vicaires, lui conseillèrent de différer par mesure de prudence.

Le poids redoutable de l'autorité, que Notre Seigneur rendait encore plus accablant à cette digne Mère par l'état de souffrance habituelle et la multitude d'affaires qui l'assiégeaient alors, aurait pu faire faiblir tout autre courage que le sien. Mais comme son âme marchait devant Dieu dans une voie droite et parfaite, il lui donna les moyens et l'énergie nécessaires pour gouverner sa maison et continuer en paix ses travaux. Voici quelques résolutions qu'elle prit à cette époque et qu'on a retrouvées écrites de sa main :

« M'étant dévouée totalement à Dieu, il ne m'est plus permis d'avoir d'affection que pour lui ou par rapport à lui ; ainsi toute attache, désir, projet, affection qui partagerait mon cœur ou le détournerait de Dieu ne doit plus l'occuper. Toutes les peines, tous les chagrins qui m'arrivent, je dois les recevoir comme venant de Dieu et comme un moyen de me détacher et de me sanctifier. »

« Je dois beaucoup me modérer dans toutes les

choses où je me sentirais trop d'activité et qui me porteraient à la dissipation. »

Aux embarras domestiques qu'augmentait l'état politique de la France se joignait la sollicitude d'une multitude d'affaires extérieures qui réclamaient souvent sa vigilance et ses soins. A la tête d'une fortune considérable, obligée de gérer celle de son jeune pupille, M. d'Hinnisdal, elle vérifiait dans sa conduite ces paroles de l'Écriture : *Pensez à Dieu dans toutes vos voies, et il conduira lui-même vos pas.* Une piété éclairée, un discernement juste, une grande étendue d'esprit, un talent singulier pour s'exprimer soit de vive voix, soit par écrit, tels étaient les dons que la libéralité du Seigneur lui avait départis. Ayant voulu rendre cette grande âme compatissante aux misères humaines, Dieu avait pris soin de la faire passer, comme nous l'avons vu, par les situations les plus pénibles : cette expérience avait ajouté à la bonté et à la générosité naturelles de son cœur, une nouvelle inclination à se communiquer, et elle en donna des marques sans nombre.

Tous ceux qui l'ont connue peuvent dire avec nous que cette amie du malheur savait soulager et guérir tous les maux, bander toutes les plaies, et qu'elle ne laissait passer aucun jour sans essuyer les larmes de l'infortune. Aussi le notaire chargé du dépouillement de ses papiers après sa mort remarqua-t-il avec intérêt le nombre prodigieux de lettres qui attestaient la multitude de ses bienfaits; et ces écrits n'en révélaient cependant que la plus faible partie, car elle brûlait presque toutes les lettres de remercîments qu'elle recevait, à moins qu'elles ne renfermassent quelque autre détail qu'elle eût à cœur de conserver.

Livrée à toutes sortes de bonnes œuvres, la Mère Camille trouvait, dans la position précaire du Clergé en ce temps désastreux, une occasion toujours présente d'étendre ses bienfaits. Les Supérieurs et les visiteurs du Carmel occupèrent d'abord sa sollicitude; les maisons de l'Ordre qui tentaient de se rétablir furent aussi puissamment et constamment aidées par ses soins, et, sous ce rapport, son seul souvenir doit faire battre dans bien des cœurs l'élan de la reconnaissance.

Combien de bons prêtres bénissent sa mémoire et reconnaissent devoir à ses bienfaits la place qu'ils occupent dans le sanctuaire! Quel soin ne prenait-elle pas de fournir d'ornements décents les pauvres églises de ses terres; avec quelle sollicitude généreuse y pourvoyait-elle à l'éducation des jeunes enfants; avec quelle intarissable libéralité consolida-t-elle les pieuses fondations de ses ancêtres pour les écoles, les pauvres, etc. !... Aussi, combien les cœurs lui sont-ils dévoués parmi ces simples et bons habitants des campagnes, qui ont tout dit quand ils ont prononcé le nom vénéré de *Madame Camille.* C'était à tous qu'elle faisait du bien. Un jour, un respectable ecclésiastique, venant dire la messe aux Carmes, rencontra un homme de sa connaissance que de pressants besoins pécuniaires avaient réduit à un tel désespoir qu'il avoua à ce digne prêtre son intention de se détruire. Celui-ci le prie d'attendre au moins son retour, l'assurant qu'il va trouver une ressource certaine. Il accourt en toute hâte vers la charitable Mère Camille à laquelle il confie cet affreux secret, et retourne bientôt près de cet infortuné avec la somme de 400 francs, secours qui l'arrache à une mort criminelle et prolonge une existence qu'il alla dévouer à toutes les rigueurs de la pénitence, au monastère de la Trappe.

Une autre fois, le portier lui amène de force un homme qu'il avait surpris s'emparant des cierges de la chapelle de la sainte Vierge. Mme de Soyecourt interroge ce pauvre homme sur les motifs de son larcin : « *Hélas ! Madame,* répond-il, *ma misère est extrême ; ne sachant comment faire pour me procurer quelques secours, je me suis mis à genoux devant l'autel de la sainte Vierge, et, après lui avoir exposé l'affreuse misère dans laquelle je me trouve, je lui ai demandé la permission de faire cette action; j'ai cru comprendre intérieurement que, voyant mon besoin, elle y consentait.* » La Mère Camille ne put s'empêcher de sourire de la simplicité de ce pauvre homme, et, pour tout châtiment lui fit donner un pain de quatre livres, après lui avoir fait sentir la gravité de sa faute. — Le portier, un peu surpris de cette façon de faire, ne put sempêcher d'ajouter : « *Si c'est ainsi que Madame punit les voleurs, ils ne manqueront pas de venir ici.* »

Elle logea l'espace de dix-sept ans et entretint à ses frais le Père Guillou, ce zélé missionnaire dont le nom est encore en vénération parmi les vétérans du sacerdoce. Il resta jusqu'à sa mort dans la partie extérieure du monastère, dirigeant quelques personnes pieuses avec un zèle aussi prudent qu'éclairé. Durant sa dernière maladie, quelqu'un s'entretenait devant lui de la libéralité de Mme de Soyecourt : « *Et qui connaît mieux que moi*, dit-il, *la générosité de la révérende Mère Camille?* Ce pauvre de Jésus-Christ n'avait rien à léguer à ses bienfaitrices; il voulut que son souvenir se rattachât au moins à quelque objet d'un service usuel, et les fit prier d'accepter l'échelle de sa bibliothèque. Ces dames la conservent comme une précieuse relique dans leur propre bibliothèque.

Si la reconnaissance ne s'exerçait qu'envers des cœurs reconnaissants, elle serait si douce que peut-être les amis de Jésus-Christ auraient à craindre de s'y porter par le seul plaisir d'obliger. Mais le Seigneur, jaloux de retenir toujours près de lui les âmes qu'il s'est assujetties, permet souvent que tous, jusqu'à ceux que nous avons comblés de bienfaits, se tournent contre nous, afin que nous ne cherchions qu'en lui seul la joie et le repos de nos cœurs. Notre Seigneur chérissait trop la Mère Camille pour ne lui pas ménager cette expérience salutaire : aussi eut-elle à supporter plus d'une fois, durant le cours de sa longue carrière, des croix très-sensibles que lui occasionna l'ingratitude de quelques cœurs méconnaissants, et les calomnies indignes que lui attirèrent souvent ses bonnes œuvres elles-mêmes : calomnies à l'abri desquelles son rang, sa profession et sa vertu éprouvée eussent dû la placer. C'était au reste un trait de conformité de plus avec celui qui avait passé en répandant le bien et qui avait vu ses miracles payés d'ingratitude; et cette grande âme trouvait dans la considération des outrages dont son Sauveur avait été abreuvé une manne cachée qui changeait pour elle en consolations les injustes soupçons d'un monde qui ne peut croire à la vertu parce qu'il n'a pas la force de la pratiquer.

CHAPITRE XI.

Bulle *Quùm memoranda*. — Cardinaux noirs. — La Mère Camille arrêtée et retenue en surveillance à Guise. — Son retour dans sa communauté. — Témoignages de bienveillance reçus des Souverains Pontifes et du Sacré-Collége.

Cependant des jours de gloire et d'épreuves étaient encore réservés à Mme de Soyecourt. Son âme grande et forte allait de nouveau avoir à lutter contre les rigueurs d'un pénible exil. Ses chères filles, heureuses sous sa conduite, jouissaient en paix de la sagesse de son gouvernement et ne se doutaient guère de la nouvelle épreuve qui les menaçait.

L'homme extraordinaire qui gouvernait la France, parvenu au faîte de la grandeur, ne pouvait dire dans son âme ambitieuse : C'est assez. Devenu l'arbitre des rois et le distributeur des couronnes, il enviait à l'humble pontife de Rome, qui avait oint sa tête de l'huile des empereurs, et cette domination des âmes à laquelle, avec toute sa puissance, il ne pouvait atteindre, et jusqu'à ce faible territoire décoré du modeste nom de patrimoine de l'Eglise. Au milieu de l'enivrement de sa gloire, du camp de Wagram (1809) il avait signé l'ordre qui réunissait à son vaste empire les Etats Romains. Pie VII avait répondu à cet abus de la force par la seule arme qui fût en son pouvoir, l'excommunication. Ce saint Pontife violemment arraché de sa capitale, était allé expier à Savone sa courageuse résistance aux prétentions injustes du guerrier qui faisait trembler l'Europe. A l'époque du Mariage de l'Empereur avec la fille des Césars, le Pape captif n'était point intervenu dans l'affaire du divorce qui avait précédé. Des vingt-six cardinaux résidant à Paris, treize crurent devoir s'abstenir de consacrer en quelque sorte par leur présence le mariage du persécuteur de l'Eglise. Bonaparte irrité leur ordonna de quitter la pourpre. Les *cardinaux noirs*, ainsi furent-ils désignés alors, recueillirent les témoignages de la sympathie de tout ce qu'il y avait de catholiques sincèrement dévoués au Saint-Siége, et dont l'âme était assez généreuse pour s'exposer au mécontentement du maître devant lequel si peu osaient avoir le courage de leurs convictions.

Mme de Soyecourt ne fut pas la dernière à leur venir en aide jusqu'au moment de leur exil. Ces princes de l'Eglise daignèrent lui donner, en échange de sa compatissante charité, les marques de la plus affectueuse bienveillance. Souvent ils venaient la visiter et semblaient se consoler auprès d'elle et de ses filles, de la situation pénible où ils vivaient, et de la continuelle sollicitude des maux de l'Eglise qu'ils partageaient avec leur chef vénéré.

Le cardinal Di Pietro fut l'un de ceux envers lesquels Mme de Soyecourt signala le plus son active charité. Son Eminence avait d'abord choisi pour demeure un des colléges de la capitale. Napoléon témoigna un jour tant de mauvais vouloir au prélat, que le principal effrayé avoua dès le lendemain au cardinal qu'il craignait que sa présence ne compromît son établissement, et le pria de vouloir bien se retirer.

Mgr de Mazenod, alors jeune ecclésiastique du séminaire de Saint-Sulpice, depuis évêque de Marseille, surprend l'illustre persécuté au pied de son crucifix, demandant à Dieu des forces pour supporter cette nouvelle croix. Le cardinal lui expose la position où il se trouve, n'ayant que six francs sur lui. M. de Mazenod, sans perdre de temps, accourt chez la Mère Camille, qui le charge d'inviter Son Eminence à venir honorer de sa présence la maison des Carmes, où il trouvera un asile dans les bâtiments extérieurs. Le cardinal, pénétré de reconnaissance, s'empresse de se rendre avec son secrétaire et ses deux domestiques auprès de Mme de Soyecourt, pour lui témoigner sa gratitude. Celle-ci le prie de vouloir bien accepter l'argent nécessaire pour se procurer quelques meubles, et lui offre aussi les clés d'un jardin séparé de celui de la communauté, lui disant avec cet à-propos qu'elle savait toujours trouver : « *Monseigneur, vous avez possédé pendant quelque temps les clés de saint Pierre* (le cardinal, après la mort de Pie VI, avait été chargé provisoirement du pouvoir pontifical), *veuillez accepter maintenant celles du jardin des Carmélites, pour vous y promener à votre gré.* » Le vénérable Prélat ne resta que peu de temps dans ce nouveau séjour ; car il dut céder, ainsi que tous les autres cardinaux résidant à Paris, à la tempête qui les dispersa en plusieurs provinces de France.

Mgr de Gregorio, qui n'était alors que simple prélat, n'ayant pas été compris dans le décret d'exil des cardinaux, venait souvent visiter la Mère Camille ; mais au commencement de janvier 1811, il fut mis en prison et traité avec beaucoup de rigueur. Il lui arriva, pendant sa captivité, une lettre d'Italie, par laquelle on le chargeait de plusieurs commissions pour Mme de Soyecourt. Cette lettre, tombée entre les mains du Gouvernement, éveilla son attention. Il n'ignorait pas d'ailleurs que la Mère Camille avait fait copier et distribuer plusieurs exemplaires de la Bulle d'excommunication, *Quùm memoranda*, malgré la défense de l'Empereur. On vint donc demander la dame *Camilla*, dont il était question dans l'écrit venu de Rome, et le 9 janvier, elle fut arrêtée, emmenée à la Préfecture de police et de là en prison.

Mme de Soyecourt avoua à ses filles qu'elle avait eu, peu avant cet événement, un pressentiment fort extraordinaire d'affliction et de croix pesantes que le Seigneur lui destinait ; mais son humilité mit obstacle à ce qu'elles connussent jamais clairement ce qu'elles désiraient savoir à ce sujet.

On permit d'abord de la visiter dans sa captivité ; sa nombreuse famille, ses amis, tenant à honneur d'être admis près d'elle dans ce nouveau séjour, un grand cercle s'établissait tous les soirs dans la chambre où elle était détenue ; cette espèce de liberté n'était qu'un moyen adroit de prendre connaissance de toutes les personnes qui étaient en rapport avec elle. Quand on eut à cet égard toutes les données qu'on pouvait désirer, on la mit au secret, prenant soin de l'interroger à diverses reprises sur les affaires de la religion et sur la Bulle du Pape. Dieu daigna toujours l'assister dans ses réponses.

Si de toutes les dispositions de l'esprit et du cœur, la plus agréable à Dieu est celle qu'exprime le Roi-Prophète, quand il dit : *Mon cœur est prêt, Seigneur, mon cœur est prêt,* on peut assurer que notre courageuse Carmélite sut aussi, en cette pénible circonstance, se maintenir dans cette heureuse conformité à la volonté de Dieu ; il suffit, pour en être convaincu, de lire les passages suivants écrits de sa main pendant les longues heures de captivité. « Grand Dieu, vous avez éprouvé mon cœur, en me visitant dans ces temps sombres de la persécution. Vous savez, mon Dieu, que ce n'est pas ici la première épreuve que je souffre ; vous exigez de mon cœur ces tribulations comme des preuves douloureuses de ma fidélité ; il s'est soumis avec confiance aux calamités et aux traverses dont vous m'avez affligée. J'ai adoré et baisé la main qui me frappait. »

« Il a pu m'échapper quelques plaintes que l'affliction arrache, malgré nous, à la nature ; mais, dans le temps même qu'elles sortaient de ma bouche, mon cœur les désavouait, se soumettait avec joie à votre conduite adorable sur ma personne, vous en rendait même grâces, regardant ces rigueurs apparentes comme des bienfaits véritables. Oui, Seigneur, vous avez pu trouver mon cœur faible et abattu dans l'adversité ; mais vous ne l'avez jamais trouvé révolté ni infidèle. Afin de m'interdire les plaintes sur ce que les hommes me faisaient souffrir, j'ai pensé à vos volontés et à vos promesses, et j'ai suivi avec soumission la voie des souffrances. Les plaintes mêmes que j'accordais à ma douleur, je les adressais à vous seul, ô mon Dieu ; ma langue n'a jamais cherché un adoucissement à ma peine, en décriant la conduite des hommes qui en étaient les auteurs ; je respectais en eux, grand Dieu, les instruments dont vous vous serviez pour accomplir sur moi vos desseins de miséricorde. »

Bien que Mme de Soyecourt eût mis en Dieu toute sa confiance, et jeté dans son sein toutes ses inquiétudes, la position où elle se trouvait ne laissa pas d'influer sur son tempérament ; elle tomba malade peu de temps après son arrestation et demanda à être transférée dans une maison de santé. On la conduisit donc au couvent de Saint-Michel, avec ordre de la tenir au secret, sauf la liberté qui lui fut laissée de voir les Religieuses de sa communauté. Ses chères filles avaient grand besoin de cette consolation, car elles partageaient vivement les souffrances de leur bien-aimée Mère. Le soir du jour où on l'avait emmenée à la Préfecture, le geôlier, étant venu chercher au couvent différents objets dont elle avait besoin, dit à Mme de Soyecourt en rentrant : *Vous êtes donc vraiment la Mère de ces Religieuses, car elles pleurent toutes?* Elle resta pendant tout le carême chez les dames de Saint-Michel, et fut ensuite condamnée à l'exil : nouveau surcroît de douleur et d'affliction pour elle et pour ses chères filles. On lui proposa la ville de Dijon ou celle de Guise. Comme elle donna la préférence à la première, on lui délivra son passe-port. Mais un évêque ayant prévenu sa famille, qui habitait ce pays, de la prochaine arrivée de la pieuse exilée, les notabilités de la ville se disposèrent à lui faire une brillante réception. Le Gouvernement, à cette nouvelle, retira le premier passe-port, et enjoignit à la sainte Carmélite de se rendre à Guise. On ignorait sans doute que la famille de Soyecourt avait possédé plusieurs terres seigneuriales en Picardie avant la Révolution, et là, comme dans tous les lieux où leurs bienfaits s'étaient répandus autrefois si libéralement, leur mémoire était en bénédiction.

La Mère Camille, toujours courageuse, fit elle-même ses préparatifs de départ, désignant la Mère Louise-Marie pour l'accompagner dans ce triste voyage. S'étant confessée à quatre heures du matin, au révérend Père de Clorivière, comme pour la dernière fois : — *Hélas ! mon père*, lui dit-elle avec émotion, *je pars pour l'exil sans savoir quand il finira* ! — « Ma fille, » répondit celui-ci avec une gravité pleine de douceur, » quand l'Ange du Seigneur avertit saint Joseph de fuir en Egypte, il ne demanda pas combien de temps il y resterait. » Fortifiée par ces paroles, notre sainte Carmélite ne pensa plus qu'à s'abandonner à Dieu pour se rendre où il l'appelait. Après avoir communié, elle partit, jetant néanmoins encore quelques soupirs de regret lorsqu'elle eut dépassé les hauteurs qui lui dérobaient la cité où restait son cœur.

Un petit accident qui survint dans la route servit à augmenter la fatigue de nos voyageuses ; la voiture et les chevaux s'enfoncèrent si avant dans la boue, que le cocher, ne sachant comment se tirer lui-même d'affaire, laissa ces dames dans leur embarrassante position. La bonne Providence ne les abandonna pas dans cette circonstance, un officieux garde venant à passer, prit tour à tour la Mère Camille et sa compagne sur ses épaules et les déposa saines et sauves sur la route. Elles continuèrent leur chemin à pied jusqu'à ce que reparût la voiture qu'on était parvenu à dégager à l'aide d'un second attelage de bœufs et de chevaux. Épuisées de fatigue, elles entrèrent dans une auberge pour y passer la nuit. Elles payèrent là d'abord les intérêts de leur humble costume. Comme la robe de bure et le petit bonnet n'annonçaient pas une grande opulence, la maîtresse de l'hôtellerie se contenta de leur offrir un des galetas destinés aux voituriers. La Mère Louise-Marie, désolée de voir sa respectable Prieure en pareil lieu, demande à l'hôtesse s'il n'y avait pas une chambre un peu moins proche de ce bruyant voisinage. Cette femme, la toisant de la tête aux pieds, lui répond brusquement qu'il n'y en a pas d'autre. Le cocher arrive sur ces entrefaites, et dit à l'aubergiste : « *Vous ne savez sans doute pas que vous avez ici la sœur de la dame de Tilloloy.* » A ces mots la pauvre femme court se revêtir de ses plus beaux vêtements, puis se confondant en excuses près de Mme de Soyecourt elle s'empresse de mettre tout son monde à sa disposition, la fait passer dans une de ses plus belles chambres et la sert elle-même avec toutes sortes d'attentions.

L'homme d'affaires de notre voyageuse, qui l'avait devancée afin de pourvoir à son logement, la fit descendre au château de Tilloloy qui était sur la route et dont Mme de la Tour, sœur de la Mère Camille, était propriétaire.

Elles rencontrèrent dans une des cours du château une vieille femme qui y servait depuis son enfance en qualité de domestique. Après que les deux voyageuses se furent fait connaître, elles lui demandèrent une chambre : mais les années douloureuses traversées par notre Carmélite avaient laissé de si profondes traces sur son visage, que la brave femme ne put croire que ce fût là cette jolie demoiselle qu'elle avait vue autrefois ; et se croyant trompée, elle lui dit en la regardant avec dédain : « *Ah! pour ça non, vous n'êtes pas la sœur de not'dame; elle était ben plus gentille que vous, allez, allez!* » Enfin il fallut que le mandataire de Mme de la Tour vînt convaincre notre incrédule et fît préparer un logement convenable à ces dames.

Bientôt on se vit obligé de poursuivre la route. En approchant de Guise, Mme de Soyecourt aperçut, à une certaine distance, la tour de la citadelle où elle pensa qu'on allait la renfermer; son cœur se serra si fort à cette vue, qu'elle crut un moment ne pouvoir maîtriser son émotion; mais bientôt, comprimant avec énergie la tristesse qui s'était emparée de son âme, elle parvint à la dissimuler et ne s'occupa plus que des mesures à prendre dans sa nouvelle situation. Dès son arrivée, elle envoya tous ses papiers à la mairie. La lenteur que mirent les autorités dans cette vérification lui persuada qu'on faisait les préparatifs de son transport à la tour, et elle dit au Seigneur du fond de son âme, avec le Roi-Prophète : « Secourez-moi dans mon affliction, ô mon Dieu ! car en vain compterais-je sur les hommes. »

Mais quel ne fut pas son étonnement quand, au bout de quelques heures d'une si cruelle attente, le maire, les adjoints et les personnes les plus qualifiées de la ville vinrent la trouver pour la complimenter et lui faire les offres de service les plus gracieuses et les plus obligeantes !

Lorsque les habitants eurent connu la cause de sa disgrâce, elle fut considérée dans la ville non-seulement avec le respect dû à la dignité et au malheur, mais avec la vénération qu'inspiraient ses vertus personnelles et celles de ses ancêtres qui, par leurs bienfaits, avaient immortalisé leur souvenir dans toute la province. Cette manifestation si peu attendue porta quelque consolation au cœur affligé de notre exilée. Son homme d'affaires avait eu l'attention de lui faire préparer un appartement proche de l'église, sachant bien que sa plus douce consolation serait d'aller répandre son âme et chercher force et résination au pied des autels.

Tout ce qu'il y avait de distingué dans la ville désirait lui être présenté ; mais elle se prononça tout d'abord, priant qu'on lui permît de vivre retirée comme sa profession l'exigeait. On respecta ses intentions, mais chacun s'empressa de lui offrir la facilité de se promener dans les jardins particuliers, l'assurant qu'elle n'y aurait d'autre compagnie que celle des personnes à qui elle voudrait bien accorder l'honneur de l'accompagner.

Cette malheureuse tour de la citadelle, que la Mère Camille apercevait de sa demeure, revenait toujours préoccuper son esprit. Craignant qu'un beau matin il ne prît décidément fantaisie au Gouvernement de l'y enfermer, elle pensa qu'il fallait s'aguerrir contre cet épouvantail, et voulut voir de près ce lieu dont l'aspect sombre et lugubre jetait tant d'effroi dans son âme. Elle partit donc seule un jour, sans se confier à personne, et put mesurer des yeux tout à l'aise cette habitation. Un jeune garçon qu'elle interrogea sur les lieux, et qui n'était pas sans doute des mieux informés, lui dit qu'il y avait tant de couleuvres dans cette vieille tour, que plusieurs des prisonniers d'Etat qu'on y avait enfermés, étaient morts par suite des piqûres de ces reptiles. Le renseignement n'était pas de nature à réconforter l'âme de la Mère Camille, bien qu'elle n'y ajoutât pas une foi entière, aussi lui fut-il assez difficile de se faire à l'idée d'habiter cette prison! Préoccupée de ce qu'elle avait vu, elle s'égara au retour de cette petite excursion qui l'avait menée à un quart de lieue de la ville; la nuit la surprit, et il lui fallut recourir à un guide pour retrouver son logis, où l'attendait dans la plus vive anxiété la pauvre Mère Louise-Marie, à qui elle avait laissé ignorer le but de sa promenade.

Peu de temps après, notre sainte Carmélite, sachant que les filles de la Charité désiraient vivement qu'elle vînt habiter leur hospice, s'adressa aux autorités, qui s'empressèrent d'acquiescer à sa demande. On lui assigna une des chambres destinées à recevoir les administrateurs, et ce fut alors qu'elle commença à goûter quelque repos. Elle sut bientôt trouver moyen de se créer une solitude qui lui rappela ces heureuses années de séparation complète du monde qu'elle avait passées dans son cher Carmel. Comme il y avait dans l'hôpital une chapelle et un vaste jardin, elle se fit une espèce de clôture dans la maison, y gardant sa règle autant qu'il lui était possible, consolée par cette ombre de vie religieuse et par les rapports pleins d'affection qu'elle entretenait avec les filles de Saint-Vincent-de-Paul qui étaient remplies pour elle de ces égards et de ces attentions toutes de cœur par lesquelles le charité s'élève si fort au-dessus de la froide politesse du monde.

Il s'établit surtout une sorte d'intimité entre elle et la respectable sœur Vincent, qui, par la charge de Supérieure qu'elle occupait, et par son droit d'aînesse, devint tout à fait sa directrice. Comme cette bonne Sœur connaissait la libéralité de sa nouvelle protégée, elle usa de son autorité pour lui enjoindre de restreindre ses aumônes dont elle lui fixait même le taux en certaines occasions. Elle agissait avec elle en toute liberté à peu près comme à l'égard de ses malades. Un jour que la Mère Camille, emportée par la compassion, avait donné pour ainsi dire à la dérobée à une pauvre femme quelques pièces de monnaie de plus que la sœur Vincent jugeait à propos : *Tiens, ma fille*, dit celle-ci, qui avait l'usage de tutoyer tout le monde indistinctement, *voilà encore que tu as fait des tiennes*.

La sœur Vincent était la providence de la ville, et elle y avait acquis l'autorité que donne une vie de sacrifice et de dévouement toute consacrée au soulagement des malheureux. Plus tard et lorsque son âge avancé eut nécessité le repos, ses supérieurs la rappelèrent à la maison de retraite de Paris. A cette nouvelle, la ville et les villages voisins en vinrent presque jusqu'à la sédition ; il fallut employer la force armée pour contenir cette multitude. La bonne Sœur fut obligée de s'échapper secrètement la nuit.

Lorsque Mme de Soyecourt eut repris elle-même le gouvernement de sa communauté, elle demanda et obtint des supérieurs, qu'en reconnaissance de tous les services que la sœur Vincent lui avait rendus, il lui fût permis d'entrer une fois ou deux, chaque année, dans la clôture. Un jour, la révérende Mère Camille, âgée d'environ quatre-vingt-six ans, tandis que son ancien mentor en avait quatre-vingt-douze, cherchait à lire avec assez de peine, à cause de l'affaiblissement de sa vue, une lettre dont elle voulait donner connaissance à la communauté, cette bonne Sœur, lui prenant le papier des mains, lui dit : *Laisse donc cela, ma fille ; tu vois bien que tu ne sais plus lire.*

Notre exilée entretenait une correspondance assidue avec la Mère Philippine, Sous-Prieure de la communauté, qui, en son absence, avait été investie de tous les pouvoirs pour gouverner la maison ; elle la chargeait de temps en temps de remettre quelques petits billets de sa part à chacune de ses chères filles. Deux seulement nous sont parvenus.

2 janvier 1812.

« Conservez, ma chère fille, l'espérance que vous

avez de me revoir. Cela ne paraît pas être prochain : c'est pourquoi je suis fort contente d'être venue me loger à l'Hôtel-Dieu ; car la vue de la tour de la citadelle me portait à la tristesse. Ma chambre est bien petite et bien basse, en comparaison de celle que j'ai quittée ; mais quelle différence ! Autant je me déplaisais dans ce grand salon, autant je me plairais ici si la peine inséparable de ma position ne me suivait partout.

» Adieu, ma chère fille, bonne année je vous souhaite, *accompagnée de plusieurs autres*. Je ne doute pas que le petit sacrifice que vous avez fait à Dieu ne vous attire des grâces. Quant à la bonne intention que vous avez de me faire plaisir, je vous en remercie. Je compte sur vous comme sur la plus fidèle de mes amies. »

15 novembre 1812.

« Je suis bien aise, ma chère fille, que vous vous portiez toujours bien. Je fais des vœux pour que l'hiver n'altère pas votre santé ; la mienne n'est pas brillante. Je voudrais être en état de sortir de l'hôpital, et d'aller rejoindre mes enfants ; car, bien que je ne manque de rien dans cette maison, tant les bonnes Sœurs ont soin de moi, néanmoins on est plus agréablement dans sa famille.

S'il plaît à Dieu, je la reverrai un jour ; sinon nous porterons notre croix avec résignation, et notre espérance sera de nous voir dans le ciel.

» Adieu, ma chère fille, aimez celle qui est votre affectionnée mère et priez pour elle. »

Durant son exil, elle multiplia ses bonnes œuvres ; elle rétablit la chapelle de l'hôpital[1], donna de grosses sommes au curé pour ses pauvres, ne voulant pas les distribuer elle-même, et fournit aux dépenses nécessaires pour faire légitimer sept mariages par l'Eglise. Elle assistait beaucoup d'officiers polonais détenus dans cette ville, et surtout leur aumônier, qui l'appelait *la meilleure des mères;* cependant au milieu de tant d'œuvres de charité, elle se croyait les mains vides devant Dieu, car, disait-elle quand on lui parlait de ses abondantes aumônes, *j'ai tant de plaisir à donner que je crains de perdre tout le mérite de la bienfaisance.*

Cependant quelques affaires pressantes exigeaient sa présence à Paris : elle ne balança pas et résolut de partir incognito, accompagnée de la bonne Sœur Vincent. Elle séjourna pendant cette apparition dans sa propre communauté, où, invisible pour ses filles, excepté pour la Sous-Prieure, elle laissa ignorer sa présence. On la faisait passer pour une malade amenée par la Sœur Vincent.

Toutefois, l'une des religieuses soupçonnant que l'inconnue pouvait bien être sa chère Prieure, accablait de questions la bonne Sœur de Charité. Celle-ci craignant de trahir son secret ou de blesser involontairement la vérité, prétextait alors des affaires pressantes et se retirait promptement. Cependant la Sœur questionneuse n'en resta pas là : sachant que la prétendue malade devait entendre la messe dans une tribune donnant sur le maître-autel de l'église, elle fit en sorte de l'apercevoir et reconnut sa chère Prieure à la manière dont elle se couvrait le visage avec son mouchoir. Cette bonne Religieuse n'eût peut-être osé rien dire de sa découverte; mais une des Sœurs converses de la communauté de la rue de Grenelle publia hautement dans la maison, qu'assurément l'invisible étrangère n'était autre que la révérende Mère Camille, qu'on n'en pouvait douter à la manière dont elle avait recouvert son plat et laissé les restes de son dîner. Le secret étant ainsi divulgué, on fit un crime à la pauvre Mère Sous-Prieure de son silence que les circonstances et la recommandation qu'elle avait reçue justifiaient d'ailleurs assez. Il fallut bien que la Mère Camille, cédant au désir de ses filles, leur donnât sa bénédiction et consolât un peu les cœurs si affligés de cette rude épreuve dont on ne voyait pas le terme.

Le Gouvernement dont la police était si active, ayant sans doute quelque soupçon, fit faire à ce moment des perquisitions dans la partie extérieure du monastère, quoiqu'il ignorât la présence de Mme de Soyecourt dans son enceinte. Force fut donc à notre pieuse fugitive de repartir précipitamment pour Guise. Elle se déroba aux recherches en s'affublant d'un jupon d'indienne à carreaux bleus, et contrefaisant la boiteuse. Elle traversa la cour à pied, dans ce nouveau costume, et passa devant le portier et sa famille sans être reconnue. La bonne Sœur Vincent l'attendait avec une voiture dans une rue voisine.

Ses chères filles l'ayant priée de leur donner promptement de ses nouvelles, elle leur écrivit, aussitôt son arrivée, quelques lignes qui commençaient par ces mots : « *La bonne femme au cotillon bleu est arrivée à bon port.* »

Bien que le pays où vivait la Mère Camille l'eût accueillie avec de si franches démonstrations d'intérêt, c'était néanmoins la terre de l'exil. Aux Carmes seuls se trouvait pour elle la patrie, et le cœur de l'exilée y était resté. Le sujet continuel de son inquiétude était la crainte que ce monastère, objet de tant de sacrifices, ne fût encore ruiné ; que ses chères filles, dont la plupart eussent été sans ressources et dont elle était la Providence visible, ne fussent de nouveau dispersées; et malgré sa résignation, ces sollicitudes altérèrent visiblement sa santé. Le maire de Guise crut devoir en prévenir M. le baron Malout, préfet du département de l'Aisne.

Nous transcrivons les lettres de ces messieurs à ce sujet. Elles feront connaître par quelle voie Dieu termina l'exil de notre sainte Carmélite.

Guise, 17 novembre 1812.

« MONSIEUR,

» Il y a environ dix-huit mois que mon prédécesseur vous a informé que Mme de Soyecourt s'était rendue à Guise par ordre du Gouvernement. Les causes de son exil sont pour moi un mystère que je saurai toujours respecter; mais je crois de mon devoir et je regarde comme une obligation indispensable de ma part de vous mettre sous les yeux sa conduite et sa situation au moral et au physique.

» Mme de Soyecourt, depuis qu'elle est à Guise, s'y est comportée d'une manière édifiante; elle a vécu dans la retraite. Sans cesse occupée d'exercices de religion et d'actes de bienfaisance, sans se permettre aucune communication ni relation avec qui que ce soit. Voilà pour le moral.

» Quant au physique Mme de Soyecourt est d'une faible complexion; depuis son séjour dans cette ville elle est souffrante et paraît atteinte d'une maladie de langueur qui la mine insensiblement et la conduirait au tombeau, si on ne venait promptement à son secours. Deux choses peuvent contribuer à son rétablissement : l'air natal et le rapprochement des médecins qui connaissent son tempérament et ont mérité sa confiance.

» C'est à vous, monsieur le Préfet, qn'il appartient de sauver Mme de Soyecourt; c'est à votre humanité bienfaisante qu'il est réservé de faire connaître sa situation critique et d'obtenir pour elle du Gouvernement un congé provisoire de trois ou quatre mois, pour retourner soit à Paris, soit dans les environs, afin de respirer l'air natal et d'être plus à portée des médecins aux secours et aux lumières desquels elle a dû jusqu'ici sa conservation.

» Vous pouvez, monsieur le Préfet, compter sur la fidélité de mon rapport, et vous aurez le plaisir de faire une bonne œuvre. »

Le Préfet répondit à cette lettre en ces termes :

« Monsieur le Maire,

» D'après le rapport que vous me faites de l'état de maladie de Mme de Soyecourt, je viens de solliciter pour elle, près de Son Excellence le Ministre de la police, la permission de se rendre à Paris pour consulter les gens de l'art. Je m'empresserai de vous faire connaître la réponse qui me sera faite. »

Quatre jours après il lui écrivit de nouveau :

« J'ai l'honneur de vous informer, Monsieur, que, par décision du 27 de ce mois, Son Excellence le Ministre de la police autorise Mme de Soyecourt, en surveillance à Guise, à se rendre à Paris à l'effet de soigner sa santé; je vous prie, en conséquence, de l'en avertir, de lui délivrer un passe-port et de la prévenir qu'elle devra, à son arrivée, se présenter dans le bureau de la préfecture de police. Vous m'instruirez de son départ. »

Durant ces négociations, la Mère Camille, qui n'avait pas cru devoir profiter sur-le-champ de son congé provisoire, alla avec sa compagne faire un pèlerinage à Notre-Dame-de-Liesse. L'auguste consolatrice des affligés lui obtint, dans cette chapelle privilégiée, une grande abondance de grâces, et, peu de temps après, son retour à Paris avec une entière liberté. Voici comment la chose arriva, laissons-la parler elle-même.

« En décembre 1812, j'étais, dit-elle, en exil à Guise, lorsque mon homme d'affaires m'écrivit qu'il avait appris que, si je voulais donner 12,000 francs, j'aurais de suite ma liberté. Je ne crus pas devoir employer une si forte somme pour obtenir une liberté que je n'aurais pas dû perdre, et que je ne voulais attendre que de la justice et de la protection de la sainte Vierge. La pensée me vint alors de faire vœu à Notre-Dame-de-Liesse d'employer cette même somme de 12,000 francs en bonnes œuvres si, avant le 1er janvier 1813, j'étais libre sans donner l'argent que le Gouvernement me demandait. Pour cela je commençai une neuvaine, et ma chère Sœur Louise, qui avait voulu partager mon triste sort, me demanda de faire le pèlerinage. Je mis par écrit, je datai et signai, pour ne pas me tromper dans l'accomplissement de mon vœu, l'emploi que je ferais de ladite somme. Dans ce même temps, le maire de Guise, M. le chevalier Balland, à qui on donnait le titre de général, étant parti pour Paris, m'offrit ses services et me promit d'employer tout son crédit pour obtenir ma liberté; ledit général revint dans l'octave de Noël et rencontra ma Sœur Louise qui revenait de son pèlerinage, tenant à la main le papier où était écrit mon vœu (1). » Dieu par l'entremise de Marie daigna

(1) « Notre Mère nous dicta cette note, » écrit la Mère ***, « lorsqu'elle apprit qu'un nouveau Mois de Marie rapportait

donc disposer les choses de telle sorte que toutes les voies s'aplanirent pour le retour de Mme de Soyecourt à Paris.

Le maire de Guise lui envoya copie de la lettre qu'il avait écrite à M. le Préfet pour l'informer du jour de son départ, et l'accompagna de ces quelques lignes :

« MADAME,

» Je vous envoie, puisque vous le désirez, copie de la lettre par laquelle j'informe M. le Préfet du jour de votre départ pour la capitale. Vous n'y trouverez rien de bien recherché, ce n'est qu'un écrit simple et naturel des sentiments que j'éprouve et que je partage avec mes concitoyens.

» Je saisis cette occasion pour vous adresser mes sincères remercîments du magnifique cadeau dont vous avez bien voulu me gratifier ; je l'estime et le conserverai comme un gage de votre générosité bienfaisante, sans croire que je l'aie mérité. Je n'ai rien fait pour vous que ce que me prescrivaient la justice et mes devoirs.

» Ma femme se joint à moi pour vous témoigner

dans ses exemples, d'une manière tout à fait inexacte, sa délivrance de l'exil : il y était fait mention d'un beau-frère qui, depuis vingt-cinq ans, n'existait plus. »

oute notre reconnaissance, et vous présenter nos vœux sincères pour le succès du voyage pénible que vous entreprenez, en vous engageant à ne pas vous excéder par trop de précipitation. »

Voici ce qu'il écrivait au préfet.

Guise, 5 janvier 1813.

« Monsieur le Préfet,

» On réussit toujours dans une ville où le maire veut sincèrement le bien quand, à la tête du département, se rencontre un magistrat qui sait le faire.

» C'est à cette double et heureuse conjoncture que Mme de Soyecourt doit sa liberté. Son passeport lui a été délivré le 30 décembre dernier, et elle est partie aujourd'hui, emportant les regrets de tous les habitants et comblée des bénédictions des pauvres, qui ne doivent jamais oublier ses bienfaits et ses immenses charités. »

La Mère Camille quitta donc Guise au milieu des témoignages les plus vifs d'affection et de regret de la part des bons habitants, et surtout des respectables Sœurs de la Charité. Elle fit rétablir, avant de partir, une porte en bronze dont sa famille avait autrefois orné le sanctuaire de Liesse; cette porte avait été enlevée pendant la Révolution et remplacée par une porte en bois. Pénétrée de reconnaissance envers la très-sainte Vierge, qu'elle regardait après Dieu comme sa libératrice, elle fit faire pour sa communauté un tableau représentant l'origine historique de la chapelle de Notre-Dame de Liesse, et se fit représenter elle-même avec sa compagne au pied de l'autel de ce sanctuaire vénéré.

En se rendant à Paris, elle s'arrêta à Saint-Quentin, où étaient exilés Leurs Eminences les Cardinaux Ruffo, archevêque de Naples, et Litta; elle partagea encore avec eux le pain de l'étranger, si amer au cœur de ces illustres princes de l'Eglise. Le premier de ces deux prélats était allé une fois à Guise célébrer avec elle la fête de sainte Thérèse.

Lorsque la nouvelle de son prochain retour parvint aux oreilles de ses chères filles, elles n'en pouvaient rien croire, car, récemment encore, des menaces assez significatives leur avaient été faites et l'on parlait hautement de la destruction de leur maison. Aussi, quelle ne fut pas la joie de toutes ces saintes Carmélites en revoyant leur bien-aimée Mère et sa chère compagne !

Si les rapports de Mme de Soyecourt avec les princes de l'Eglise lui attirèrent de grandes et de cruelles épreuves, ils lui procurèrent aussi des consolations bien précieuses aux yeux de la foi. Tout ne fut pas amertume dans cette période de sa vie, pour cette âme éminemment catholique, dont toutes les œuvres étaient une expression nouvelle de son sincère amour pour la religion. Digne fille de sainte Thérèse qui s'écriait, ravie de joie en mourant : *Je suis fille de l'Eglise romaine*, la Mère Camille aimait aussi l'Eglise avec cette affection filiale qu'il n'est donné de ressentir qu'à ces âmes grandes et généreuses qui voudraient embrasser dans les étreintes de leur charité tout ce qu'il y a d'âmes rachetées du sang d'un Dieu; et souffrir pour une si noble cause lui semblait un honneur digne de sa chrétienne ambition. Au milieu de ces épreuves, elle eut la douce joie de recevoir les témoignages les plus consolants de la bienveillance des princes de l'Eglise et de son chef vénéré lui-même.

Déjà, lorsqu'en 1804 notre Saint-Père le Pape Pie VII était venu à Paris pour le sacre de Bonaparte, la Mère Camille avait eu le privilége de recevoir non-seulement sa bénédiction, mais d'assister à sa messe dans la chapelle particulière qu'on lui avait dressée au pavillon de Flore.

Huit années plus tard, Pie VII reparut en France, non plus comme souverain, mais comme captif. On le transporta de Savone à Fontainebleau, dans l'espoir de lui arracher plus facilement de nouvelles concessions. La pieuse Carmélite était bien connue de lui ; il savait son zèle et l'honneur insigne qui lui avait été fait de partager pour la cause de l'Eglise la rigueur des persécutions et de l'exil. Il voulut la voir, elle assista au divin Sacrifice offert par cet illustre confesseur de la foi. Pie VII s'étant aperçu qu'elle ne s'était pas approchée de la sainte Table, l'engagea à revenir le lendemain, disant *qu'il voulait la communier de sa main*. Le Saint-Père, non content de lui avoir donné cette marque de son estime particulière, lui fit ensuite servir un déjeuner, pendant lequel il la vint trouver et lui dit en lui présentant l'un des mets qui étaient sur la table : — *Je veux que vous puissiez dire que vous avez été servie de la main d'un pape.* Il lui confirma toutes les permissions que Pie VI son prédécesseur, de sainte mémoire, lui avait données et en ajouta de nouvelles. Ce fut encore pendant le séjour de Pie VII à Fontainebleau qu'il chargea son grand aumônier de remettre à la Mère Camille deux reliquaires en filigranes d'argent, un magnifique chapelet et un second bref qui lui donnait toute latitude pour disposer librement de ses biens. Les Carmélites ne perdront jamais le souvenir des touchants adieux du Sacré-Collége quand enfin il lui fut permis de partir pour Rome. Le Saint-Père avait chargé Leurs Eminences d'exprimer à chacune des Carmélites, avec toutes les marques de la plus flatteuse bienveillance, sa reconnaissance pour les services qu'elles avaient eu l'honneur de leur rendre. Ils invitèrent leur sainte Prieure, qu'ils appelaient la Mère des *Tribulés*, à venir s'établir à Rome avec ses chères filles. Enfin, tous ces princes de l'Eglise ne cessaient de répéter que leur unique consolation à Paris avait été de venir de temps en temps relever leur âme abattue par la souffrance au milieu de cette fervente communauté. De retour à Rome, la plupart d'entre eux se firent un plaisir d'envoyer à ces dames leur portrait, comme témoignage du désir qu'ils éprouvaient de vivre toujours dans leur souvenir. Ces portraits figurent encore dans l'endroit où sont réunies les reliques des Carmélites; elles y ont joint les calottes blanches des Souverains-Pontifes Pie VII, Pie VIII et Grégoire XVI; au milieu d'elles, il s'en trouve une noire, c'est celle de Mgr de Quélen.

Le Cardinal Sala continua d'entretenir de fréquentes relations avec la révérende Mère Camille qu'il appelait sa *chère Dirigée*. Les nonces du Pape ne cessèrent, de loin comme de près, de lui donner des marques du plus vif intérêt, et voulurent bien, dans quelques circonstances embarrassantes, assister la communauté de leurs conseils.

Notre sainte Carmélite reçut des Souverains Pontifes les plus constantes preuves de bienveillance : Grégoire XVI lui envoya un crucifix indulgencié pour l'heure de la mort. Le Saint-Père l'avait offert avec un chapelet de prix à M. le comte Herman d'Hinnisdal, lors de son voyage à Rome, afin qu'il le remît à sa tante comme un témoignage de la reconnaissance du Saint-Père pour tout le bien qu'elle avait fait à l'Eglise. Elle baisait souvent avec amour ce précieux crucifix qu'elle appelait son *passe-port* (1).

A l'avénement de Pie IX, la Mère Camille, chez qui l'âge n'avait point affaibli les sentiments de vénération filiale qu'elle avait voués au Père commun de tous les fidèles, crut qu'il ne dédaignerait pas les faibles gages qu'elle s'empresserait de lui en offrir. C'étaient trois miniatures, symboles de l'inviolable attachement de la Mère et des Filles à la Chaire de saint Pierre. Le Souverain Pontife,

(1) « Nous avions, dans une des pièces du monastère des Carmes, dit la Mère ***, un grand tableau représentant M. le comte d'Hinnisdal aux genoux de Pie VII lui faisant don d'un corps saint et d'un chapelet. Le tableau a été remis à la famille, et le corps du martyr saint Placide repose sous l'autel de la sainte Vierge dans la chapelle. »

au milieu des soins accablants de son laborieux pontificat, trouva dans son inépuisable charité l'expression de la plus touchante bienveillance pour cette portion choisie de son troupeau. Il écrivit la lettre suivante dont nous donnons la traduction fidèle, et que les Carmélites conserveront à jamais comme l'une de leurs plus précieuses reliques.

« PIE IX, PAPE.

» Religieuse bien-aimée, notre fille en Jésus-Christ, salut et bénédiction apostolique.

» Nous avons reçu le présent que vous avez bien voulu nous offrir en votre nom et au nom de vos pieuses compagnes; nous avons vu en même temps, avec une bien douce satisfaction, l'expression de vos sentiments de filiale obéissance et de dévouement à notre personne. Nous vous écrivons donc cette lettre, bien-aimée Religieuse, notre fille en Jésus-Christ, et pour vous exprimer nos remercîments de votre présent, et pour vous donner en même temps un témoignage et une marque particulière de notre affection toute paternelle pour vous et pour vos compagnes. Et comme, à raison de votre glorieux titre de fille du Carmel, vous avez le bonheur d'honorer d'un culte spécial la bienheureuse Marie, mère de Dieu, vous implorerez avec une ferveur plus ardente aujourd'hui que jamais, la protection de cette très-pieuse Vierge, afin qu'elle obtienne de son divin Fils la fin des calamités présentes et le commencement de temps plus favorables : que le Seigneur, riche en miséricordes, daigne jeter des regards de bonté sur vous et sur toutes vos compagnes, qu'il vous donne à toutes cette volonté toujours reconnaissante des bienfaits qu'il vous accorde, et qu'il vous inspire le zèle d'une perfection toujours croissante. Il ne nous reste plus qu'à confirmer l'affection toute paternelle que nous vous portons par la bénédiction apostolique que nous vous donnons, du fond du cœur et avec amour, à vous, Religieuse bien-aimée, notre fille en Jésus-Christ, ainsi qu'à toutes vos compagnes.

» Donné à Rome, à Sainte-Marie-Majeure, le 3 du mois d'août de l'année 1848, la troisième de notre Pontificat. »

A son retour de l'exil, la révérende Mère Camille commença par reprendre, ainsi que ses filles, les livrées du Carmel que les temps orageux qu'elles venaient de traverser ne leur avaient pas permis de porter depuis 1792. Leurs vêtements étaient néanmoins si uniformes et si religieux, durant ces jours de tribulation, que les Cardinaux les croyaient en costume régulier. La clôture fut en même temps définitivement rétablie.

CHAPITRE XII.

Zèle de la Mère Camille pour le rétablissement de son Ordre en France. — Sagesse et fermeté de son gouvernement. — Monseigneur de Quélen. — La Communauté obtient de Pie VII la permission de conserver indéfiniment la Mère Camille dans la charge de Prieure. — Elle remet ses grands biens à sa famille. — Récit de la Mère ***.

Cependant la courte apparition des Bourbons en 1814 avait été suivie de l'époque incertaine des Cent-Jours. Lorsqu'enfin le gouvernement parut affermi entre les mains de Louis XVIII, Mme de Soyecourt put se livrer avec plus de sécurité à toute l'ardeur de son zèle pour le rétablissement de son Ordre en France. Elle avait eu occasion de voir, lors de son pèlerinage à Liesse, une Carmélite de l'ancienne Communauté de la rue Chapon, à Paris; elle se nommait Sœur Thaïs et demeurait dans une ferme près de Guise. La Mère Camille l'engagea à venir augmenter le nombre des âmes d'élite qui n'avaient pas hésité à rompre de nouveau les liens qui semblaient devoir les retenir une seconde fois dans le siècle : sacrifice d'autant plus généreux pour la plupart d'entre elles, que les souffrances et les privations de la vie qu'elles avaient menée depuis la Révolution leur avaient fait contracter des infirmités qui eussent semblé, à des âmes moins énergiques, un invincible obstacle aux sévères observances de leur Ordre. La Sœur Thaïs, nouvelle conquête du Seigneur, ne balança pas et suivit dans la solitude du Carmel, à l'âge de soixante-quatre ans, celle qui, comme chef du troupeau, s'y était élancée la première si généreusement. Peu après l'arrivée de cette sainte Religieuse, on fit les élections; elle fut élue Prieure, et la Mère Camille Dépositaire. Mais bientôt l'état d'infirmité dans lequel fut réduite la révérende Mère Thaïs à la suite d'une attaque de paralysie obligea de procéder encore à de nouvelles élections. Les Carmélites furent heureuses de se replacer de nouveau sous la conduite de la révérende Mère Camille, qui parut d'autant plus digne de cette charge qu'elle consacrait au bien-être et au bonheur de la Communauté ses veilles, ses travaux et sa fortune.

Qui dira le zèle avec lequel cette digne Mère s'efforça de remettre peu à peu en vigueur l'observance de la règle austère du Carmel ? L'antique monastère des Carmes vit renaître dans ses murs un nouvel essaim d'âmes sublimes, qui s'efforcèrent de gravir jusque sur le sommet du Calvaire, et mirent leur bonheur à s'immoler par les saintes rigueurs de la pénitence ; aussi la révérende Mère Camille, intimement persuadée de la gloire que de telles âmes procurent au Seigneur, prodigua-t-elle les grands biens qu'on l'avait contrainte de recouvrer pour réédifier de toutes parts le Carmel de France, que la Révolution avait partout désolé. Sa vivante charité contribua à perpétuer cette postérité bénie qui, selon l'assurance donnée par la très-sainte Vierge à plusieurs Saints de cet Ordre, ne doit jamais périr. Avant sa mort, Dieu lui donna la consolation d'apprendre que plus de soixante monastères du Carmel étaient en quelque sorte ressuscités de leurs cendres, et faisaient revivre, dans les différentes villes où ils étaient établis, les grands exemples de régularité et de ferveur qu'on y avait admirés depuis l'introduction de la réforme de sainte Thérèse en France, par la vénérable Sœur Marie de l'Incarnation. Combien de fois a-t-elle admis dans son monastère, même avec une sorte de préférence, des postulantes qui, dénuées des biens de la terre, brûlaient pourtant d'un ardent désir de se consacrer à Dieu ! Mais autant elle mettait d'empressement à seconder et à protéger les âmes ferventes et courageuses, autant apportait-elle de fermeté à exclure les membres délicats et paralytiques qui semblent avoir oublié qu'on ne vient au service de Jésus-Christ que pour servir et non pour être servi. Le sacrifice religieux, disait-elle, ne doit souffrir aucune exception. Elle avait écrit dans plusieurs de ses livres, étant novice, la petite prière suivante, afin que, l'ayant souvent devant les yeux, elle s'imprimât profondément dans son esprit et dans son cœur. Elle en recommandait fort la pratique à ses Sœurs :

« Seigneur, faites de moi une Religieuse selon » votre Cœur, douce, obéissante, une fille d'orai- » son et de prière, ennemie de toute médisance et » de toute division ; insensible aux mépris, aux » injures et à toutes les choses de la terre ; sensi- » ble à votre amour et aux biens de l'heureuse » éternité. »

Elle goûtait fort aussi la maxime suivante :

« Quand on a eu le malheur de tomber en quel- » que faute, il faut s'humilier et reconnaître que » nous n'avons que le péché et le mensonge pour » partage ; après avoir fait un aveu sincère de no- » tre faiblesse, tenons-nous aux pieds du Sauveur

» pour lui demander le pardon et la guérison de
» nos misères en regardant Jésus-Christ sur la
» Croix. »

Son âme, qui aimait à se nourrir de pensées graves et fortes, s'entretenait avec un plaisir particulier de cette sentence : Il y a trois choses auxquelles on ne pourra jamais se soustraire : *l'œil de Dieu, le cri de la conscience et le coup de la mort. Il faut respecter l'un, écouter l'autre, s'attendre et être toujours préparé au dernier.* Elle avait écrit comme mémorial le passage suivant :

« Le temps le plus propre pour demander et pour recevoir le Saint-Esprit est celui de la communion et du saint sacrifice de la Messe, parce que c'est le même sacrifice que celui de la croix, et qu'au moment de la consécration, le Saint-Esprit couvre l'hostie de son ombre comme il environna la sainte Vierge au moment de l'incarnation. »

Nous trouvons aussi, parmi les papiers qu'elle conservait toujours sous ses yeux, ces lignes tracées de la main de M. de la Blandinière, ce saint et savant ecclésiastique dont nous avons eu occasion de parler plus d'une fois : « De tout mon cœur je sacrifie tout à mon Dieu, au Père ma mémoire et mes actions, au Fils mon entendement et mes paroles, au Saint-Esprit ma volonté et mes désirs, à l'humanité sainte de Jésus-Christ mon corps, mon cœur, mes sens, mes souffrances. Il a vécu, il est mort pour moi. Il est encore avec moi, nous habitons l'un et l'autre dans la même maison. Il se donne souvent à moi, mais aussi je me suis donnée tout entière à lui, j'ai renoncé à tout pour le suivre, je ne lui demande pas, comme les Apôtres, quelle récompense il me donnera, je suis payée d'avance. Je goûterai dans le ciel plus de douceurs et de consolations; mais au fond, je n'aurai rien de plus que ce qu'il me donne déjà, puisque dès cette vie il se donne lui-même à moi. »

Bien que la Mère Camille ait excellé en de grandes vertus, il semble que rien n'était plus admirable en elle que son grand fond de religion et sa tendre piété pour tout ce qui touchait le culte divin ; et elle pouvait répéter avec vérité les paroles du Roi-Prophète disant à son Dieu : *Le zèle de votre gloire m'a dévoré.*

Rien ne lui semblait pénible ou difficile quand l'honneur de la religion était intéressé ; et bien que l'étroite clôture et le voile qui dérobe aux Carmélites jusqu'à la vue de l'autel la privassent de ces spectacles pieux que la sagesse de l'Eglise a jugés si salutaires pour les fidèles, les cérémonies du culte parlaient à son âme, et elle aimait à y assister bien qu'invisible, à savoir que son église était le lieu béni où les ministres du Seigneur se plaisaient à recevoir l'huile sainte qui consacre les pasteurs des peuples. Grand nombre de sacres eurent lieu dans cette église des Carmes si féconde en grands souvenirs; et si tous les Evêques que leur piété conduisait dans ce saint lieu pour y recevoir la plénitude du sacerdoce ne furent pas appelés à combattre jusqu'à l'effusion de leur sang les combats du Seigneur, la plupart eurent à donner à Dieu un témoignage peut-être non moins héroïque de leur fidélité : les persécutions les calomnies, les outrages. L'un de ceux qui devait suivre de plus près son divin Maître dans cette carrière douloureuse fut ce pasteur vénérable dont l'Eglise de Paris honorera toujours la mémoire : Mgr de Quélen. Son sacre eut lieu le 28 octobre 1817. L'auteur de sa vie dit que le clergé de France n'avait pas offert depuis longtemps une réunion aussi imposante. La cérémonie, accomplie au milieu d'un immense concours de fidèles, fut touchante et majestueuse : on se sentait alors porté à s'écrier : « O Jacob, que tes tentes sont belles, et tes pavillons admirables, ô Israël ! Tous les regards étaient tournés vers celui qui, absorbé dans la pensée des bénédictions et des devoirs de son ministère, semblait ne rien voir de ce qui se passait autour de lui. Pénétré de la grandeur des obligations qu'on lui imposait, il inondait l'autel de ses larmes. « Ce digne Prélat, ajoute la Mère***, célébrait régulièrement, chaque année, le 28 octobre, dans l'église des Carmes, l'anniversaire de ce jour solennel ainsi que notre grande fête de Notre-Dame du Mont-Carmel, le 16 juillet. Après la révolution de 1830, qui lui fit épuiser jusqu'à la lie le calice des amertumes, il venait deux fois chaque année faire les ordinations dans notre église. C'était un de ces pontifes dont le passage sur la terre ne s'oublie jamais. La veille de sa mort, il daigna accorder un paternel et particulier souvenir à notre chère Mère; elle y fut d'autant plus sensible qu'elle avait pour ce grand Evêque la plus sincère et la plus respectueuse affection. Il fut pendant dix-sept ans le supérieur immédiat de notre communauté, à laquelle il portait un grand intérêt : aussi, notre reconnaissance l'accompagna-t-elle au delà du tombeau. Fidèles à cette vertu du cœur, nous prions toujours pour lui, malgré la douce persuasion où nous sommes que ses vertus ecclésiastiques et ses longues souffrances l'ont introduit dans la bienheureuse éternité. Nous l'invoquons souvent aussi comme celui qui fut sur la terre notre guide et notre père, et qui maintenant sans doute est notre intercesseur dans le ciel. »

Ecoutons désormais la Mère *** dans les détails édifiants des dernières années de sa vénérable

Prieure ; son récit nous dira quelle vive affection la Mère Camille avait su inspirer à tout ce qui l'entourait : et d'ailleurs, qui mieux qu'une fille sait parler dignement de sa mère ?

« Les deux triennaux de notre révérende Mère Camille étant depuis quelque temps expirés, la communauté dut se préoccuper de la position où la jetteraient de nouvelles élections. A nos yeux, aucun sujet n'était capable de remplacer celle que nous regardions à juste titre comme la pierre fondamentale de l'édifice ; on en écrivit à Rome à Mgr Sala, et il voulut bien se charger de cette affaire auprès de Sa Sainteté Pie VII. Le Souverain-Pontife lui répondit :

« J'accorde non-seulement la plus entière liberté, mais je désire que la révérende Mère Camille continue à gouverner la communauté tout le temps que sa santé le lui permettra. Il faut écrire au nonce qu'il aille au plus tôt dire mes intentions à cette respectable dame et à ses chères filles. »

« Mgr Macchi, nonce apostolique en France, qui honorait notre maison de ses fréquentes visites, vint promptement annoncer à nos Mères la volonté du Saint-Père. « *Bonne nouvelle, bonne nouvelle,* » s'écria-t-il en entrant.

» La Communauté bénit les soins de la divine Providence qui, dans sa miséricorde, lui accordait d'avoir pour Prieure la vénérée Mère Camille pour un temps indéterminé.

» A l'époque du voyage de Mgr de Quélen à Rome, en 1825, le pape Léon XII lui dit d'agir, pour notre maison, comme auraient fait nos anciens visiteurs, parce qu'il lui en conférait tous les droits. Sa Grandeur nous fit part, à son retour, de sa triple qualité de supérieur à notre égard, et confirma de nouveau, pour un temps illimité, notre révérende Mère Camille dans la charge de Prieure. Les supérieurs qui succédèrent à Mgr de Quélen virent la nécessité de suivre la même règle de conduite en raison de la situation des affaires de notre maison, et du bien qu'y faisait notre chère Mère, ainsi qu'à plusieurs autres Carmels de de France, qu'elle assistait de ses libéralités.

» Après avoir satisfait aux plus urgentes et aux plus dispendieuses réparations du monastère des Carmes, après avoir consolidé ses bonnes œuvres, notre chère Mère, qui connaissait combien l'abondance et les richesses sont nuisibles pour le salut, et surtout à quel point elles sont pernicieuses dans les monastères, remit ses grands biens à sa famille. Elle ne se réserva qu'une rente viagère pour satisfaire à quelques pensions auxquelles elle s'était engagée, et assurer le nécessaire à celles qu'elle avait adoptées pour ses filles, ne voulant pas qu'une extrême indigence nuisît à la régularité et empêchât la communauté de se maintenir dans le dégagement si essentiel à la profession religieuse, parce qu'il en fait autant l'honneur que la sûreté. Quant à ce qui la touchait personnellement, nous remarquâmes toujours, avec édification, qu'elle n'usait en quelque sorte de l'autorité que lui donnaient son titre de fondatrice et sa charge de Prieure, que pour rejeter toute particularité et pour pratiquer la pauvreté avec encore plus d'exactitude qu'aucune de nous. Elle ne se décidait à quitter ses vêtements que lorsqu'ils avaient été réparés en tant de façons, qu'il devenait absolument impossible de les porter. »

En 1825, les Chambres se préoccupèrent de l'existence légale des communautés religieuses, ou plutôt cherchèrent comment, bien qu'en refusant de reconnaître les vœux, elles aviseraient au moyen d'interdire à toute personne faisant partie d'une congrégation tout legs au delà du quart de ses biens, soit en faveur de la communauté, soit en faveur de quelqu'un de ses membres. On se prenait à craindre que les cloîtres, qui commençaient à peine à revivre, n'absorbassent le patrimoine des familles. Lorsque cette question fut débattue à la chambre des Pairs, Mgr de Quélen, qui en était membre, prit la parole. — Il ne lui fut pas difficile de prouver combien de pareilles appréhensions étaient pour le moins prématurées. Et, s'appuyant de l'exemple de Mme de Soyecourt, il dit :

« Près de cette enceinte, presque sous les murs » de ce palais, Messieurs, une communauté de » filles de Sainte-Thérèse passe les jours et les » nuits à prier pour le Roi et pour la France ; » c'est le but principal que se proposent les héroï- » nes du Carmel. Sa digne Supérieure, dont le nom » rappelle une naissance illustre et d'honorables » services rendus à l'Etat, recueillit le riche héri- » tage de ses pères, dont le glaive révolutionnaire, » plus cruel que le glaive mystique, l'avait une » seconde fois séparée. Qu'a-t-elle fait de ce pa- » trimoine ? Elle a des parents dans cette cham- » bre ; ils peuvent s'élever contre moi, si je ne dis » pas la vérité ou si je l'exagère. De près d'un » million de fonds, elle ne s'est réservée que ce » qu'il lui fallait pour sauver de la destruction un » lieu consacré par le sang des martyrs, et pour » donner du pain à quelques-unes de ses malheu- » reuses compagnes qui n'avaient pas d'autres res- » sources. »

Le vénérable archevêque ajoute à cet exemple celui de la princesse Louise de Condé (1), et après

(1) Cette princesse, fille du prince de Condé, se voua à

avoir fait remarquer que ce noble abandon, ce désintéressement inspiré par la religion a été dirigé par l'autorité ecclésiastique, il termine par ces paroles :

« Concluez avec moi, Messieurs, que la sagesse » des évêques et la conscience des Religieuses » peuvent offrir aux familles des garanties équiva- » lentes à toutes celles que l'on s'efforce de mul- » tiplier et d'étendre au delà de la mesure ordi- » naire. On dirait que la divine providence a voulu » de nos jours nous en donner un nouveau témoi- » gnage ; on dirait qu'elle a pris plaisir à conserver » par les mains des vierges sacrées deux des mo- » numents les plus vénérables, afin de les opposer » dans la suite des âges à la détraction et à l'in- » justice, et aussi afin de laisser à tous ceux qui » en douteraient encore deux gages solennels et » irrécusables de la bonne foi des Religieuses et » des pasteurs qui les conduisent : *les Carmes et* » *le Temple.* »

On sait que malgré les justes réclamations du

Dieu comme victime d'expiation parmi les Bénédictines, au lieu même où le Roi-Martyr avait été abreuvé de tant d'outrages et d'amertumes. Après avoir fondé et doté libéralement, comme elle le devait à toutes les convenances, le monastère du temple, elle laissa le reste de son immense fortune à son auguste frère le duc de Bourbon.

prélat et celles de MM. les ducs de Doudeauville et Matthieu de Montmorency, de Mgr d'Hermopolis et de M. le comte Ferrand, entre autres, la loi fut votée avec un amendement qui en modifiait légèrement la teneur.

« C'était sur ce grand cœur d'évêque et sur sa bienveillante affection pour notre communauté, » continue la Mère ***, « que notre digne Prieure se reposait de son avenir. Mais lorsque le Seigneur eut couronné par la mort des saints la vie exemplaire de cet illustre Prélat, elle comprit que l'heure du repos n'avait pas encore sonné pour elle ; son cœur maternel prévit que l'extrême étendue du couvent des Carmes nécessiterait des dépenses trop considérables pour que nous pussions les soutenir après elle. Il était de plus bien difficile d'approprier ce monastère aux strictes exigences des règles d'une communauté de femmes cloîtrées, et elle n'ignorait pas avec quelle ardeur nous désirions de rentrer dans la plus exacte observance de toutes les saintes pratiques du Carmel. »

CHAPITRE XIII.

La Mère Camille se résout à quitter les Carmes. — Le diocèse en fait l'acquisition. — Soins de la Mère Camille pour les travaux de la nouvelle habitation destinée à sa Communauté. — Grave maladie dont elle se relève. — Installation des Carmélites, rue de Vaugirard, 89.

« Notre Révérende Mère avait donc jugé, avec sa prudence ordinaire, qu'un changement de local était indispensable. Son premier désir, celui de tous les gens de bien, avait eu pour objet de sauver de la profanation le monument des Carmes lorsqu'elle en fit l'acquisition ; depuis lors, elle avait souvent formé des vœux pour que les religieux auxquels il avait appartenu revinssent en prendre possession, et jusqu'à la mort du dernier Carme français, arrivée à Versailles peu d'années avant qu'elle prît cette détermination, elle se préoccupa sans cesse de cette pensée. Elle écrivit même aux Carmes d'Italie et de Belgique pour leur faire connaître combien elle souhaitait qu'ils se rétablissent en France, et qu'une branche de l'Ordre du Carmel refleurît dans le plus bel établissement que cet institut possédât au monde. Mais ce projet ne put se réaliser.

» Mgr Denis-Auguste Affre, archevêque de Paris, de sainte et glorieuse mémoire, entrant dans les vues de notre respectable Mère, voulut que le diocèse profitât de ses généreuses dispositions; il se fit acquéreur de cette belle propriété, dans le but d'y établir une Congrégation de prêtres auxiliaires. La pensée que ce saint asile allait être désormais habité par ces ministres du sanctuaire, zélés apôtres de Jésus-Christ, apporta quelque soulagement à la peine qu'éprouvait notre chère Mère de quitter, à quatre-vingt-sept ans, ces lieux qui lui rappelaient tant de grands et solennels souvenirs, et qu'elle avait habités près de quarante-huit ans avec ses chères filles. Mgr Affre lui avait cependant laissé la liberté d'y demeurer le reste de ses jours; mais toujours prévoyante pour notre avenir, elle acheta, le 19 février 1842, le monastère situé dans la même rue de Vaugirard, nº 89, que les religieuses Bernardines venaient de quitter pour aller en province. Comme c'était un ancien hôtel que ces dames, malgré les travaux qu'elles avaient fait faire, n'avaient pu mettre en régularité, à raison des dépenses que ce but aurait réclamées, notre chère Mère Camille l'entreprit avec un courage digne de sa grande âme, et disposa, avec des peines et des soins incroyables, le monastère que nous occupâmes plusieurs années. »

Marie, la Reine du Carmel, avait semblé vouloir intervenir d'une manière sinon miraculeuse, au moins bien consolante, dans la détermination prise par Mme de Soyecourt en cette circonstance. Tandis que, préoccupée de cette importante affaire, la Mère Camille ne savait à quel parti s'arrêter, elle reçut, sans avoir jamais su de quelle part, un gage singulier de la protection de la Reine du ciel. « Le 25 février 1840, une personne inconnue vint sonner au couvent et remit à la Sœur portière une petite statuette de la sainte Vierge qu'elle venait de trouver dans la vaste nef de l'église Notre-Dame sous une enveloppe à l'adresse de *Madame de Soyecourt.* C'était précisément le jour où le révérend Père de Ravignan avait prêché l'oraison funèbre de Mgr de Quélen. Cette petite statue, trouvée au milieu des flots de la foule qui se pressait alors dans la métropole, lui parut un signe favorable et une assurance que la Reine du ciel veillerait sur ses projets et l'assisterait dans le désir qu'elle avait de procurer un asile stable et solitaire à ses chères filles. Elle porta dès lors toujours sur elle cette statuette; elle la consultait dans ses perplexités, car elle en éprouva de grandes lorsqu'il fallut se déposséder du beau monastère des Carmes : elle voulait et ne voulait pas. Aussi, Mgr Affre, qui, sans la presser, désirait cependant que l'alternative cessât, vint-il un jour tout exprès pour connaître sa décision. Notre chère Mère lui dit, en lui montrant sa petite statue attachée à son scapulaire : — *Monseigneur, je prie beaucoup ma dévote sainte Vierge.* — Et que vous dit-elle ? lui demanda le prélat. — *Qu'il faut que j'en finisse*, lui répondit-elle en soupirant, *et que j'accepte les offres de Votre Grandeur.* — Elle fut encouragée à prendre cette détermination par un saint et respectable ecclésiastique, vicaire général du diocèse, qui, après avoir formellement contredit ce projet, offrit le saint Sacrifice à cette intention. Soudain, notre Seigneur lui fit connaître très-distinctement que notre digne Mère devait terminer promptement cette affaire selon les intentions de Mgr l'archevêque. — Ce digne prélat fut toujours rempli d'égards pour notre chère Mère. Il lui disait une fois entre autres : *Ma Mère, j'accorde tout ce que vous voulez, même les choses qui me semblent impossibles.* — Mgr Affre faisait allusion à l'élection antérieure que la communauté avait faite de lui comme Supérieur, et qu'il avait eu la bonté d'accepter lorsqu'il venait d'être nommé évêque coadjuteur de Strasbourg.

» Si ce fut par l'entremise de la Reine du ciel que notre respectable fondatrice se décida à traiter de la vente du monastère des Carmes, ce fut sous sa protection aussi qu'elle en fit l'acquisition, car voici ce qu'elle écrivit derrière une petite gravure que nous avons entre les mains : « Cette image, » qui représente Notre-Dame-de-Lorette transportée par les Anges, a été trouvée entre deux » pavés, dans une rue pleine de boue, sans que » l'image restée debout fût le moins du monde » gâtée. La personne qui l'a ramassée venait rendre réponse de la commission qu'on lui avait » donnée de savoir si je pouvais terminer la vente » de la maison des Carmes, au sujet de laquelle » il s'était élevé de grandes difficultés. La vue de » cette image, qu'on me remit entre les mains, » me parut être un gage nouveau que la sainte » Vierge ferait réussir et bénirait mon entreprise; » et effectivement, depuis ce moment, tout s'est » terminé de manière à ne pas douter que ce ne » fût la volonté de Dieu. »

» Le 30 juin 1842, M. l'abbé Buquet, premier aumônier de notre communauté, Chanoine et Promoteur du diocèse, depuis Vicaire Général et Archidiacre de Paris, vint bénir les fondations de la nouvelle chapelle, dans lesquelles notre digne Mère déposa une boîte de reliques qui avaient été soustraites à la profanation lors de la révolution de 1792, et religieusement conservées par ses soins. Ainsi se vérifia la parole prophétique que lui avait dite, à l'époque de sa profession, une Religieuse de la rue de Grenelle : *Vous construirez un temple au Seigneur :* parole qui semblait alors dénuée de vraisemblance.

» Après cette bénédiction, notre bien-aimée Mère Camille, avec un dévouement que sans doute notre Séraphique Mère Thérèse lui inspirait, s'occupa activement de l'organisation de la pieuse retraite que nous avait destinée sa maternelle sollicitude. Mais Dieu, toujours adorable dans ses desseins, interrompit tout à coup lui-même une œuvre dont il était le principe. Le 17 août de la même année, elle fit une chute si violente en descendant de son lit, qu'à une distance assez éloignée on avait cru entendre tomber un meuble. Le médecin ordonna le même jour une saignée qui, n'ayant pas eu un entier succès, nécessita le lendemain une application de sangsues et les ventouses scarifiées. Le Seigneur, qui voulait purifier de plus en plus cette âme juste, permit que le dernier de ces remèdes lui occasionnât sur la poitrine une brûlure presque aussi large que la main, ce qui la réduisit dans un tel état de souffrance, qu'elle fut obligée de passer trois nuits de suite dans un fauteuil sans pouvoir se coucher. Elle ne voulut cependant pas quitter sa cellule et permit seulement qu'on mît un matelas sur sa paillasse. Au bout d'un mois environ, elle parut entièrement remise de ce cruel accident, qui, par sa violence, avait fait cesser à l'instant le point de côté occasionné par la chute, et qui faisait concevoir de graves inquiétudes sur sa position.

» Comme une autre Thérèse, tirant force de sa faiblesse, elle se dirigea de nouveau vers le bâtiment objet de ses soins; et oubliant les souffrances que son grand âge, joint à l'état de sa santé, lui occasionnaient journellement, elle activait les ouvriers et donnait ordre à tout. Remplies de joie de voir notre vénérée Mère continuer son œuvre avec tant de courage, nous espérions la lui voir achever dans la paix et dans la consolation; mais, hélas! que notre satisfaction fut courte! Nous la vîmes, l'année suivante, avec une amertume qu'augmentaient encore les circonstances où nous nous trouvions, étendue sur un lit de douleur, aux prises avec plusieurs maux dont la nature était mortelle. Dans nos justes alarmes, nous nous hâtâmes de lui faire recevoir les derniers sacrements. Ils lui furent administrés par notre digne Supérieur pour lequel notre chère Mère avait une estime bien méritée, et entre les mains duquel elle renouvela ses vœux. Après avoir demandé pardon à la communauté, et nous avoir exhortées à une grande union et charité mutuelle, elle appuya fortement sur l'exacte observance de la règle, car elle aimait sincèrement son état et était, on peut le dire, Carmélite dans l'âme.

» La nuit qui suivit ce grand acte, elle ne s'occupa que de la miséricorde de Dieu et des soins de la divine Providence qui l'avait pourvue d'un si bon père en la personne de notre respectable Supérieur. Elle répétait les paroles paternelles qu'il lui avait adressées, et se trouvait heureuse et tranquille dans la sainte préoccupation de sa fin prochaine qui l'absorbait tout entière.

» Comment redire nos larmes, nos angoisses? La soumission sans doute était dans nos cœurs; mais le trait qui les frappait était si intime, que, malgré nous, il nous arrachait des gémissements qui montèrent jusqu'au ciel et lui firent suspendre ses arrêts. Notre bien chère Mère revint encore à la vie et continua, avec un nouveau zèle, ses travaux et son dévouement. La joie inexprimable que nous ressentîmes de la revoir sur pied sans aucun affai-

blissement de tête, nous fit répéter mille fois ces paroles du Prophète : « Vos consolations, Sei-
» gneur, nous ont remplies de joie à proportion
» des amertumes qui ont accablé nos cœurs. »

» Bien que notre révérende Mère eût fait bien des sacrifices dans sa longue carrière, le moment était arrivé pour elle d'en consommer un plus héroïque peut-être que tous ceux qui l'avaient précédé, puisqu'elle le fit dans un âge où, pour l'ordinaire, les habitudes contractées et le besoin de repos deviennent une nécessité.

» Il est des âmes auxquelles la divine jalousie fait tout immoler, tout jusqu'aux attachements les plus saints. N'était-ce pas, pour notre vénérable Mère, une douce consolation, quand elle parcourait la vaste et pieuse enceinte du monastère des Carmes, de pouvoir se dire : « La main des mé-
» chants avait ici tout dévasté dans des jours de
» terreur; mais, aidée de l'assistance de mon Dieu,
» j'ai relevé les murs de Sion et renouvelé la beauté
» de Jérusalem ? » Et à quels souvenirs si tendres et si douloureux tout à la fois ne lui fallait-il pas s'arracher encore, puisqu'il lui fallait dire un dernier adieu à cette cellule chérie où tout lui parlait d'un père bien-aimé !

» Eh bien ! c'est sur des sentiments si religieux et si intimes, que Dieu lui fit porter le glaive de l'immolation ! Et voilà que, fidèle à ces desseins d'en haut, elle va quitter ce sanctuaire vénéré, accompagnée de ses filles qui apprécient et partagent son sacrifice.

» Le 24 mars 1845, Mgr l'Archevêque vint faire dans l'église des Carmes, avant qu'elle cessât de nous appartenir, la bénédiction des cloches qui devaient servir à notre nouvelle chapelle ; il en fut le parrain et notre révérende Mère Camille la marraine. On avait eu la précaution d'attacher au battant des cloches un long ruban qui, du milieu de l'église où elles étaient placées, aboutissait dans notre chœur, afin que notre chère Mère put, par ce moyen, les faire sonner au moment marqué par le Rituel.

» Lorsque la cérémonie fut terminée, Monseigneur adressa une pieuse allocution aux fidèles assemblés.

» Un mois après, il nous fallut dire adieu pour toujours à la sainte maison qui, depuis plus de deux siècles, voyait dans l'enceinte de ses murs s'envoler au ciel tant d'enfants de notre Séraphique Mère Sainte-Thérèse.

Nous partîmes le matin de notre couvent des Carmes pour ne rentrer que le soir dans notre nouvelle habitation; car M. l'abbé Gaume, supérieur de notre communauté et de celle du Carmel de la rue d'Enfer, permit que nous répondissions au désir qu'avaient ces chères Sœurs de nous voir, à notre départ, passer une journée au milieu d'elles. Nous y allâmes et nous fûmes reçues avec mille démonstrations de joie et de tendresse. Ainsi se resserrèrent encore les doux liens qui existaient déjà entre les deux communautés, et qui n'en font qu'une seule et même famille.

» Le 23 avril 1845, nous étions définitivement établies dans notre nouvelle demeure. En y entrant, nous demandâmes au Seigneur de vouloir bien nous appliquer ces paroles qu'il adressait à Salomon après la dédicace du temple de Jérusalem : « *J'ai sanctifié cette maison que vous avez bâtie pour* » *mon nom, et mes yeux et mon cœur s'y reposent à* » *jamais.* »

» Cinq jours après, le maître-autel fut consacré par Mgr l'Archevêque de Paris; on avait dit la messe, en attendant, dans la salle du chapitre. »

L'*Ami de la religion* parle ainsi du départ de la révérende Mère Camille du monastère des Carmes :

« La vénérable Prieure des Carmélites, Mme de » Soyecourt, a abandonné, mardi, à trois heures, » le pieux asile où, depuis un demi-siècle, elle » encourageait par son exemple autant que par sa » charité la vie de pénitence à laquelle tant de

» Religieuses se sont vouées sous sa conduite.
» Parvenue à l'âge de quatre-vingt-huit ans, au
» milieu des pratiques de la vie la plus austère,
» cette femme véritablement forte a voulu ajouter
» à tous ses mérites un dernier sacrifice en s'éloi-
» gnant de cette sainte demeure qu'elle avait tant
» de raisons à chérir. C'est là qu'elle avait oc-
» cupé, pendant quarante-huit années, la modeste
» cellule qui servit de prison à M. le comte de
» Soyecourt, son père, mort victime de sa double
» fidélité à son Dieu et à son Roi.

» C'est là qu'elle avait si souvent vénéré les tra-
» ces encore visibles du sang des évêques et des
» prêtres immolés pour la foi dans les massacres
» de septembre. C'est là qu'elle accueillit, avec
» une charité et un dévouement dont le souvenir
» s'étendra bien au delà des limites de sa longue
» vie, d'autres confesseurs de la foi dont elle a eu
» le bonheur d'adoucir les souffrances et l'honneur
» de partager les épreuves.

» Après avoir été installer elle-même les Reli-
» gieuses de sa pieuse communauté dans la nou-
» velle maison que sa sollicitude leur avait prépa-
» rée, Mme de Soyecourt a voulu se recueillir pen-
» dant plusieurs jours en présence de tant de sou-
» venirs du monastère des Carmes, répandre une
» dernière fois encore son âme devant cet autel si

» souvent témoin de ses longues prières, et dire
» enfin, dans cette complète solitude, un dernier
» adieu à cette sainte maison que sa générosité
» arracha à la profanation et que sa piété vient de
» mettre à la disposition de Mgr l'Archevêque de
» Paris; puis avec un courage digne de celui qu'elle
» a montré dans sa longue et douloureuse carrière,
» elle s'est retirée dans son nouveau monastère
» pour y consommer le noble sacrifice dont Dieu
» seul connaît tous les secrets, comme il peut seul
» en récompenser l'héroïsme. »

Pendant un certain temps les Dominicains habitèrent la plus grande partie de cet édifice vénéré et l'*Ami de la Religion* écrivait encore à ce sujet :

« Le révérend Père Lacordaire s'est établi dans
» l'ancien couvent de Carmes le 15 octobre, jour
» de la fête de sainte Thérèse. Ce vaste établis-
» sement et les jardins qui en dépendent ont été
» coupés en deux. Une partie deviendra le cou-
» vent des Dominicains, l'autre reste à l'école
» normale ecclésiastique. Ainsi deux institutions
» distinctes et entièrement séparées l'une de l'au-
» tre vont habiter les cloîtres qui reçurent succes-
» sivement les Religieux Carmes, les martyrs du
» 2 septembre, les prisonniers de la République et
» les filles du Mont-Carmel. Nous nous félicitons
» des grands enseignements que les jeunes et pieux

» étudiants de l'école normale ecclésiastique con-
» tinueront à puiser dans ce sanctuaire encore em-
» preint du sang de nos évêques et de nos prê-
» tres (1). »

« La sortie définitive du monastère des Carmes, continue la Mère***, fut pour notre vénérable Prieure un moment de profonde tristesse. Elle manifesta le désir, en entrant dans notre nouvelle habitation, de se rendre seule au pied de l'autel où résidait le très-saint Sacrement, afin d'y puiser la force et la consolation dont son âme avait besoin, et sans doute aussi pour remercier le Seigneur d'avoir à lui offrir ce nouveau sacrifice.

» O mère en Israël! ô femme vraiment forte! le jour où nous allâmes pour la première fois réciter le saint office dans notre nouveau chœur, notre digne Mère entonna avec fermeté le *Deus in adjutorium*, puis elle se retira non sans quelque émotion. Depuis ce moment, sa faiblesse et ses infirmités habituelles la mirent hors d'état de venir unir sa voix aux nôtres pour réciter les saints Cantiques du Seigneur.

» Sa foi vive lui avait toujours inspiré le plus grand zèle pour la récitation de l'office divin, et

(1) Aujourd'hui (1878) ces bâtiments sont occupés par les cours de l'Université catholique.

malgré la surdité dont elle était atteinte depuis plusieurs années, elle ne crut cependant devoir se dispenser de l'assistance au chœur que dans son extrême vieillesse. Cette surdité fut souvent dans les derniers temps un grand sujet d'exercice pour elle et de mérite pour nous qui désirions tant lui être agréables. Cette vénérable Mère, persuadée qu'on ne donnait pas assez sa voix au chœur, trouvait que le ton du chant et de la psalmodie était toujours beaucoup trop bas. « Autrefois, disait-elle, la jeunesse était bien plus fervente, car, mes pauvres enfants, à peine si vous remuez les lèvres et si vous desserrez les dents. » Puis, quand l'heure de la récréation était arrivée, elle appelait les jeunes Professes les unes après les autres et les exerçait à chanter le plus haut possible. Près d'elle et dans son oreille, tout allait bien, mais au chœur, quelque élevées que fussent les voix, ce n'était jamais assez fervent ni assez animé.

» Elle était d'une fidélité inviolable à ses exercices de piété; mais entre tous, l'assistance au saint Sacrifice était son attrait spécial. Sa mortification, et l'habitude qu'elle avait acquise de surmonter la faiblesse de son tempérament toujours si délicat lui tenaient souvent lieu de forces pour entendre jusqu'à trois ou quatre messes par jour. Elle ne manqua jamais celle de minuit, même au temps des grandes calamités de l'Eglise, qui fut celui de ses persécutions. On se rappelle que c'était à cette grande fête et à cette heure solennelle, qu'elle avait eu le bonheur de s'approcher pour la première fois du banquet eucharistique. Elle entendit encore deux messes dans une tribune la nuit de Noël, la dernière année de sa vie, et notre aumônier lui apporta ensuite la sainte communion à la grille de l'infirmerie.

» Ce qu'il y avait de singulièrement remarquable dans sa dévotion, c'était une certaine candeur et un abandon filial, doux fruits des grâces émanant du mystère de la sainte enfance dont elle portait le nom. « *Je vais tout droit avec le bon Dieu*, disait-elle, *en deux mots j'expose mes besoins à sa divine majesté et puis je le laisse agir.* » Cette admirable droiture de cœur lui méritait les prédilections de notre Seigneur, comme elle lui attirait l'affection de toutes les personnes qui avaient le bonheur de la connaître.

» Pour satisfaire sa tendre dévotion envers la très-sainte Vierge et notre séraphique Mère sainte Thérèse, elle avait fait placer leurs portraits de manière à ce qu'ils fussent toujours devant elle. « *Voyez*, disait-elle naïvement, *avec quelle bonté la sainte Vierge me regarde. Elle semble dire : Demande-moi ce que tu voudras, je te l'ob-*

tiendrai de mon divin Fils. Ce sera elle, ajoutait-elle, *ainsi que notre sainte Mère Thérèse, qui remettra mon âme entre les mains de Dieu.*

» On l'entendait souvent prononcer tout haut des actes d'amour embrasés, et elle répétait d'ordinaire en allant et venant : *Sacré Cœur de Jésus, brûlant d'amour pour nous, faites que mon cœur brûle d'amour pour vous.*

» Elle avait une grande dévotion à prier pour les âmes du Purgatoire, faisant dire un grand nombre de messes pour leur délivrance et offrant pour leur soulagement toutes ses prières et bonnes œuvres. Ce sentiment de foi et de charité lui fit faire d'incroyables efforts pour ne pas manquer la sainte communion, afin que ces âmes souffrantes ne perdissent pas l'indulgence qu'elle avait soin de leur appliquer.

» Elle avait une confiance particulière en saint Antoine de Padoue, si dévoué lui-même à Jésus enfant; elle l'invoquait en toute occasion, l'appelant familièrement *son homme d'affaires;* et elle disait avoir reçu de Dieu par son intercession des faveurs toutes spéciales.

» Elle conservait dans son grand âge l'heureuse coutume qu'elle avait contractée d'élever fréquemment son cœur vers Dieu par de ferventes aspirations. Une de nos Sœurs lui disait un jour, à la suite d'un violent ouragan : « O ma Mère! que d'actes d'amour de Dieu et de contrition cet orage m'a fait faire! Je me demandais, à chaque coup de tonnerre, si j'étais prête à paraître devant mon juge, et cet examen m'alarmait, me trouvant bien loin de sa pureté infinie. « *Pour moi, ma chère fille*, lui répondit-elle, *je n'ai pas besoin d'entendre l'orage pour dire à Dieu que je l'aime.* » Et elle lui cita ces vers :

Il aime Dieu celui qui s'éveille et s'endort.
En lui donnant son cœur à la vie, à la mort.
Et qui n'a pas besoin d'entendre son tonnerre
Pour lui dire à genoux qu'il l'aime et le révère.

» Elle se plaisait à s'entourer des souvenirs de la foi et avait consacré à cet effet une pièce donnant sur les galeries du chœur, où elle avait réuni les nombreuses et précieuses reliques que possède par ses soins notre monastère. Chaque jour elle passait quelques instants dans ce petit sanctuaire décoré avec goût. Il lui semblait que là elle conversait par avance avec les heureux habitants de la Jérusalem céleste, et que des précieux restes réunis en ce lieu s'exhalait une odeur de sainteté qui fortifiait son âme. Aussi avait-elle appelé cet oratoire du nom de *Paradis.* »

CHAPITRE XIV.

Dernières souffrances de la Mère Camille. — Ses dispositions intérieures. — Sa mort le 9 mai 1849. — Ses obsèques. — Ses restes sont déposés aux Carmes.

« Il est écrit que l'homme ne trouvera pas de vrai repos dans son lieu d'exil; aussi, allons-nous désormais voir notre bien-aimée Mère lutter jusqu'à la fin de sa vie contre les angoisses de la douleur. Ses souffrances, depuis quelques années, n'avaient plus d'intervalles et furent extrêmes en tout genre. Outre de cruels accès de goutte, elle fut sujette à des crampes d'estomac qui la réduisaient parfois à un état voisin de la mort. Elle pouvait en effet passer dans une de ces crises qui avaient toujours lieu la nuit, et semblaient lui annoncer à tout moment l'arrivée du souverain Juge. Son état alors nous consternait, nous adorions avec frayeur la sévère jalousie de Celui devant lequel les cieux mêmes ne sont pas purs. Voyant notre affliction et les soins assidus que nous nous empressions de lui prodiguer, ainsi que sa chère petite infirmière, elle profitait des courts intervalles que lui laissait la douleur pour nous engager à ne pas trop nous fatiguer, et surtout à ne pas nous inquiéter. Elle s'animait elle-même à la patience. « *Un cœur pour aimer, un corps pour souffrir*, répétait-elle souvent; *je suis religieuse, c'est pour souffrir d'esprit et de corps.* » D'autres fois elle chantait ce refrain de cantique :

Mon Dieu, c'est vous que j'implore,
Venez pour me soulager ;
Ou, s'il faut souffrir encore,
Venez pour m'encourager.

» Dieu avait répandu dans son âme énergique cet amour qui est fort comme la mort et inflexible comme l'enfer. Aussi, comme nous avons pu le voir par toute la suite de sa vie, les grandes eaux qui sont venues fondre sur elle n'ont pu éteindre sa charité.

» Lorsque nos Sœurs étaient instruites, le lendemain matin, des cruelles souffrances qu'elle avait endurées, elles accouraient en toute hâte dans son infirmerie pour avoir au juste de ses nouvelles et

savoir si elle reposait un peu; mais au lieu de la trouver dans son lit, comme elles le croyaient, elles étaient fort étonnées de la voir dans son fauteuil avec un air gai et serein. « Mes pauvres en-
» fants, disait-elle, j'ai encore répété cette nuit
» mon *In manus tuas*, car c'était vraiment à y pas-
» ser. » A voir la tranquillité de son visage et le calme de son expression, on aurait cru qu'elle parlait d'une autre personne. D'autres fois elle chantait, en nous apercevant, des couplets analogues à sa situation. En voici deux qui lui revenaient souvent à l'esprit, et qu'elle nous redisait avec cette aimable gaieté qu'elle conserva jusqu'à son dernier jour :

La vieillesse me gêne,
J'ai quatre-vingt-douze ans;
Je conserve ma tête,
Malgré mes maux cuisants;
Je les offre au Seigneur,
En lui donnant mon cœur.

Dans ma longue carrière
J'ai eu bien des tourments;
J'ai vu dessus la terre
Des bons et des méchants;
Chacun meurt à son tour,
Et moi je vis toujours!

» Elle était pleine de délicates attentions pour

les personnes qui la soignaient, et en particulier pour son infirmière dont elle appréciait l'infatigable dévouement. Cette chère Sœur couchait dans une pièce attenante à son infirmerie. Une nuit que les douleurs empêchaient notre digne Mère de dormir, comme cela arrivait souvent, elle se mit à chanter à demi-voix :

Marie-Thérèse, si vous dormez,
Je ne veux pas vous réveiller ;
Mais si vous ne dormez pas,
Accourez à grands pas.

» Celle-ci, qui, on peut le dire, veillait en quelque sorte même pendant son sommeil, par suite de sa tendre sollicitude, se hâta de se rendre auprès de son lit et de lui prodiguer ses soins.

» A l'exception de sa surdité et de la faiblesse de sa vue, elle n'avait aucune des infirmités qui sont l'apanage de la vieillesse. Ses forces physiques déclinaient, mais son âme semblait prendre une nouvelle vigueur ; jamais son imagination n'avait été plus animée et sa conversation plus intéressante que la dernière année de sa vie. Elle conserva jusqu'à la fin sa mémoire et cette supériorité de lumières qui la faisait gouverner d'une parole presque aussi efficacement que si elle eût pu, comme autrefois, présider en personne à toutes choses. Elle dictait encore elle-même quelques-unes de ses lettres et exprimait ses pensées avec noblesse et simplicité. Elle ne pardonnait ni emphase ni obscurité dans le style. Aussi, était-il quelquefois difficile à ses secrétaires de la contenter pleinement. Ne pouvant plus lire qu'à l'aide d'une loupe, et encore avec d'extrêmes difficultés, plusieurs d'entre nous étaient heureuses de lui rendre ce bon office, et remarquaient avec admiration l'intérêt qu'elle prenait à la lecture; elle était ardente comme par le passé, et on voyait que le sentiment faisait sa vie.

» Quatre de nos chères Sœurs, désignées chaque semaine, passaient, pendant l'hiver, les récréations du soir auprès d'elle dans son infirmerie. Sa mémoire et sa gaieté lui faisaient toujours trouver quelque chose d'agréable à raconter pour récréer celles qu'elle appelait gracieusement ses *chambellantes*. Rien de plus intéressant surtout que d'entendre cette vénérable nonagénaire chanter nos vieux cantiques gaulois sur le ton le plus haut et le plus clair, et dire quelquefois fort sérieusement : « *Ma voix n'étant pas des plus belles aujourd'hui, ce sera pour demain.* » Avant que sa vue fût tout à fait affaiblie, quand elle assistait à nos récréations, elle devinait au mouvement des lèvres et au jeu des physionomies ce que nous disions, sa surdité ne lui permettant pas de l'entendre. Cette grande pénétration, jointe à son amour maternel, lui révélait même quelquefois, sans que nous les lui eussions confiées, nos inquiétudes ou nos peines.

» Son infirmière allant régulièrement voir, après Matines, si elle avait besoin de qnelque chose, la trouvait occupée, les veilles de communion, du grand acte qu'elle devait faire le lendemain, et lorsqu'elle ne pouvait dormir, elle chantait à demi-voix tantôt quelque psaume, souvent le *Magnificat* ou le cantique :

Mon bien-aimé ne paraît pas encore,
Trop longue nuit dureras-tu toujours, etc., etc.

» Le 1er juin 1848, jour de l'Ascension, elle reçut la visite de Mgr Nicholson, Religieux Carme irlandais et évêque coadjuteur de Corfou. Il était accompagné de Mgr Brown, religieux bénédictin, évêque de Galles en Angleterre, et, pour compléter cette respectable réunion, notre révérende Mère fit prier le révérend Père Lacordaire, que nous avions l'honneur d'avoir pour locataire, et que les deux Prélats désiraient ardemment connaître, de prendre la peine de se rendre au parloir. Ce fut une grande consolation pour elle de voir sous ses yeux, selon la pensée qu'exprima l'illustre Dominicain, les représentants des trois plus grands et des plus anciens Ordres de l'Eglise. Aussi, avec quelle joie toute notre communauté, qui était présente, courba-t-elle la tête sous leur bénédiction! Mgr de Galles ne pouvait se lasser d'entendre parler notre digne Mère des grands événements auxquels elle avait pris part dans sa longue carrière. Il disait, avec son accent un peu étranger : « *Oh! que cette révérende Mère est intéressante! Il faudrait prendre note de ce que dit cette Madame.* »

» Mgr Nicholson, qui se rendait à Rome, eut la bonté de se charger de remettre de sa part au souverain Pontife Pie IX les miniatures dont nous avons parlé, et dont l'envoi fut suivi de la touchante lettre déjà citée, témoignage de bienveillance qui combla l'âme de notre bonne Mère d'une si douce joie, qu'elle conviait tout le monde à y prendre part.

» Notre digne Prieure, qui avait eu à consigner au livre des douleurs tant de gémissements et d'angoisses dans le cours de sa longue carrière, avait acquis l'énergie et les vertus qui aident à vivre dans les jours mauvais. Sa grande âme avait fini par dominer les événements. Ceux qui désolèrent notre patrie en 1848, et ensanglantèrent au mois de juin les rues de notre capitale, la trouvèrent calme et résignée; *résolue*, disait-elle, *d'affronter plutôt les injures des ennemis de l'ordre, s'ils venaient une seconde fois l'attaquer dans la dernière retraite qu'elle s'était choisie, que de la quitter par des mesures de prudence.* Son cœur, quoique brisé des maux qui affligeaient l'Eglise et son auguste chef, avait cette ferme confiance que, cette fois, l'épreuve ne serait que passagère. La pensée suivante, qu'elle avait écrite dans un de ses livres, lui était toujours présente : — « Si Dieu permet que l'enfer se heurte contre les portes de l'Eglise, qu'il ne rompra jamais, c'est pour réveiller ses enfants et les rendre plus fervents dans le service de Jésus-Christ. »

» La mort héroïque de Mgr Affre l'avait remplie d'admiration; aussi, son âme tressaillit-elle de joie quand l'un des respectables membres du Conseil, M. l'abbé Eglée, lui fit présent d'une paire de gants blancs de cérémonie de ce saint Prélat. Elle les reçut comme une relique, et les plaça avec honneur sur un coussin garni de fleurs, recouvert d'un globe posé sur un socle en marbre noir, où sont gravées en lettres d'or les dernières paroles de l'Evêque martyr : « *Le bon Pasteur donne sa vie pour ses brebis. — Puisse mon sang être le dernier versé !* » Elle prenait surtout plaisir à se faire répéter la pensée qu'on a exprimée avec tant de justesse, en disant que ce grand archevêque a magnifiquement vécu dans sa mort.

» Mgr Sibour, bien informé de ce que le diocèse de Paris devait à notre révérende Mère pour la concession du couvent des Carmes, lui écrivit, même avant son arrivée, une lettre pleine des témoignages d'estime, de bienveillance et de paternelle affection, dont il lui donna une nouvelle preuve en la venant visiter avant toutes les autres communautés de la capitale.

» Cependant la santé de cette bonne Mère allait toujours déclinant. C'était quelquefois les veilles des fêtes que les fâcheux accidents dont nous avons parlé lui survenaient et la privaient du bonheur de s'unir à son Dieu. Elle fut deux années de suite sans pouvoir communier le jour de la fête de notre Mère sainte Thérèse. Mais la troisième, qui fut la dernière (1848), sa santé n'ayant pas mis obstacle à ce qu'elle descendît au chœur, elle ressentit une douce joie d'assister à la messe que disait, à six heures, un saint prêtre pour lequel elle conservait une bien sincère reconnaissance, en raison des services dévoués et désintéressés que, depuis un grand nombre d'années, il ne cesse de rendre à notre communauté. « *N'oubliez pas*, dit-
» elle à une de ses Sœurs, *de faire savoir à ce*
» *vertueux ecclésiastique combien j'ai été heureuse*

» *de communier aujourd'hui de la main d'un séra-*
» *phin* (1). »

» S'il arrivait qu'on fût obligé de la saigner un vendredi, comme il était quelquefois nécessaire à cause de ses extrêmes souffrances, on ne pouvait la décider, malgré son grand âge, à rompre l'abstinence : « *J'aime tant la purée à l'eau*, disait-elle, *ce mets me va si bien, qu'un bouillon gras ne me serait pas si salutaire.* » Combien n'étions-nous pas édifiées de voir que, dans ses dernières années, les jours de jeûne d'Eglise, elle se privait d'une petite grappe de raisin qu'elle se permettait d'ordinaire ! Et cependant elle ne buvait presque que de l'eau, et prenait si peu de chose pour sa nourriture, que nos bonnes Sœurs du voile blanc disaient : « *Notre Mère mange comme un petit oiseau.* »

» L'avant-dernier Carême qui précéda sa mort, elle demanda, quelques jours auparavant, à notre Supérieur les permissions particulières pour les personnes de la communauté qui en avaient besoin. M. l'abbé Gaume, en les lui donnant, ajouta, afin de lui laisser toute liberté de prendre les soins que son âge réclamait : — Quant à vous, ma Mère, vous ferez ce que vous pourrez. » —

(1) Un des directeurs des Missions-Etrangères, M. l'abbé B***.

Cette digne Mère, qui avait toujours eu un attrait particulier pour la pénitence, profita de ces paroles pour faire beaucoup plus qu'elle ne pouvait, car elle pratiqua l'abstinence, malgré nos instantes prières, jusqu'à la moitié du Carême, ne voulant le soir que des légumes à l'eau, ce qui la réduisit dans un état alarmant pour notre tendresse et contrista vivement notre Supérieur, qui, étonné de voir qu'elle eût ainsi interprété ses paroles selon l'inclination qu'elle avait pour l'austérité, l'obligea de laisser ses chères filles agir comme elles l'entendraient dans l'intérêt de sa santé. « *Hélas!* nous disait notre bonne Mère, quand elle s'apercevait de notre sollicitude : *que voulez-vous? l'estomac d'une fille de quatre-vingt-dix ans n'est pas toujours des plus complaisants.* »

» Quand elle se trouvait forcée de faire gras, bien que les aliments qu'elle se permettait alors fussent des plus simples, elle aurait regardé comme une immortification d'en ajouter de maigres dans le même repas.

» Marchant sur les traces des anciens patriarches, notre digne Mère avait toujours, comme nous l'avons vu, dressé des autels au Seigneur dans tous les lieux où sa divine Majesté l'avait fait camper au temps de sa persécution et de ses malheurs. Elle fut encore menacée de transporter ailleurs sa tente, depuis son entrée dans notre nouvelle habitation; celle qui nous répétait quelquefois : « Il ne me reste plus, mes chères filles, qu'à dire mon *Nunc dimittis*, » vit un mois avant sa mort entrer dans l'enceinte de nos murs des envoyés du Gouvernement pour toiser notre terrain que devait traverser une rue. Elle se reposa de cette dernière inquiétude sur la Providence dont elle récitait tous les jours les litanies.

» Dieu qui avait, ce semble, tout fait pour notre chère Mère durant le cours de sa longue carrière et qui l'avait conduite presque constamment par la voie des consolations, surtout au milieu de ses grandes adversités, voulut lui faire sentir, dans les derniers temps, qu'il y a, dans la vie de l'homme le plus juste, certains moments de douleur et d'épreuve que le Saint-Esprit appelle le temps de l'obscurité. Non-seulement elle se trouva destituée de cette ferveur sensible qui l'avait toujours soutenue, mais elle ne voyait en elle-même qu'un vide qui la désolait, et, en Dieu, une sainteté qui la saisissait. Quand elle envisageait la mort, dont la pensée l'occupait si souvent, on l'entendait gémir avec effroi dans l'attente des jugements de Dieu, dont elle avait une appréhension extraordinaire. Si, pour la rassurer, nous lui représentions tant de grandes œuvres qu'elle avait faites pour la gloire de Dieu : « *Hélas! mes pauvres enfants*, répondait-elle avec humilité, *il y a bien de l'alliage dans tout cela. Surtout*, disait-elle, *qu'on ne vienne pas me parler, à l'heure de ma mort, du peu de bien que j'ai pu faire dans ma vie.* »

» Que n'a-t-elle pas fait pour se préparer par avance à ce terrible passage? Que de bonnes œuvres, que de prières, que d'aumônes dirigées à cette fin! Et, dans ses dernières années, avec quel courage elle se traînait au chœur, accablée de souffrances et les jambes tout enflées, afin de pouvoir communier! « *car*, disait-elle, *je pense toujours que c'est peut-être pour la dernière fois.* »

» La crainte du Seigneur est le commencement de la sagesse; ceux qui en sont pénétrés ont le don d'une parfaite intelligence, dit le Psalmiste. Cette crainte excessive qui resserrait l'âme de notre chère Mère était cependant une crainte filiale qui lui servait comme d'aiguillon et l'excitait sans cesse à se tourner vers Jésus-Christ comme vers le seul appui de son espérance. Elle comprenait alors plus que jamais que nous lui devons tout, et et que nos faibles services demeureraient impuissants à nous mériter la gloire du ciel, si ce divin pontife ne nous l'avait obtenue par son sang et par le sacrifice de sa vie.

» Elle aimait à se rappeler ces paroles : « Le

» salut est montré à la foi, il est promis à l'espé-
» rance; mais il n'est donné qu'à la charité. » Elle fit graver sur les murailles de notre cloître les vers suivants, composés par une de nos anciennes Mères, vers que nous ne citons pas comme remarquables par la forme, mais qui exprimaient ce mélange de crainte respectueuse et de confiance filiale qui partageaient son âme. Elle se les faisait souvent répéter lorsqu'elle passait dans l'endroit où ils étaient inscrits :

Juge adorable, et cependant mon père,
Pour te fléchir avant ton jugement,
Ah! je craindrai bien plus de te déplaire,
Que je ne crains mon juste châtiment.

Quand tu viendras avec ta récompense,
Serai-je digne, hélas! de l'espérer?
Mon cœur frémit, Seigneur, lorsque j'y pense,
Mais ton amour à tout peut suppléer.

Bientôt viendra cette nuit ténébreuse,
Pendant laquelle on ne peut plus agir :
Au dernier jour, ah! qu'une âme est heureuse,
Quand, sans regret, elle voit tout finir.

Oh! mon Sauveur, que mon âme attentive
Fixe en vous seul mes regards et mon cœur!
Que mon esprit, que tout en moi vous suive,
Puisque de vous dépend tout mon bonheur.

» Elle écrivit aussi pour s'animer à la confiance, dans les dernières années de sa vie, les invocations suivantes :

» C'est vous, Seigneur, qui êtes mon unique
» espoir depuis ma jeunesse ; ne me rejetez pas
» dans le temps de ma vieillesse et ne m'abandon-
» nez pas à présent que je n'ai plus de force ; j'es-
» père contre toute espérance, ferme dans ma foi.
» O vous qui, après m'avoir éprouvée par de
» grandes afflictions, vous êtes tourné tendrement
» vers moi, et m'avez retirée de ces temps malheu-
» reux, mon âme, que vous avez délivrée de tant
» de dangers, ne se réjouira plus qu'en vous, ô
» mon Dieu ! »

» Malgré les douloureuses infirmités dont notre chère Mère était accablée, nous nous flattions cependant de la conserver longtemps encore, parce que nous savions que son tempérament nerveux et sanguin l'avait fatiguée toute sa vie, et que, d'ailleurs, elle se sentait elle-même, nous disait-elle, pleine de vie et de force. Le médecin, après chaque saignée, était étonné lui-même de la richesse de son sang. Elle conservait aussi une énergie, une gaieté, nous pourrions presque ajouter un air de jeunesse qui nous faisait dire avec les personnes qui la connaissaient, qu'à moins d'accident, elle verrait probablement son siècle.

Hélas ! cet accident arriva au moment où nous y pensions le moins.

» Le 11 novembre 1848, voulant essayer quelques paires de lunettes, elle s'approcha avec vivacité de la fenêtre de son infirmerie ; la faiblesse de ses reins lui faisant perdre l'équilibre, elle tomba avec roideur. Son infirmière, qui heureusement était auprès d'elle, s'empressa de lui porter secours et vint en toute hâte nous avertir de ce fâcheux accident. Nous nous rendîmes aussitôt, avec plusieurs de nos chères Sœurs, auprès de cette vénérable Mère, qui se mit à rire en voyant notre consternation. Elle nous rassura, et dit au médecin, le jour et le lendemain, qu'elle ne se ressentait de rien et se portait à merveille.

» Elle marcha en effet comme de coutume pendant plusieurs jours, lorsque tout à coup une douleur des plus vives la saisit à la hanche et la força de s'asseoir à la place même où elle se trouvait. Le médecin ordonna quelques sangsues qui calmèrent la douleur ; néanmoins elle fut réduite, pendant environ trois semaines, à ne plus faire un seul pas. On la conduisit alors tous les matins dans un fauteuil à roulettes, de son infirmerie à une tribune donnant sur la chapelle, pour y entendre la sainte messe, et de la tribune à la grille de l'infirmerie les jours de communion ; mais, par respect pour cet adorable sacrement, elle s'en privait quelquefois, « *car*, disait-elle toute pénétrée, *c'est Jésus-Christ qui vient actuellement me chercher.* » Puis elle nous entretenait, avec l'expression de la foi la plus vive, du respect et des dispositions qu'exige ce divin mystère.

» Notre révérende Mère put commencer à marcher vers le mois de décembre, cependant sa faiblesse, jointe à l'enflure de ses jambes et à la mauvaise saison, l'empêchait de descendre à six heures du matin pour communier. A l'approche du Carême, le médecin lui conseilla d'essayer de se promener un peu au milieu du jour à l'aide de deux bras, pour respirer l'air du jardin. Mais en vain fîmes-nous tous nos efforts pour l'y engager; elle protesta qu'elle ne mettrait pas le pied au jardin tant que ses forces ne lui permettraient pas de descendre au chœur le matin pour communier.

» Ce sacrifice était d'autant plus méritoire pour elle, que toute sa vie elle avait pris un singulier plaisir à contempler les beautés de la campagne, surtout au retour du printemps où la résurrection de la nature lui fournissait un intarissable sujet de méditation. Son âme s'élevait alors plus facilement vers le Dieu qui nous a aimés jusqu'aux délices, et son amour reconnaissant le voyait dans chaque plante, dans chaque fleur, dans le moindre brin d'herbe. Elle comprenait à merveille que les saints entrassent en extase à la vue du spectacle magnifique de l'univers, où reluisent la bonté et la puissance du Créateur. Ces douces impressions, dont elle eût voulu pouvoir pénétrer tous les cœurs, lui faisaient dire qu'elle était née contemplative, et qu'il était étrange que tout le monde ne fût pas frappé de ces miracles de la végétation qui, ajoutait-elle, s'accomplissent pendant que nous dormons.

» Aussi, nos chères Sœurs les sacristines, qui connaissaient ses goûts, avaient-elles grand soin de lui présenter les bouquets préparés pour orner l'autel, car elles savaient bien que c'était pour notre digne Mère une innocente jouissance qui égayait ses vieux jours.

» Mais tout le plaisir que lui eussent procuré quelques petites promenades au jardin, elle se le refusa par le motif de foi que nous avons dit. Elle ne voulut pas même alors se rendre au parloir proche de son infirmerie sans une absolue nécessité. Depuis longtemps, d'ailleurs, à l'exception de deux ou trois personnes, du nombre desquelles était sa petite-nièce, Mlle Roseline d'Hinnisdal, elle n'y allait plus que pour les affaires importantes qui réclamaient sa présence; aussi nous dit-elle avec son aimable gaieté, à la fin de janvier : « *Je n'ai encore été au parloir cette année, mes chères filles, que pour recevoir le bon Dieu et mes Pères de la Miséricorde.* Le dévouement de ces dignes ecclésiastiques qui font partie de la congrégation fondée par feu le vénérable abbé de Rauzan fut une des dernières et des plus douces consolations que le Ciel accorda à notre bien-aimée Mère à la fin de sa vie; l'un était son confesseur particulier et l'autre celui de la communauté. Elle ne parlait qu'avec effusion de cœur de l'intérêt qu'ils leur témoignaient, et ce n'était qu'avec peine qu'elle voyait s'absenter, à l'époque des retraites ou des stations de carême, celui qui dirigeait sa conscience. « *A mon âge*, nous disait-elle, *il est bien triste d'être privée de celui qui, après Dieu, connaît le mieux le fond de notre âme; car je crains bien, mes pauvres enfants, que je ne vous échappe au moment où vous y penserez le moins. Ne vous fiez pas tant à ma bonne mine; quatre-vingt-douze ans bientôt, c'est une maladie incurable.* » Hélas! la triste prévision de notre vénérable Mère Camille n'était que trop fondée, car Dieu sans doute, par une Providence miséricordieuse, voulant éloigner d'elle les terreurs et les angoisses de la mort, cueillit au moment où nous y pensions le moins ce fruit mûr pour le ciel, et s'il lui accorda la consolation d'avoir son confesseur auprès d'elle, le jour même de sa mort, nous n'eûmes pas celle de lui faire recevoir le pain des anges et le gage de son espérance aux frontières de l'éternité.

» Depuis sa chute elle descendit au chœur pour la première fois le jour des Cendres, mais avec peine; car, depuis ce funeste accident, elle ne pouvait marcher sans que l'enflure habituelle de ses jambes remontant ne lui occasionnât de violentes palpitations. Elle se traînait néanmoins au chœur les jours de communion ; mais l'oppression qu'elle éprouvait lorsqu'il lui fallait retourner à l'infirmerie la faisait extraordinairement souffrir. Une de nos chères Sœurs ayant eu, à cette époque, une forte entorse qui la retint une quinzaine de jours sans pouvoir bouger, il lui fut permis de recevoir notre Seigneur le saint jour de Pâques, à la grille de l'infirmerie; notre digne Mère profita de cette circonstance, et continua de communier avec sa bien-aimée fille autant de fois que nos Constitutions le permettent aux malades.

» Au pressentiment de sa fin prochaine se mêlait toutefois la pensée que l'intervention de nos prières adressées à Dieu par l'entremise de Marie, et la force de tempérament qui restait à notre vénérée Mère pourraient encore prolonger ses jours. Elle ne voulut néanmoins jamais permettre qu'on demandât au Seigneur la cessation de ses maux. L'une d'entre nous lui ayant dit une fois qu'elle allait prier Dieu de lui envoyer à elle-même toutes ses souffrances, afin de l'en délivrer : — « *Donnez-vous-en bien de garde*, lui répondit-elle, *demandez seulement pour moi la patience.* »

» Cette sainte victime consommait ainsi peu à peu son sacrifice. La chère infirmière sur qui elle se reposait, comme une mère sur la plus dévouée des filles, commença sa retraite annuelle le 20 avril. Notre vénérable Mère, après lui avoir recommandé de se livrer sans réserve aux desseins de la grâce, lui signifia de ne manquer à aucun de ses exercices en sa considération. S'imaginant un jour qu'elle n'avait pas assisté aux prières qui suivent le dîner par sollicitude pour ses besoins, elle en fut attristée et dit à une Sœur qui vint la visiter ensuite : — « *C'est une grande imperfection de la part de Marie-Thérèse ; car Dieu doit toujours passer avant la créature. Son attachement pour moi en cette circonstance a été trop humain. Je ne sais si j'aurais fait cela étant jeune professe.* »

» Cependant son catarrhe reprit fortement quelques jours avant la retraite de cette dévouée et infatigable Sœur. Notre bonne Mère, qui faisait des vœux pour qu'aucun accident grave ne dérangeât sa chère fille de la solitude, se gêna beaucoup pendant ces dix jours, et ne souffrit même qu'à regret les attentions empressées de celles qui eurent le bonheur d'être choisies pour suppléer aux fonctions d'infirmière. On s'accoutume d'ailleurs à cet âge aux soins depuis longtemps prodigués par une personne habituée à deviner nos souffrances, et il est bien difficile, pour ne pas dire impossible, de la remplacer.

» Le 22 avril, se sentant très-mal à l'aise, elle communia avec grande ferveur, comme pour la dernière fois. Elle se confessa le samedi 28, et dit dans la journée, avec cette simplicité qui charmait en elle : « *J'ai fait ce matin une confession dont je suis assez contente.* » Pour elle c'était beaucoup dire, car cette vénérable Mère apportait tant de préparation au sacrement de Pénitence, qu'elle eût voulu, chaque fois qu'elle s'en approchait, ressentir une contrition qui la fît expirer de douleur. Aussi, lorsque ce jour-là on venait lui parler pour des choses qui pouvaient se remettre : « *Vous ne savez donc pas*, disait-elle, *que je vais bientôt me confesser ?* » Elle en riait quelquefois elle-même ensuite et nous disait en plaisantant : « *Mes enfants, vous avez une Mère inabordable dans la matinée où elle doit se confesser.* »

» Nous devons ajouter, toutefois, que rien n'était plus aimable que la manière dont elle nous congédiait, et que nous ne perdions rien pour attendre. Ce même jour, 28, elle se rendit au parloir afin de voir notre confesseur, pour lequel elle avait, comme nous l'avons déjà dit, une estime et une affection toutes particulières. « *Mon Père*, lui dit-elle en entrant, *je me meurs; je viens vous faire mes adieux.* » La souffrance lui arracha presque des larmes en ce moment. Notre bon Père, qui avait été effrayé de son état à la première vue, se rassura bientôt par les charmes de sa conversation animée. Ce fut néanmoins sa dernière visite.

» On la conduisit le lendemain, fête du patronage de notre père saint Joseph, à la grille de l'infirmerie pour y recevoir le pain des forts, dont elle s'était approchée toute sa vie avec tant de foi et de respect. Elle eut encore l'intention de le recevoir en forme de viatique. Le prêtre qui la communia s'aperçut, à ses traits, qu'elle était excessivement fatiguée. Elle descendit cependant encore quelques minutes au jardin le lendemain, et remonta à son infirmerie avec d'extrêmes difficultés. La consommation du sacrifice approchait; la victime, que de longues souffrances et un amour héroïque avaient disposée à son immolation, devait bientôt remettre son âme généreuse entre les mains de son Créateur. Son oppression, devenue habituelle, augmenta le 1er mai, et notre médecin, concevant de graves inquiétudes, désira s'associer un de ses confrères qui déclara sur-le-champ que la saignée était urgente, et que, sans ce remède, la malade ne passerait pas la journée.

» Aussitôt après la saignée elle se trouva mieux, et même si bien, que le lendemain, 2 mai, croyant être déjà au 3, jour de l'Invention de la sainte Croix, elle se leva toute seule, prit son bâton et alla dans sa tribune adorer la vraie Croix. Il n'y avait pas moyen de la retenir dans ces circonstances, et il nous fallait, quoiqu'à regret, la laisser faire.

» Le Dimanche, 6 mai, trois jours avant sa mort, nous fîmes entrer le révérend Père qui avait toute sa confiance. Elle se confessa et reçut l'absolution, non-seulement avec la foi et la piété qui lui étaient ordinaires, mais dans la respectueuse crainte que lui inspirait la perspective de son dernier passage. Elle pria ensuite le confesseur de vouloir bien prendre son étole et de la lui poser sur la tête en récitant l'Evangile de saint Jean. « *Ne pouvant assister au saint sacrifice de la messe, j'ai beaucoup d'attrait*, dit-elle, *pour cette dévotion de bonnes femmes.* »

» Cependant malgré l'assurance que nous donnaient les médecins, que le danger n'était pas imminent et que la maladie qu'ils appelaient fièvre catarrhale pulmonaire prenait un bon cours, nos inquiétudes allaient toujours croissant. Nous engageâmes notre révérende Mère à recevoir le saint Viatique comme source des grâces qui devaient la soutenir et ranimer sa vigueur spirituelle. Mais son grand respect pour la sainte communion lui fit penser qu'il n'y avait pas assez de temps qu'elle s'était approchée de son Dieu pour le recevoir dans son infirmerie.

» Cependant le mieux qui s'était manifesté ne se soutint pas ; la nature épuisée pressentait sa prochaine destruction ; le repos avait fui loin des yeux de notre chère Mère, ou, si elle s'assoupissait, son sommeil était si agité, que celles qui la veillaient en étaient tout attristées. Elle prononçait tout haut, pendant ce temps, des paroles incohérentes, et, appelant celle de nos chères Sœurs qui était là, elle lui disait : *C'est une chose extraordinaire : je me réveille moi-même par les conversations sans suite que je tiens en dormant : cela me fatigue beaucoup.* » Ces circonstances réunies faisaient entendre à nos cœurs affligés une réponse de mort que notre filiale tendresse s'efforçait de ne pas comprendre. Les trois nuits qui précédèrent sa mort, toutes ses paroles révélaient la tendresse de sa dévotion : « Pourquoi donc, demandait-elle, ne pas m'avoir » avertie quand minuit sonnait ? j'aurais dit mon » *Verbum caro factum est.* » Lorsqu'on lui objectait la crainte qu'on avait eue de la réveiller, cette raison ne la satisfaisait pas. Elle invoquait les saints Anges, son guide tutélaire en particulier, et répétait avec une ferveur admirable : « *O mon bon Ange, intercédez pour moi! sainte Philomène, priez pour moi!* » Elle récitait aussi en latin plusieurs versets du psaume *Voce mea ad Dominum clamavi.*

» Il serait impossible de trouver une malade plus facile à soigner que ne l'était notre vénérable Mère Camille. Pleine d'égards et de délicates attentions pour celles qui la veillaient, elle ne paraissait impatiente que lorsqu'elle craignait qu'on ne se fatiguât inutilement : « *Ne vous dérangez donc pas lorsque vous m'entendez parler tout haut,* disait-elle dans cette dernière maladie, *c'est indépendant de ma volonté. Mettez-vous dans le fauteuil, et reposez-vous jusqu'à ce que je vous appelle.* Son amour maternel lui fit dire à une de nos chères Sœurs l'avant-veille de sa mort : « *Je me suis informée aujourd'hui, ma chère amie, si vous n'avez pas la courbature, car c'est bien fort pour vous de m'avoir veillée toute la nuit.* »

» Notre digne Supérieur, qu'elle avait demandé, et qui n'a cessé de donner à notre communauté les marques du plus bienveillant et du plus paternel intérêt, entra pour la voir le 8 mai, veille de sa mort.

Elle lui demanda la permission de communier en viatique. Il la lui accorda très-volontiers et l'engagea même à recevoir tous ses sacrements de la main de son confesseur. Mais elle lui exprima le désir d'attendre pour celui de l'Extrême-Onction ; car pensant que sa maladie pourrait encore se prolonger trois ou quatre mois, elle souhaitait qu'on ne le lui administrât qu'aux approches du dernier moment. Elle le pria aussi d'avoir la bonté de venir lui-même lui rendre ce dernier service, se ressouvenant des consolations spirituelles qu'elle avait éprouvées lorsqu'il l'avait assistée dans sa grande maladie, et pensant lui en être spécialement redevable. M. le Supérieur nous dit en se retirant qu'il reviendrait le lendemain, car, bien que les médecins ne trouvassent pas le danger imminent et que la malade se crût encore éloignée de sa fin, il pensait néanmoins que dans un âge aussi avancé il pouvait arriver quelque accident imprévu.

» Lorsque je retournai auprès d'elle, je l'engageai à se disposer à la réception des sacrements pour le lendemain; et voyant qu'elle paraissait craindre qu'on ne fît trop d'apprêts, il fut convenu que tout aurait lieu le plus simplement possible.

» Cette même nuit qui précéda sa mort, c'est-à-dire celle du mardi au mercredi, elle fut extrêmement agitée et cependant toujours aussi fervente. Elle chantait d'une voix forte et animée le psaume *Cantate Domino canticum novum.* « *Ma bonne Mère*, » disait-elle à la très-sainte Vierge, qu'elle avait tant aimée et qui l'avait toujours protégée dans sa longue carrière, « *assistez-moi, intercédez pour moi ! sainte Anne, priez pour moi !* » Elle prononça bien souvent ces paroles : « *Mon Dieu, je remets mon âme entre vos mains !* » Elle appella celle de nos Sœurs qui la veillait, et lui dit : « *J'ai consacré mon année au Saint-Esprit* (elle avait la pieuse coutume de consacrer chaque année, soit au sacré Cœur, soit au Saint-Sacrement, etc.) *demandez donc au bon Dieu que j'aille jusqu'à la Pentecôte.* » Elle répéta à plusieurs reprises 6, 7, 8, sans aller plus loin. Hélas ! c'était en effet le lendemain 9 de mai que sa belle âme devait enfin briser ses liens pour entrer dans la salle du festin éternel.

» Le matin de ce jour qui devait enlever à notre affection notre Mère vénérée, nous commençâmes à nous apercevoir que ses idées n'étaient pas aussi nettes. Son confesseur vint dès le matin, et, pendant qu'il était auprès d'elle, plusieurs de nos Sœurs se disposèrent à accompagner le Saint-Sacrement qu'elle devait recevoir en viatique. Mais l'agitation de la nuit, occasionnée par une fièvre des plus violentes, existant toujours, il convint avec notre chère Mère de revenir l'après-midi. Dans la matinée, elle fut calme, et les médecins, qu'elle édifia comme elle n'avait cessé de le faire par ses discours pleins de foi, de résignation et d'amour de Dieu, loin de remarquer en elle aucun signe d'une fin prochaine, lui dirent au contraire qu'ils la trouvaient mieux qu'à l'ordinaire, qu'elle avait l'œil bon, la langue humide, la parole libre et qu'ils avaient bien l'espoir de la tirer de cette maladie qui paraissait prendre un bon cours.

» Mlle d'Hinnisdal, qui venait elle-même, chaque jour, savoir des nouvelles de sa bien-aimée tante, attendit au parloir le départ du médecin ordinaire, afin d'apprendre de sa propre bouche ce qu'il pensait de la malade. Il lui transmit un bulletin favorable, et il lui dit qu'étant au douzième jour de la maladie, il avait bon espoir; qu'il y aurait encore le dix-septième et le vingt et unième qui pourraient être dangereux, mais que tout portait à croire que nous parviendrions à la conserver.

» D'après un rapport si consolant pour nos cœurs, quelque inespéré que dût être le rétablissement de notre digne Mère, nous osions encore l'attendre de la miséricorde divine. Le Seigneur voyait couler nos larmes et savait quelle était la ferveur de nos prières, pour éloigner de nous une séparation que nous eussions retardée, s'il eût été possible, aux dépens de nos années.

» N'ayant aucune oppression, notre Mère prit, vers midi, son petit repas, et se leva un peu après, paraissant tout à fait dans son état ordinaire. Son confesseur revint à l'heure convenue ; mais notre bonne Mère, tranquille, ainsi que nous sur sa position, le fit prier de remettre au lendemain. Ce digne Père, auquel nous avions transmis le rapport des médecins, se retira sans inquiétude, ainsi que notre Supérieur, qui voulut bien encore, comme il l'avait promis, venir ce jour-là savoir des nouvelles de notre chère malade.

» La dépositaire étant entrée dans son infirmerie sur les cinq heures et demie, pour lui rapporter la clé d'un parloir, et la voyant dans son fauteuil lui demanda comment elle se trouvait. Elle laisse tomber ses deux bras pour lui donner à comprendre qu'elle se sentait extrêmement faible ; puis elle lui dit d'un ton de voix très-clair et très-distinct : « *Pourquoi, ma chère amie, les médecins continuent-ils à venir ? c'est assez inutile maintenant.* » Cette vénérable Mère, éprouvant, depuis quelques jours, le besoin de prendre de la nourriture, pensait que le seul remède nécessaire pour elle était de ranimer ses forces, et que quelques confortants la rétabliraient entièrement. La dépositaire lui répondit que c'était une consolation pour nos cœurs de prendre l'avis des médecins quand nous la savions malade ; et, lui trouvant le teint très-bon en ce moment, elle lui dit pour l'égayer un peu : « *Ma Mère, vous conservez toujours votre jolie mine.* » Notre bien-aimée Mère lui fit un gracieux sourire, après lequel cette chère Sœur se retira dans la crainte de la fatiguer.

» Cependant l'heure était arrivée où notre chère Mère devait entrer en possession du repos éternel, récompense de ses longs et pénibles travaux. Après l'oraison du soir, je me rendis auprès d'elle pour assister à la visite de l'un des médecins qui venait régulièrement deux fois le jour depuis la dernière saignée ; mais il ne se présenta pas, rassuré sans doute par le mieux qu'il avait remarqué le matin. Nons offrîmes à notre chère malade de prendre un peu de repos ; et au moment où nous venions de la replacer sur son lit, la pâleur de la mort couvrit son visage. L'infirmière s'écria : *Mon Dieu ! on dirait que notre Mère se meurt*. J'envoie promptement chercher un prêtre, tandis que l'infirmière agite violemment toutes les sonnettes, pour que la communauté, qui était depuis un quart d'heure au réfectoire, accourût en toute hâte. Alors un cri d'effroi retentit dans la maison, et une scène de douleur, qu'il serait impossible de décrire, se passa près de la couche funèbre de notre vénérée Mère. Les premières qui purent entrer dans son infirmerie se précipitèrent près d'elle, et, l'ayant vue pousser quelques soupirs, lui suggérèrent les trois invocations : *Jésus, Marie, Joseph, je vous donne mon cœur, mon esprit et ma vie! Jésus, Marie, Joseph, assistez-moi dans ma dernière agonie! Jésus, Marie, Joseph, faites que j'expire paisiblement en votre sainte compagnie!* » D'autres, prosternées devant le Seigneur, le conjuraient d'envoyer assez promptement un de ses ministres pour que leur Mère bien-aimée pût recevoir une dernière bénédiction sacerdotale avec l'indulgence *In articulo mortis*. M. l'abbé Maccarthy, aumônier des Dames de Bon-Secours, fut le premier qu'on put rencontrer. Il fit encore une onction à la malade, et lui appliqua l'indulgence; mais nous n'eûmes pas la certitude qu'elle pût profiter de cette dernière grâce, car celle qui, peu d'instants auparavant, semblait être revenue à son état ordinaire, n'entendait plus nos gémissements, n'écoutait plus notre voix : elle était passée doucement il est vrai, mais subitement, de ce monde à une vie meilleure.

» M. l'abbé Maccarthy semblait un ange de paix envoyé de Dieu en ce moment de suprême désolation; il nous témoigna avec l'effusion d'une charité compatissante la part qu'il prenait à notre juste affliction, mais il sut en tempérer l'amertume en nous représentant que, si la mort de notre bien-aimée Mère avait été en quelque façon subite, certainement elle n'avait pas été imprévue.

» Toutefois il était impossible que la consommation d'un sacrifice aussi douloureux ne déchirât pas nos âmes et ne les plongeât pas dans l'amertume. Aussi, pendant plusieurs jours, nous n'eûmes presque d'autre nourriture et d'autre langage que nos sanglots et nos larmes. La mort n'avait eu pour celle que nous pleurions aucune de ses angoisses et de ses agonies, mais la séparation avait pour nous toutes les siennes.

» Tout accablées que nous étions, nous ne pûmes cependant qu'admirer les voies de Dieu sur notre vénérable Mère Camille, car c'était évidemment dans des vues de miséricorde que le Seigneur avait épargné les horreurs de la mort à celle qui, malgré une si longue vie passée dans l'exercice de toutes les bonnes œuvres, avait cependant une crainte excessive de ce dernier passage et des jugements de Dieu.

» Après sa mort, les rides disparurent de son visage; il devint si paisible et si beau, qu'il nous semblait, en le contemplant, y voir comme un reflet de la béatitude dont son âme était en possession. Lorsque ses restes furent exposés dans le chœur, ils excitèrent dans toutes les personnes du dehors la même impression. On croyait voir une personne d'une cinquantaine d'années, absorbée dans un doux sommeil. »

Citons comme complément de cette admirable et sainte vie, les deux articles que publia la *Voix de la Vérité*, dans ses numéros du 10 et du 12 mai.

« Mme de Soyecourt, Prieure des Carmélites de la rue de Vaugirard, 89, à Paris, est morte hier, à six heures du soir, dans sa quatre-vingt-douzième année ; elle avait près de soixante-cinq ans de religion.

« Son grand âge n'avait affaibli ni la force de sa tête, ni la piété de son cœur. La communauté à la tête de laquelle elle était, a longtemps, comme on sait, habité l'ancien couvent des Carmes. Un sentiment de foi et de piété filiale avait porté Mme de Soyecourt à faire l'acquisition de ce couvent. M. son père y avait été enfermé pendant les jours de la Terreur, et puis elle avait espéré que des jours meilleurs viendraient, et qu'elle pourrait le rendre à sa destination première. Ses désirs, à cet égard, n'ayant pu littéralement s'accomplir, elle avait offert aux Pères de la Compagnie de Jésus la belle propriété des Carmes, moyennant une faible indemnité qui lui permît de préparer ailleurs, à ses chères filles en Jésus-Christ, une demeure modeste et convenable. L'archevêque de Paris, Mgr Affre, désira, pour son diocèse, cet établissement que Mme de Soyecourt offrait aux révérends Pères Jésuites. Ceux-ci, qu'on se plaît à représenter toujours si avides et si entreprenants, se retirèrent aussitôt, et Mgr l'Archevêque put prendre possession de l'ancien couvent des Carmes et de son église.

» Ainsi, le diocèse de Paris doit à Mme de Soyecourt d'abord la conservation et ensuite la jouissance de ce vaste établissement, ou plutôt de ce précieux monument.

» L'Eglise de France et même les Eglises étrangères lui ont d'autres obligations. Mme de Soyecourt avait recueilli de magnifiques débris de la fortune de ses pères; elle n'en a pas déshérité sa famille. Toutefois, Dieu a eu sa part; elle a aidé à se relever et à se soutenir plusieurs monastères de son Ordre. Ses pieuses libéralités, surtout dans les temps difficiles, et, par exemple, lors de la captivité de Pie VII et de la plupart des membres du sacré Collége, allèrent chercher et consolèrent bien des infortunes ecclésiastiques, depuis les plus hauts rangs de la hiérarchie jusqu'aux derniers. Mme de Soyecourt n'a pas été, comme on l'a dit de sa séraphique Mère, un Père de l'Eglise, mais elle en a été, en quelque sorte et souvent, une des mères nourricières.

» Il ne faut donc pas s'étonner que le nom de cette sainte Religieuse soit connu et révéré d'un bout à l'autre du monde catholique; ses bienfaits ont pénétré partout; les églises persécutées, les pays de Mission, les pauvres prêtres, les religieuses qui n'avaient point retrouvé d'asile après la dispersion, les couvents qui voulaient se relever, tous et partout avaient eu à bénir sa main généreuse.

» Pleine d'affabilité pour les petits et pour les pauvres, les grands du monde, princes et autres, traitaient avec elle comme avec une puissance; il faut avouer qu'on ne trouva nulle part plus de cette bienveillance élevée, de cette noble simplicité qui touche et impose, et que donne toujours la piété unie à une éducation distinguée, à de nobles souvenirs et à une grande naissance.

Mme de Soyecourt est donc une des gloires de l'Eglise de France au dix-neuvième siècle. Sa mémoire sera aussi bien précieuse pour la famille d'Hinnisdal où s'est fondue la sienne, et à laquelle s'est unie, entre autres, dans ces derniers temps, la si noble famille de Bryas. »

(*Voix de la Vérité*, n° du 10 mai 1849.)

Deux jours après la même feuille ajoutait :

« Les obsèques de Mme de Soyecourt, supérieure des Carmélites, dont nous annoncions la mort avant-hier, ont eu lieu aujourd'hui.

» Le corps de la défunte avait été exposé hier dans la partie de la chapelle cloîtrée et réservée aux Religieuses ; mais le voile de la grille avait été retiré, et les fidèles pouvaient contempler, après sa mort, les traits de cette sainte fille du Carmel, qui les avait soustraits, pendant sa vie, à tous les regards. Elle était vêtue de sa bure de Carmélite ; seulement on avait placé sur sa tête une couronne de fleurs blanches (1). Figure touchante de la couronne qui récompense sans doute en ce moment tant de bienfaits, de si rudes épreuves et des vertus si persévérantes.

» Aujourd'hui les restes mortels de la vénérable Prieure avaient été placés dans un double cercueil ; l'aumônier du monastère a célébré, dès huit heures, un service solennel, après lequel l'absoute a été faite par le Supérieur de la Communauté, M. l'abbé Gaume, vicaire général.

(1) Cette couronne était la même qu'avait portée, le jour de sa première Communion, Mlle Roseline d'Hinnisdal, qui s'était fait un plaisir de l'offrir ensuite à sa respectable tante.

» A dix heures l'enlèvement du corps a eu lieu, et il a été conduit à l'église des Carmes, où un nouveau service a été célébré par M. le curé de Saint-Sulpice, dans ce lieu où le père de Mme de Soyecourt fut prisonnier pendant nos discordes civiles; dans ce lieu où, pendant quarante ans, elle a prié avec ses saintes filles, pour le repos de l'âme de ce père vénéré, et, suivant les prescriptions de la règle de sainte Thérèse, pour la paix et le triomphe de la sainte Eglise, pour les besoins et la conversion de tous les hommes. C'est pour accomplir librement ce saint ministère de la piété chrétienne et filiale, auquel elle fut si fidèle, qu'elle avait fait l'acquisition des Carmes. Il n'est donc pas vrai que les couvents et la retraite dessèchent les cœurs et tuent la mémoire.

» Nous avons assisté à la levée du corps de la glorieuse fille de sainte Thérèse. Ses Sœurs l'ont accompagnée jusque sur le seuil de la clôture, et puis elles sont rentrées dans leur chapelle intérieure, d'où les sanglots venaient jusqu'à nous; immédiatement elles ont abaissé le voile qui les sépare du monde, même dans le lieu saint, et qui ne sera plus relevé sans doute que quand l'une d'elles les quittera pour aller à Dieu.

» Nous n'avons pas été seul à partager l'émotion qui brisait en ce moment les cœurs dans cet humble

Carmel. Nous avons vu les larmes couler sur plusieurs visages; nous n'avions, d'ailleurs, jamais fait partie d'un cortége plus pénétré et plus recueilli. »

« La mémoire de notre vénérable Mère Camille, continue sa chère fille, sera parmi nous en éternelle bénédiction, *parce que les œuvres de sa piété subsisteront à jamais.* Nous ne pouvons prononcer son nom sans que la douce impression de son souvenir ne se mêle à l'amertume de sa perte. Aussi, nos regrets sont-ils proportionnés au vide qu'elle laisse dans notre maison et aux innombrables bienfaits dont elle lui est redevable. Il ne nous serait guère possible de rapporter tous les témoignages d'estime, de reconnaissance et de vénération qu'un grand nombre de personnes aussi illustres par leur savoir que par leur piété rendirent unanimement à la mémoire de notre digne fondatrice. Il est peu de Religieuses qui aient été aussi généralement connues et dont la vie ait été aussi agitée par les affaires et par les événements. Aussi nous disait-elle quelquefois en adorant la mystérieuse conduite de la divine Providence à son égard : « *J'étais entrée aux Carmélites pour être éteinte dans le souvenir de tous les hommes et débarrassée de tous les intérêts du siècle; mais Dieu m'a conduite par une voie tout opposée à celle que j'avais voulu me choisir.* »

» L'inscription suivante se lit encore sur une très-belle pierre funéraire dressée et fixée dans la muraille, à hauteur de visage, au fond et à l'axe même de l'église souterraine des Carmes entre deux fenêtres assez petites, cintrées et garnies de vitraux, donnant sur le jardin qui est derrière le chevet de cette église :

ICI REPOSE
Le corps
De la Très-Révérende Mère Prieure
Thérèse-Camille de Soyecourt,
Religieuse de l'Ordre
De Notre-Dame-du-Mont-Carmel,
Laquelle prit l'habit
Au monastère de Sainte-Thérèse
Rue de Grenelle
Le 24 juillet 1784
Et fit sa profession
Le 31 juillet 1785
A l'âge de 28 ans.
Décédée le 9 mai 1849
Agée de 91 ans, 10 mois, 14 jours,
Dans le monastère de son Ordre
Qu'elle avait fondé rue de Vaugirard n° 89.
Elle a exprimé le désir
Que sa dépouille mortelle
Fût transportée
Dans les caveaux de cette terre bénie,
Que sa foi vive,
Sa générosité et son dévouement
Ont conservée à la Religion,
Et qu'elle a habitée 52 ans (1)
Avec sa communauté.

Requiescat in pace.

(1) Chiffre inexact. C'est 48 ans et non 52 que la Révérende Mère de Soyecourt a habité les Carmes avec sa communauté.

» Nous ne pouvons nous dispenser d'insérer ici quelques lettres qui lui sont trop honorables pour les passer sous silence. Nous commençons par transcrire le passage suivant de celle que nous avons reçue d'un illustre Archevêque :

17 mai 1849.

» Hélas ! j'étais loin de m'attendre à la triste » nouvelle que vous me donnez. L'âge de votre » bonne Mère devait pourtant nous faire présu- » mer qu'elle approchait de son terme ; mais ce » sont de ces pensées auxquelles on ne s'habitue » pas.

» Quoiqu'elle vous ait été enlevée bien rapide- » ment et que vous n'ayez pas pu la faire adminis- » trer, je ne saurais cependant avoir aucune in- » quiétude sur son sort éternel.

» C'était une âme très-grande, très-noble, » très-droite, qui avait toujours eu l'amour de » son état, l'amour de l'Eglise et l'amour de l'au- » mône. Avec ces trois amours, on est dans le » cœur de notre Seigneur : et qui peut en sépa- » rer ?... »

» Les dignes pasteurs et les bons habitants des anciennes terres de notre vénérée Mère partagèrent notre douleur, et donnèrent au souvenir de leur ancienne bienfaitrice des témoignages non équivoques de leur vénération et de leur reconnaissance.

» M. le curé de Guerbigny, en Picardie, nous écrivait :

18 mai 1849.

» J'ai appris la perte douloureuse que vous ve-
» nez de faire en la personne de vénérable et ré-
» vérende dame Camille de Soyecourt, votre chère
» Mère, et je partage bien votre affliction...
» Aussitôt la nouvelle de sa mort, je l'ai fait
» annoncer à la paroisse par le son des cloches,
» et je l'ai recommandée aux prières des fidèles.
» Tous les jours, aux pieux exercices du Mois de
» Marie, nous récitons les litanies de la sainte
» Vierge et le *De profundis* pour le repos de son
» âme. Pendant un an elle sera recommandée,
» d'une manière spéciale, au prône de la messe
» paroissiale, avec un *De profundis* particulier.
» Pendant un an aussi, les petites filles de l'école,
» institution dont elle est la fondatrice, réciteront
» en commun à la classe, le matin et le soir, le
» *De profundis* à la même intention, et j'ai invité

» aussi les personnes pieuses à faire une commu-
» nion pour la même fin.

» De concert avec la commune, je ferai, lundi
» 21 du courant, un service solennel auquel sont
» invités plusieurs prêtres. Nous commencerons
» par chanter les vigiles, dimanche après vêpres,
» à trois heures, et le lendemain, au service, mon
» intention est d'adresser une allocution à mes
» paroissiens sur la vie de cette dame vénérable à
» tant de titres, plus riche encore de vertus que
» d'années. Je crois en cela lui payer un tribut de
» reconnaissance pour moi, et pour la paroisse qui
» était sa privilégiée, et par là aussi répondre au
» désir de votre communauté et lui être agréable.
» N'oubliez pas, je vous prie, dans vos œuvres si
» méritoires, la paroisse et le pasteur de Guerbi-
» gny, etc. »

» M. le curé de Soyecourt écrivait aussi :

Soyecourt, 18 mai 1849.

» Madame,

» Aussitôt que je sus la perte que nous venions
» de faire en la personne de Mme Camille, votre
» Mère et la nôtre, j'ai fait sonner son décès.
» Grand fut l'émoi parmi tous mes paroissiens,

» car sa mémoire passera, chez moi, dans le cœur
» des enfants et des petits-enfants, de ceux même
» qui ne la connaissent que de nom et de réputa-
» tion.

» Le lendemain de l'Ascension de notre Sei-
» gneur, nous devons faire un service solennel
» pour le repos de son âme, qui a paru devant le
» Seigneur qui juge les justices mêmes. Unissons
» nos prières ensemble pour qu'il veuille bien la
» faire participer au bonheur des Saints, si toute-
» fois elle n'est déjà associée aux chœurs des An-
» ges et des Vierges. J'ai la confiance qu'elle n'a
» quitté ce monde que pour prier pour vous dont
» elle est encore la Mère, et pour les habitants
» de Soyecourt, et pour celui qui est chargé du
» fardeau de leurs âmes...

» Je ne vous ai pas écrit poste pour poste, » dit-il à la fin de sa lettre, « parce que je voulais
» savoir si mes paroissiens assisteraient au service
» solennel que je me proposais d'offrir pour l'âme
» de notre mère.

» J'ai averti les chantres et les sonneurs que
» nous ferions ce service gratuitement, en recon-
» naissance de tous les bienfaits qu'elle avait ré-
» pandus sur Soyecourt. Tout le monde s'est em-
» pressé. Les sonneurs, quoique pauvres, ont
» sonné la veille comme de coutume, et ce jour-là

» au matin, et pendant l'office. Le service a duré » trois heures. Je suis certain qu'il y avait plus de » trois cents personnes. Je leur ai témoigné ma » gratitude. Presque tous ont assisté au service » en habit de deuil. »

» Ce digne curé nous écrivit quelques jours après :

Soyecourt, 18 juin 1849.

» Je viens vous faire part de la perte doulou» reuse que nous venons de faire en la personne » du Frère Acace-Marie, né Boitet. Il est mort » de la mort des justes, j'en ai la confiance. L'abbé » Moilet, curé d'Epinancourt, est mort sept à » huit mois avant Mme Camille, pour aller prépa» rer la couronne qui ceint, j'en ai la douce con» fiance, la tête de cette héroïne chrétienne. Le » Frère Acace-Marie l'a suivie de près, afin d'al» ler ajouter une nouvelle perle à sa couronne, » car tous deux lui doivent le bonheur d'être ce » qu'ils étaient dans ce séjour de misères : l'un » membre d'une honorable congrégation, l'autre » revêtu du caractère sacerdotal, etc... »

FIN.

TABLE

FIN DE LA TABLE

OUVRAGES DU MÊME AUTEUR :

VIE DE LA RÉVÉRENDE MÈRE MARIE-ANNE (Maria de la Fruglaye), religieuse de la Congrégation de Notre-Dame, chanoinesse régulière de Saint-Augustin au monastère de la Congrégation de Notre-Dame, à Paris. 2e édition, 2 beaux vol. in-8, avec portrait, br. 10 »

MÉMORIAL DES ENFANTS DE MARIE, de la Congrégation Primo Primaria, établie dans le monastère des religieuses de la Congrégation de Notre-Dame. 2 beaux vol., ensemble 780 p. 6 »

SOUVENIRS DE LA CONGRÉGATION DE NOTRE-DAME, ou Recueil de Notices sur la vie et la mort de plusieurs élèves de la maison des Oiseaux. 4e édition, 2 vol. in-12. 4 »

ANNÉE EUCHARISTIQUE (nouvelle). 10e édition, revue et considérablement augmentée, br. 3 »

ENFANT DE MARIE (l'), ses titres, son esprit, ses obligations. Beau volume petit in-18. A. M. D. G. Broché. 2 »

MOIS DE MARIE SUR UN PLAN NOUVEAU, suivi du *Manuel du vrai serviteur de Marie.* 4e édition, 1 vol. petit in-18. 2 »

TRENTE-TROIS CONSIDÉRATIONS sur le Sacré-Cœur. Grand in-32 de 500 pages. 1 »

NEUVAINE ET TRIDUUM et exercices en l'honneur du Sacré-Cœur. Grand in-32. » 25

ANGES (les) **DE DIEU, AMIS DES HOMMES**. Grand in-32. 1 »

GUIDE DES AMES TIMORÉES. Grand in-32. » 75

MOIS DES SAINTS ANGES. 3e édition, grand in-32. » 15

UN MOT A SAINT JOSEPH. 4e édition, grand in-32. » 15

VIE ABRÉGÉE DE MARGUERITE-MARIE. Grand in-32. » 15

A LA MÊME LIBRAIRIE :

VIE DE LA RÉVÉRENDE MÈRE SAINT-JÉROME, religieuse de la Congrégation de Notre-Dame, chanoinesse régulière de Saint-Augustin, au monastère dit des Oiseaux, à Paris, rue de Sèvres, 86. 1 vol. gr. in-18, avec portrait photographié. 6 »

VIE de la Révérende Mère Thérèse de Saint-Augustin, Madame Louise de France, fille de Louis XV, religieuse carmélite, par une religieuse de sa communauté. 2 vol. in-12, avec portrait. 6 »

VIE DE LA VÉNÉRABLE MÈRE ANNE DE JÉSUS, élève et coadjutrice de sainte Thérèse de Jésus en Espagne, et fondatrice des Carmélites en France et en Flandre. 2 vol. in-8. 8 »

VIE DE M. HAMON, curé de Saint-Sulpice, par M. Branchereau, supérieur du séminaire d'Orléans. 1 beau vol. in-12. 2e éd. 3 50